KB008772

최초의
韓日戰
한일전

최초의 韓日戰

한일전

국영호 지음

1954

월드컵 첫 본선 진출 여정

북콤마

추천의 글

홍명보 울산 현대 감독·전 한국 축구대표팀 감독

선수로 뛸 때나 감독이 되고 나서나 한일전은 늘 부담스럽다. 소속 팀이나 대표팀 경기 모두 국민의 관심이 집중되기 때문이다. 그래서 단순히 '축구 경기'라고 생각할 수가 없고, 패하는 것은 더더욱 상상할 수가 없다. 이건 한국이나 일본이나 똑같은 것 같다.

축구가 아니라 전투를 한다는 착각도 심심찮게 들었다. 경기 전에는 양국 선수들끼리 금속으로 된 축구화 바닥 스터드를 바닥에 내리쳐 서로를 위협하는 분위기를 연출하곤 했다. 경기 중에는 공과 상관없이 서로 가격하는 일도 다반사로 벌어졌다.

예전과 많이 달라지긴 했지만 서로 '타도'해야 한다는 분위기는 첫 한일전이 열린 지 반세기가 훌쩍 지난 지금도 비슷한 것 같다. 현역 시절 한일전을 치를 때는 선수들이 일종의 적개심을 가졌던 것 같다. 이렇게 죽기 살기로 경기를 하니 일본에 지는 일이 적었던 것은 아닐까 생각한다.

선수 시절 1993년 카타르 도하에서 열린 1994년 미국 월드컵 최종 예선에서 일본에 0-1로 패했을 때가 기억난다. 너무나 충격적인 패배여서 그랬는지 내가 하지도 않은 말이 꽤나 자극적인 코멘트로 언론에 보도된 적이 있다.

"앞으로 태극 마크를 달고 일본에 지면 축구화를 벗겠다."

물론 그 뒤로 내가 출전한 경기에서 일본에 패한 적은 한 번도 없었지만, 내가 하지도 않은 '그 말'을 지키려고 선수 시절 각오를 단단히 했던 건 사실이다.

대표팀 감독이 되어서는 2012년 런던 올림픽 3, 4위전에서 일본을 꺾고 한국 최초로 동메달을 따냈던 기억이 떠오른다. 대표팀 주장으로 일본을 수없이 상대하고 프로 선수로서 일본 J리그 무대에서 뛰어 일본 선수들을 워낙 잘 알기에 우리 국가대표 선수들에게 강한 주문을 한 바 있다.

"공중 볼 경합이 벌어지면 (일본 선수를) 갖다 부숴버려!"

선수들에게 결코 물러서지 말 것을 지시한 것인데, 경기 당일에는 전투에 나서는 장수처럼 선수들을 모아놓고 "필사즉생 필생즉사, 너희가 죽으려고 하면 살고, 살고자 하면 죽을 것이다"고 재차 강조했다. 선수들은 그런 정신 자세로 그라운드에 나가 2-0 승리를 따냈다. 때로는 그 어떤 전술보다 정신력이 통하는 게 바로 한일전이다.

국가대표로서 한일전에 나설 때면 승리를 따내야 하는 게 숙명이지만, 홍명보 개인으로 본다면 사실 일본을 고맙게 생각하는 측면도 있다. J리그에서 활약하면서 일본 특유의 쇼트 패스 축구를 경험한 것, 지도를 받은 니시노 아키라西野朗 감독에게서 선수와 신뢰하는 관계를 배운 것은 아직도 좋은 영감이 되고 있다. 강한 한국 축구에 부드러운 일본 축구를 채웠다고 할까. 아무튼 일본 축구를 통해 많은 긍정적인 요소를 배울 수 있었다.

한일전은 지금껏 그래왔듯이 양국 축구에 자극제가 될 것이다. 앞으로도 발전적이면서도 건강한 경쟁을 이어갔으면 하는 바람이다. 그리고 이 책을 통해 한일전의 기원과 본질을 파악한다면, 앞으로 한일전을 관전하는 데 이해도가 좀 더 높아지리라 기대해본다.

한일전의 시작점

우리 세대 최고의 한일전 중 하나는 1997년 이른바 '도쿄대첩'이라 불리는 프랑스 월드컵 최종 예선 대결이지 않나 싶다. 0-1로 뒤지다 2-1로 드라마틱한 역전승. "후지산이 무너집니다"라는 중계 캐스터의 소위 '국뽕' 가득 담은 코멘트는 한일전 승리를 극대화해 국민의 뇌리에 각인됐다. 다음 날 온 나라가 그 얘기였다. 우리는 왜 그렇게 한일전에 집착했을까.

시대가 바뀌어도 스포츠 한일전, 특히 축구 한일전은 흥분 게이지에 차이가 있을 뿐 그 분위기는 좀처럼 바뀌지 않는 것 같다. 일본에 0-3으로 졌다고 축구대표팀 감독을 경질하고 대한축구협회장이 대국민 사과를 하는 나라. 우리는 왜 그렇게 한일전에 과민 반응을 보일까.

그 한일전의 시작점을 들여다봤다. 1954년 사상 최초의 한일전이었는데, 1년 넘게 꼬리에 꼬리를 무는 자료 탐색 속에서 최초의 한일전 그 자체가 지금의 한일전을 만들어왔다는 결론에 도달했다. 한국 스포츠, 좁혀서는 한국 축구의 민족주의가 오롯이 그 첫 한일전에서 시작됐다는 생각이다. 짧게는 수년, 길게는 수백 년간 켜켜이 쌓이고 응축된 다양한 이야기와 사연이 일소에 폭발한 경기였다고 감히 규정한다. 스포츠사 및 축구사에서 봤을 때 그 자체로 '보존'되어야 하는 경기임이 틀림없다. 누군가 정리하지 않으면 안 되는 일이라 생각했다.

자료 수집은 굉장히 어려웠다. 68년 전의 까마득한 경기이다 보니 당시 선수와 관계자들은 모두 고인이 됐고 자료는 태부족했다. 마치 모래사장에 흩어진 미세한 알갱이 같은 역사의 단편들을 모으는 것처럼 고단한 작업의 연속이었다. 당연히 있어야 하는데도 찾을 수 없는 옛날 자료들, 이런 것까지 취재했나 싶은 귀한 기사들을 만날 때면 허무함과 감사함이 교차해 새로운 탐색에 대한 원동력이 되기도 했다. 사건과 사건, 장면과 장면, 끊긴 연결 고리를 찾는 단어나 문장을 찾을 때면 쾌감이 밀려왔다. 단서들을 찾아 이어 붙이고, 퍼즐 조각 맞추듯 끼워 맞췄다.

자료를 확보하고 나서 내용을 연결시켜보니 거기에는 극적인 요소와 희로애락이 있었다. 월드컵 참가 동기부터 이승만 설득 과정, 재일동포의 헌신적 노력, '코리아 유나이티드Korea United' 결성과 경기 준비 과정, 드라마 같은 경기 내용, 국민의 열광적인 반응까지.

이걸 어떻게 효과적으로 독자에게 전달할지에 대한 고민이 있었는데, 사실에 근거한 소설 형식이 효과적이라는 결론이 났다. 추측이더라도 당시 상황과 분위기를 제대로 전달하려면 그 방법이 최선이라는 판단에서였다. 당시 활동한 생존한 인물이 없어 확인이 불가능한 만큼 '팩트'를 기반으로 '당시 상황은 이랬을 것이다' '해당 인물(들)은 이렇게 말했을 것이다'고 각 장면을 추정해 기술했다. 해당 장면에는 출처를 표기해 사실과 추정을 구분했다.

장과 장 사이에 있는 '역사 클립'은 당시 시대적 상황과 경기를 둘러싼 상황에 대한 이해를 돕고자 좀 더 심층적인 역사 자료를 제시했다.

최대한 객관적인 입장에서 기술하려고 노력했으나 여러 여건상 한국 쪽에 치우쳐 서술하는 건 불가피했다. 추후 일본 측 내용을 보강한다면 좀 더 풍성한 역사 기술이 완성되지 않을까 하는 바람을 가져본다.

몸담고 있는 MBN 구성원을 비롯한 많은 분의 크고 작은 도움 덕분에 책이 나올 수 있었다. 여기에 일일이 감사 말씀을 적지 못함을 양해해주기 바란다.

끝으로 책이 나오기까지 물심양면 뒷바라지해준 가족, 아내 김윤희와 딸 윤에게 특별히 고맙고 사랑한다는 말을 전한다.

차례

프롤로그

"와와~."

일본 도쿄의 메이지진구 경기장. 우레 같은 함성과 발 구르는 소리가 마치 지축을 흔드는 듯했다. 전광판의 일본 측 스코어가 1에서 2로 넘어가고 있었다. 뒤지던 일본이 2-2 동점골을 넣은 것이다. 1만여 명에 가까운 일본 관중이 "닛폰"을 연호했다.

"닛폰, 닛폰!"

후반 16분 득점에 성공한 일본의 이와타니는 기뻐할 틈도 없이 한국 골망에 떨어진 공을 주워 센터서클 쪽으로 뛰어가고 있었다. 곧 지나치는 동료들과 오른손으로 하이파이브를 하며 소리쳤다.

"한 골 더, 한 골 더 넣자."

홈구장에 꽉 들어찬 일본 관중과 그라운드의 일본 선수들 모두 눈을 부릅뜨고 기세를 올렸다. 골문 앞에 서 있던 한국 선수들은 가쁜 숨을 토해내며 말없이 서로를 바라봤다. 더러는 힘이 빠졌는지 무릎을 꿇고 깊은 숨을 내뱉었다.

조금 전만 해도 꽹과리를 치며 "한국, 한국!"을 외치던 재일동포들과 한국 응원단은 쥐죽은 듯 조용했다. 머리를 감싸 쥐거나 무표정한 얼굴로 지켜봤다.

한국 선수들은 경기를 재개하기 위해 센터서클로 무거운 발걸음을 옮겼다. 공격수 최정민이 뒤에 서 있는 동료들을 바라보니 일본 선수들의 기세에 당황한 기색이 역력했다. 그는 용납할 수 없다는 듯 이북 사투리로 고함쳤다.

"모두 고개 들라우, 힘내라우."

한국 선수들은 "찬찬히 다시 풀어가자"며 박수를 치고 기운을 북돋았다. 그때 반대 진영의 일본 선수 몇몇이 모여 짧게 대화를 주고받는 모습이 보였다. 매서운 눈빛을 교환한 뒤 주먹을 불끈 쥐고 각자 제자리로 뛰어 돌아갔다.

이 모습을 바라본 최정민은 심상찮은 분위기를 느꼈다.

'저것들이 무슨 일을 벌이려고 저러지?'

꺼림칙한 표정으로 상대방을 하나둘씩 훑어보던 최정민이 동료에게 킥을 하며 다시 경기를 재개했다. 일본 선수들의 짧은 모의가 무엇이었는지 드러나는 데는 얼마 걸리지 않았다. 한국 선수가 볼을 잡자 일본 선수들이 아주 강하게 밀어붙였다. 한국 선수들은 밀려 넘어지거나 볼을 빼앗기기 일쑤였다. 그때까지 힘에 밀리던 일본 선수들이 힘으로 맞불을 놓으려고 작심한 듯했다. 이판사판. 수단과 방법을 가리지 않고 역전 골을 성공시키겠다는 의도였다. 산전수전 다 겪은 고참인 정남식이 낌새를 채고 후배들에게 고래고래 소리쳤다.

"침착해, 밀리면 안 돼."

정남식의 외침에 김지성이 공중 볼을 따내려고 더욱 높이 뛰었다. 일본 선수도 함께 점프했다. 그때 따악 하는 타격음이 관중석까지 전해졌다. 김지성은 그라운드에 쓰러져 얼굴을 움켜쥐었다. 일본 선수가 점프를 하면서 팔꿈치로 김지성의 얼굴을 가격한 것이다. 축구에서 공중 볼을 다툴 때 흔히 고의로 저지르는 반칙이었다. 한눈에 봐도 정도가 심한 파울이 벌어지자 한국 선수들은 반칙을 범한 일본 선수에게 달려가 항의했다.

"이거, 너무하는 것 아닌가. 적당히 해라."

얼굴을 움켜쥐고 몸을 떠는 김지성에게 달려간 민병대는 피범벅이 된 얼굴을 보고 할 말을 잃었다.

"어이, 김지성, 괜찮은가?"

"괘… 괜찮습니다."

김지성의 발음이 새기에 자세히 보니 앞니 5개가 부러져 있었다. 순간 화가 머리끝까지 치밀어 홍콩 국적의 영국 출신 존 하란 심판에게 달려가 거세게 항의했다.

"이것 보시오. 이빨이 다 부러졌소. 저 일본 선수에게 퇴장을 주란 말이오."

동료들이 민병대를 겨우 뜯어말리는 사이 흰색 가운을 입은 현장 의무팀이 그제야 다가왔다. 김지성의 상태를 확인하고 부축해 그라운드 밖으로 데려갔다.

김지성이 부상으로 빠지면서 한국은 10명, 일본은 11명이 됐다. 일본은 앞으로 더욱 맹렬히 한국 골문을 공략할 게 뻔했다. 한국은 역전 골을 내줄 위기에 놓였다. 라디오 실황 중계를 하던 양대석 아나운서는 고국에 다급한 상황을 전했다.

"우리가 한 명이 부족한 지금 일본의 공세를 잘 견뎌야 합니다. 지금 점수를 지켜야 일본을 꺾고 스위스 세계축구선수권에 진출할 수 있습니다. 고국에 계신 여러분, 현장에 계신 동포 여러분, 한국 축구대표팀이 힘을 낼 수 있게 응원해주십시오."

벤치에서 바라보던 이유형 감독은 결단을 내려야 했다. 한국 선수들까지 동요해 휘말리면 경기는 말 그대로 난장판, 그라운드 위 전쟁이 될 것이다. 그러면 경기 양상도 일본이 원하는 대로 흘러갈 판이었다. 선수들의 감정은 극에 달하고 있었다.

'이에는 이, 우리도 똑같이 대응할 것인가. 아니면 차분히 매너를 지키며 경기할 것인가.'

이유형 감독은 이윽고 볼이 아웃되자 선수들에게 지시를 내렸다.

"일본에 절대 말려들지 마라. 우리가 해오던 대로 하자. 하나로 뭉쳐 서로 도와야 한다."

한국 선수들은 씩씩거리면서도 이내 진정을 찾고 서로 박수를 치며 감독의 지시를 충실히 따르기로 했다. 일본은 더욱 거친 플레이를 하면서 역전 골을 노렸지만 한국은 마치 한 몸이 된 듯 강한 조직력으로 공세를 버텨냈다.

그 사이 김지성이 치료받은 것도 없이 간단히 상처만 닦고 다시 경기 투입을 준비했다. 이유형 감독은 그의 몰골을 보고 걱정할 수밖에 없었다.

"다시 뛸 수 있겠나?"

"네. 문제 업슨니다."

이가 부러졌는데도 강한 정신력을 발휘해 그라운드로 뛰어들어간 김지성이 다시 쓰러지기까지 얼마 걸리지 않았다. 후반 종료 시간이 다가오자 다급해진 일본 선수들은 체격이 큰 민병대를 들이받더니, 뒤이어 김지성이 높게 뜬 공을 헤딩하려고 머리를 내민 순간 발로 그의 얼굴을 강타했다. 김지성은 또다시 그라운드에 대짜로 뻗었다. 충격이 어찌나 컸는지 정신까지 잃었다.

"지성아, 일어나봐라. 일어나."

온몸을 흔들자 겨우 눈을 뜬 김지성은 왼쪽 볼에 큰 상처가 나있었다. 부상 정도로 볼 때 그 이상 뛰는 것은 이제 힘들어 보였다. 선수들의 감정을 애써 다독이던 벤치도 감정이 격앙될 수밖에 없었다. 일촉즉발의 상황이었다.

그때 한국 관중석에서 조용하지만 힘찬 노래가 흘러나왔다.

"아리랑, 아리랑, 아라리요. 아리랑 고개를 넘어간다. 나를 버리고 가시는 님은 십 리도 못 가서 발병 난다."

한국 해군 장병 200여 명이 우렁찬 목소리로 노래를 부르고 재일동포들도 목소리를 더했다. 경기장에 익숙한 민요가 깊고 장대하게 울려 퍼졌다. 그 순간 한국 선수단은 요동치는 감정이 거짓말처럼 차분해졌다. 저마다 울분에 찼던 지난날의 기억이 스쳐지나가면서 혼란스러운 마음이 일순간 정돈된 느낌이었다.

라디오에서는 솟구치는 감정을 꾹꾹 눌러 담은 듯한 아나운서의 멘트가 흘러나오고 있었다.

"우리 선수들은 지금 일본에 맞서 페어플레이로, 불굴의 정신력으로 맞서고 있습니다. 우리는 해방 후 처음 일본과 맞붙고 있습니다. 반드시 갚아줘야 합니다. 반드시 이 점수를 지켜야 합니다. 그러면 우리는 일본을 누르고 스위스에 갈 수 있습니다. 대한민국 삼천만 동포 여러분, 이제 얼마 남지 않았습니다."

도쿄에서 송출되는 라디오 전파는 한국 방방곡곡으로 송출되고 있었다. 서울 시내 몇몇 거리에 설치된 스피커 앞에 빼곡히 모인 시민들이 중간중간 끊기는 라디오 실황 중계를 숨죽여 듣고 있었다. 환호나 탄식, 그 어느 것 하나 입 밖으로 내뱉을 수 없을 정도로 아나운서의 음성에 집중했다. 경기 장면이 보이지도 않는데도 스피커를 뚫어져라 쳐다보고 있었다. 주문을 거는 듯 뭔가를 읊조리는가 하면, 두 손을 모으고 기도하듯 중얼거리거나 손을 꽉 쥐고 입술을 꽉 깨문 사람, 좀 더 잘 들으려고 손을 둥그렇게 말아 귀에 댄 노점상, 머리가 희끗한 노인들까지. 다들 조용했지만 저마다 속으로 목청 높여 외치고 있었다.

'우리 선수, 힘내라. 이겨라.'

1년 전 불현듯 스위스에서 날아든 편지 한 통으로 성사된 1954년 3월 스위스 월드컵 예선 13조, 사상 최초의 축구 한일전. 어럼풋이 가능할까 상상만 했던 일이 이렇게 현실이 되어 피 말리는 접전으로 흘러가고 있었다.

1

"일본은 절대로 우리 땅 밟지 못해!"

1953년 5월 10일

이승만 대통령은 경무대에서 신문을 펼쳐보다가 눈이 휘둥그레졌다.

'금년 가을 9월경 먼저 일본에서 경기를 가진 후 다시 10월경 한국에서 경기를 열어….'

한국과 일본이 넉 달 뒤 양국을 오가며 세계축구선수권 예선을 '홈 앤드 어웨이' 방식으로 치른다는 신문 보도였다.[1]

"대한축구협회, 이거, 뭐 하는 놈들이야. 우리 축구가 일본하고 맞붙는다고? 제정신인 게야."

금시초문에 평소 일본이라면 치를 떠는 이승만은 화가 머리 끝까지 났다. 손까지 부르르 떨었다. 그도 그럴 것이 철저한 반일주의자였기 때문이다. 이승만은 해방 후 정권을 잡고 나서 한동안 일본에 대한 감정을 자제하고 유화 정책을 폈다. 하지만 일본이 뻔뻔하게도 도리어 한국을 무시하는 태도를 취하자 피가 거꾸로 솟아 결국 적대 정책으로 돌아섰다. 일본과의 교류를 전면 금지했다. 이런 상황에서 일본과 축구를 한다고 하니 감정을 주체할 수 없었다.

"어떻게 된 일인지 경위를 파악하고 이기붕하고 장택상에게 빨리 들라 하시오."

최측근인 이기붕 대한체육회장과 장택상 대한축구협회장을 호출하라는 불호령이 떨어졌다. 이승만이 대한체육회 총재였으니 체육계 상관으로서 두 사람을 부른 것이나 마찬가지였다.[2]

이기붕은 해방 후 초대 경무대 비서실장을 맡을 정도로 이승만의 신임이 두터웠다. 서울특별시장과 국방부장관, 1951년 전반기 국회의장을 지냈다. 장택상도 마찬가지였다. 초대 외무장관과 제3대 국무총리를 거쳐 국기國技라고 할 수 있는 축구를 총괄하는 협회장을 맡고 있었다. 정치 및 사회 분야 주요 인사들에게 단체장을 맡길 정도로 정부는 체육에 대한 관심이 지대했다.

이승만이 노발대발한 한국과 일본 간의 축구 경기는 1년 뒤인 1954년 열릴 제5회 스위스 세계축구선수권 예선 13조 경기를 말한다. 1953년 2월 14일과 15일 스위스 취리히에서 열린 국제축구연맹(FIFA) 총회 겸 대회 조 추첨식에서 한국과 일본, 중공이 한 조에 편성됐다. 1위에 주어지는 본선 진출권 한 장을 놓고 경기를 펼치게 됐다. 일본에선 2월 17일 이 소식이 보도됐고[3] 한국에는 보름쯤 뒤인 3월 1일 대회 참가 소식이 전해졌다.[4] 그로부터 나흘 뒤에야 신문을 통해 조 편성 결과가 알려졌다.[5]

한국전쟁 중인 데다 반일주의자 이승만이 버티는 이상 경기가 이뤄질 가능성은 높지 않아 보였다. 이런 와중에 두 달여 뒤인 이날 중공이 기권해 한일 양국이 대결하겠다는 소식이 알려지면서 여론이 술렁였다. 1919년부터 36년간 일본의 식민 지배를 받아 앙금이 깊게 남은 한국이 해방 이후 처음으로 스포츠를 통해 일본과 대결을 벌이게 됐다. 일본에 국권을 빼앗긴 수모를 겪고 나서 정상 국가 지위를 갖고 타도의 대상 일본을 마주하게 된 것이다. 이렇듯 민감한 사안인데도 대한축구협회는 대결 시기를 확정적으로 거론해 이승만의 심기를 건드렸다.

얼마 있지 않아 이기붕과 장택상이 경무대로 불려왔다. 두 사람도 신문 기사가 황당하기는 마찬가지여서 집무실에 들어가기에 앞서 대화를 주고받았다.

"3월에 처음 보도가 나오고 나서 잠깐 논의할 때 상황을 본 다음 각하께 보고하자고 하지 않았소? 그런데 이게 왜 신문에 나온 것이오? 한국과 일본 양국을 오가며 경기를 한다니. 이게 지금 가당키나 한 말이오?"

"저도 일단 불려왔습니다만 어찌된 영문인지 모르겠습니다. 아직 보고받은 게 없어서 말입니다."

"아무튼 각하께 경위를 말씀드리고 조치를 취하든지 합시다."

두 사람이 대통령 집무실에 들어서자마자 이승만이 다짜고짜

中共 립 棄權
世界蹴球大會

중공의 기권 소식과 함께 1953년 하반기 한국과 일본을 오가며 경기를 진행할 수 있다고 보도한 1953년 5월 10일 동아일보 기사

언성을 높였다.

"우리가 일본에 가고 일본이 우리나라에 와 축구를 한다고? 내 눈에 흙이 들어가기 전에는 일본인들이 한국 땅을 절대 밟지 못할 것이야. 이게 대체 무슨 말이오?"

장택상이 꿀 먹은 벙어리처럼 가만히 있자 이기붕이 주저하다가 입을 열었다.

"대한축구협회 사람들이 실수한 것 같습니다. 엄벌을 내리겠습니다."

"대통령의 대일 외교 정책이 무엇인지 이리도 모른단 말이오. 상대가 일본이라고 일본. 이런 한심한 경우를 봤나."

이승만에게 일본은 철천지원수였다. 이승만은 독립운동을 할 때 일본의 집요한 추격에 쫓겨 미국과 중국 등 해외로 피해 다녔다. 1905년 서른 살에 고국을 떠나 1945년 일흔 노인이 돼 귀국할 때까지 40년간 이국에서 고생했다.[6] 이승만은 과거를 떠올리며 한숨을 내쉬었다.

"내가 일본을 그동안 어떻게 상대했는데…. 그런데 아무런 상의도 없이 말이야."

이승만은 대통령에 취임한 뒤 일제의 잔재인 친일파 인사들을 내치려고 했다. 이를 부득부득 갈아왔으니 당연했다. 하지만 정권을 잡고 보니 정부에서 일할 인재가 턱없이 부족했다. 친일파들을 등용하지 않고선 국정 운영을 할 수 없는 상황이었다. 그렇다고 독립운동가들에게 변변한 훈장이나 연금 등 각종 예우를 갖춘 것도 아니어서 많은 논란을 자초했다. 비판을 받을 수밖에 없었다. 친일파 청산에 나섰던 반민족행위특별조사위원회(반민특위)를 1년 만에 서둘러 해산할 때도 마찬가지로 비난 여론이 일었다.[7] 반발이 거셌지만 이승만은 정치는 현실이라고 생각했다. 일본이 꼴도 보기 싫었지만 먹고살려면 화해해야 했다. 1953년 1인당 국내총생산(GDP)이 고작 65달러에 불과한 세계 최빈국이었으니 해방 직후는 더 말할 것도 없었다.[8] 이승만은 1948년 10월 담화문('한일통상에 대하여')에서 국민의 반발을 예상하고도 일본에 손을 내밀었다.

"나는 일본과 한국에 정상正常한 통상 관계가 재확립되기를 희망한다. 우리는 과거를 망각하여 할 것이며, 또한 망각할 것이다. 만일 일본인이 한국인을 진정으로 대한다면 우호 관계는 일신될 것이다. 우리는 인방국隣邦國과는 평화리에 생존할 수 있으리라고 생각하고 있으며, 일본인은 그들의 심각한 제 경험에서 여사如斯한 교훈을 얻었으리라고 믿는다."[9]

비난을 감수하면서까지 일본에 이렇게 유화적인 손길을 내민 건 재일동포의 국적 문제 해결 등 현안이 산적했기 때문이다. 하지만 일본 정부 측 인사들은 여러 차례 한일회담에서 무례한 태도로 일관했다. 이승만의 인내심은 한계에 달했고 마침내 폭발했다. 대일 외교 정책은 강경 반일 노선으로 돌아섰다. 속이 부글부글 끓은 이승만은 1949년 12월 폭탄선언을 하기에 이른다.

"일본 식민 지배의 상징인 조선총독부 건물을 철거하라."

일본 정부가 곧바로 반응을 보이는가 싶었지만 이듬해 한국전쟁이 발발하면서 철거는 관철되지 않았다. 이승만은 1952년 재건식 때도 또다시 중앙청 철거를 지시했지만 전쟁 중에 파괴된 건물을 복구하는 일이 우선이어서 철거는 후순위로 밀렸다.[10] 1951년 첫 한일 예비회담에서도 일본 측 교체수석대표가 망언을 이어가자 이승만의 반일 정서는 극에 달했다.

이승만은 사실 한국전쟁 중이던 1953년 1월 5일 일본을 방문했다. 마크 클라크 연합군 총사령관이 경색된 한일 양국 관계를 개선할 목적으로 초청하자 이에 응한 것이다. 이승만은 총사령관 관저인 마에다하우스에서 클라크 총사령관의 주재로 요시다 시게루吉田茂 일본 총리를 만나 악감정을 자제하고 대화를 나눴

1953년 1월 일본 도쿄의 연합군 총사령관 관저에서 요시다 시게루(가운데) 일본 총리와 만난 이승만 대통령. 사진 국가기록원

다. 일본 측도 이전과 달라진 태도를 보이는 이승만에 짐짓 놀라며 호의를 보였다.[11] 그런데도 굳은 한일 관계는 좀처럼 나아지지 않았다. 이승만은 면담장에서 나오면서 함께 자리한 김용식 주일 한국대표부 공사에게 이렇게 얘기했다.

"한일 양국이 대등한 입장에서 교제하려면 앞으로 30년은 지나야 한다. 일제 때 종살이 한 세대가 사라지고 새싹이 자라나야 가능할 것이다."

이승만은 앞서 두 차례(1948년 10월 19일과 20일, 1950년 2월 16일 ~18일) 일본을 찾았지만 그때도 상황은 비슷했다. 그를 초청한 이는 마찬가지로 일본 정부가 아니라 일본 점령 연합국 최고사령관이었다. 한번은 더글러스 맥아더가 강경 일변도인 한국의 대일 정책에 우려를 나타냈는데 이승만은 콧방귀를 뀌었다.

"일본이 그럴 자격을 갖추자면 스스로 우방임을 실증해야 하고, 그러기 위해서는 우리의 영토인 대마도와 36년간 착취해 간 우리의 재산을 반납해야 한다."[12]

그나마 소득이 있다면 그때 주일 한국대표부가 설치된 것이었다. 이승만이 대일 관계를 개선하려면 소통 창구가 필요하다며 대표부 설치를 요구했고 이것이 수용됐다. 주일 한국대표부는 1949년 1월 14일 일본 도쿄의 한복판 긴자에 있는 핫토리腹部 빌딩에 개설됐다.

이승만은 또 힘든 전황 중에도 일본의 참전을 막으려고 애썼다. 유엔군이 1·4 후퇴 직후 일본군 편입을 검토하자 "만일 일본군이 참전한다면 우리 국군은 일본군부터 먼저 격퇴한 다음 공산군과 싸울 것이다"며 대노했다.

다른 강경 조치도 취했다. 대표적인 게 1952년 1월 선포한 '대한민국 인접 해양의 주권에 관한 대통령 선언', 즉 '이승만 라인'이었다. 이승만은 1951년 9월 대일강화조약이 발효되면서 '맥아더 라인'이 철폐돼 일본 어선들이 한국 인근 수역에서 마구잡이로 어업을 할 것을 우려해 선제적으로 특단의 조치를 내렸다. 특히 동해에서 독도를 선 안에 포함하면서 우리 영토로 선언했다. 이승만은 더 나아가 이를 '평화선'이라고 불렀다. 일본에 난리가 났고 정부는 평화선을 침범하는 일본 배를 나포하며 강경 대응했다. 이승만은 공보처장 갈홍기에게 배경을 이렇게 설명했다.

"신라시대부터 왜구 등살에 시달려와서 나중에는 임진란, 합방까지 됐다. 지금 저놈들 망했다고 해도 먼저 깨일 놈들이야. 그냥 내버려두면 해적 노릇 또 하게 돼. 우리 백성은 순박하기 짝이 없어. 맞붙여놓으면 경쟁이 될 수 있나, 떼어놓아야지…. 어딘지 하나 금(線)을 그어놔야지. 준비가 될 때까지 못 넘어오게 해야 돼."[13]

이승만은 지난날 일본과의 관계를 개선하려고 노력한 일들을 회상하니 화가 다시 치밀었다.

"어찌 나라를 빼앗고 약탈을 해가고도 그렇게 뻔뻔할 수가 없나. 사과는커녕 오히려 식민 지배가 우리를 이롭게 했다니, 이 무슨 해괴망측한 경우가 다 있나."

국교를 맺지 않은 양국 간에 왕래는 사실상 단절된 상태였다. 상황이 진전될 여지조차 보이지 않았다. 이기붕과 장택상은 성난 이승만을 진정시키고 대화 분위기를 바꿔야 했다. 오늘이 아니면 한일전 축구 얘기를 다시 꺼내기 쉽지 않아 보였다. 장택상은 조선 축구가 일본만 만나면 기세등등해 항상 이겨왔다는 사실을 환기했다.

"각하, 우리 축구가 일제 때 일본만 만나면 펄펄 날아다녔습니다. 독립운동이나 다를 바 없었지요. 심지어 도쿄에 가서도 일본 팀들을 계속 이겼습니다. 메이지신궁대회 마지막에는 4년 연속으로 일본 팀들을 꺾고 우승했었지요. 이기고는 '대한 독립 만세'를 외치기도 했습니다. 그게 우리 축구입니다. 일본은 적수가 되지 않았습니다."[14]

장택상의 얘기에 이승만은 문득 옛 생각이 났다. 1947년 4월 중국 상하이에서 국가대표팀이었던 서울축구단을 만난 적이 있다. 이승만은 미국을 방문하고 귀국하는 길에 난징에 있던 장제스 총통을 방문했는데 이때 축구단을 만나 가슴이 뜨거운 경험을 했다. 당시 축구단은 현지 인기 팀인 동화를 상대로 4-0으로 꺾었다. 골을 넣을 때마다 동포들이 눈물을 흘리며 감격해하는 모습을[15] 보며 축구가 희망과 용기를 주는 스포츠임을 실감했다. 이승만도 경기가 끝나고 그라운드로 내려가 선수단을 격려하면서 눈물을 흘렸다.[16]

하지만 다시 현실로 돌아온 이승만은 '그때는 그때고 지금은 지금이지'라고 생각했다.

"아무튼 쓸데없는 생각이니 축구의 축 자도 꺼내지 말게. 다들 물러가시오."

이기붕과 장택상은 머쓱한 기분으로 집무실을 나왔다.

"심려를 끼쳐드려 죄송합니다. 저는 대한축구협회에 가서 경위를 알아보겠습니다. 그래도 회장님께서는 일본과의 경기를 전향적으로 생각해주십시오."

"알았네. 각하의 의중을 계속 살펴보겠네."

두 사람은 이승만을 설득하려면 꽤 많은 노력과 시간이 걸릴 것을 직감하고 헤어졌다.

국제축구연맹 서한

해방 이후 1948년 국제축구연맹에 가입한 대한축구협회가 1950년 6월 발발한 한국동란 중에도 스위스 월드컵에 참가 접수를 할 수 있었던 건 그 어렵던 때에도 국제축구연맹에 회비를 꾸준히 납부했기 때문이다. 대한축구협회는 전란 중에 한동안 부산 광복동 대한체육회 연락사무소에 책상 한 개를 두고 업무를 봤다. 〈한국축구 100년사〉에 따르면 나중에는 광복동에 거주하는 축구인 출신 송창집 씨의 개인 사무실로 옮겨 축구인들 행방과 소식을 취합했다. 이곳이 구심점이 되면서 전쟁통에 많은 축구인이 모였다.

1952년 11월쯤 국제축구연맹으로부터 월드컵 참가 접수를 위한 안내문을 받았고[17] 그에 앞서 1951년에는 한 국가당 7명씩 국제심판을 추천해달라는 서한을 받기도 했다. 아무튼 필자가 국제축구연맹으로부터 입수한 당시 공지문(official bulletin)에 따르면 한국은 전체 40개 신청국 중 아시아에서 가장 빠른 18번째로 참가 접수를 했다. 중공은 22번째, 일본은 32번째였다.

한국은 일본, 중공(영문 표기는 CHINA Rep. Pop)과 함께 예선 13조에 속했다. 규정에 따라 세 팀 가운데 1위 팀이 1954년 6월 본선 대회에 진출한다고 명기돼 있다. 이후 '극동선수권' 같은 대회 이름이 신문 기사에 등장하지만 공식 명칭은 우리말로 표현하면 '스위스 세계축구 선수권 예선 13조' 경기다. 공식 명칭은 World Championship-Jules Rimet Cup in Switzerland(FIFA 월드컵의 전신)이다. 당시 국내에선 월드컵이라는 명칭이 전혀 알려지지 않아 다른 종목에서처럼 '선수권'을 붙여 '세계축구선수권'이라고 불렀다(국내 신문에 '월드컵'이 처음 등장한 건 1965년이다).

1953년 5월 중공이 돌연 국제축구연맹에 기권을 통보하면서 '예선 13조'는 한일 양국의 대결로 좁혀졌다. 그해 4월 제2차 국공 내전이 발발해 중공과 대만 모두 안보 상황이 심각해졌기 때문이리라. 이에 따라 한일 양국은 정상 국가 지위를 갖고 처음으로 스포츠 대결을 벌일 운명을 맞는다.

다만 대한축구협회는 당시 국제축구연맹으로부터 받은 서한을 갖고 있지 않다. 대한축구협회는 "현재 관련 자료를 갖고 있지 않으며, 일본축구협회는 물론, 아시아축구연맹, 국제축구연맹에도 문의했지만 모두 당시 자료를 갖고 있지 않다고 했다"고 밝혔다. 한국전쟁을 겪는 동안 여러 차례 사무실을 옮기는 과정에서 자료를 유실했거나 보관에 소홀했던 것으로 보인다.

그리고 한국 언론들이 표현한 '중공'은 지금의 중국이 아니라 대만이라고 보는 시각이 많다. 대만이 실제로 당시 '자유중국'이라는 표기로 여러 국제 대회에 참가했다는 기록과 증언이 많다. 이에 대해 대한축구협회도 "1954년 스위스 월드컵 아시아 예선은 당초 한국과 일본, 대만이 참가 신청을 했다가 대만이 참가를 철회해 한국과 일본의 대결로 치르게 됐다"고 공식 답변을 했다. 당시 '아시아 축구의 기수'로 활약

World Championship - Jules Rimet Cup 1954 in Switzerland

(Official Communications affecting the National Associations concerned)

The Organising Committee of the World Championship-Jules Rimet Cup 1954 made the following arrangements and took the following decisions at its meeting of 14/15th February, 1953.

1. List of the National Associations which have entered (in the order in which their entries were received):

1. Switzerland		21. Hungary	
2. Sweden		22. China	
3. Western Germany		23. India	
4. Haiti		24. Wales	
5. Austria		25. Israel	
6. Brasil		26. Greece	
7. France		27. Spain	
8. England		28. Mexico	
9. Portugal		29. Belgium	
10. Finland		30. Rumania	
11. Eire		31. Turkey	
12. Italy		32. Japan	
13. Sarre		33. Scotland	
14. U.S.A.		34. Northern Ireland	
15. Luxemburg		35. Peru	
16. Chile		36. Bulgaria	
17. Yugoslavia		37. Czecho-Slovakia	
18. Korea		38. Norway	
19. Poland		39. Vietnam	
20. Egypt		40. Uruguay	

The entries of the National Associations of India, Peru and Vietnam were not accepted by the Organising Committee because they were not submitted on the official form demanded by the Regulations. If however, these National Associations can present good reasons to excuse this omission, the Organising Committee will not be opposed to the Executive Committee admitting them after the closing date (Art. 4, para 5 of the Regulations). In this case they would form part of the respective groups already decided upon by the Organising Committee.

2. 5th June, 1953 was fixed as the day of the beginning of the Qualifying Competition.

3. All matches of the Qualifying Competition must be played before 1st April, 1954.

4. During the periods from 1st April until 15th June and from 5th July until 5th August, 1954 no friendly matches can be played between the National Associations taking part in the Final Competition, except with the agreement of the Swiss Association for Football and Athletics.

5. Art. 6, para 1 of the Regulations has been interpreted to mean that players playing in teams of a country of which they are not subjects come under the jurisdiction of the National Associations by which they are chosen as soon as they are part of the National team of this country. These players must first have the authorization of the National Association for which they play in competition matches.

6. All matches of the Qualifying Competition will be superintended by the Organising Committee.

7. The following 13 groups were formed:

		Qualified for the Final Competition:
Group 1	Germany Norway Sarre	1 team
Group 2	Belgium Finland Sweden	1 team
Group 3	England Scotland Northern Ireland Wales	2 teams
Group 4	Eire France Luxembourg	1 team
Group 5	Austria Portugal	1 team
Group 6	Spain Turkey	1 team
Group 7	Hungary Poland	1 team
Group 8	Bulgaria Rumania Czecho-Slovakia	1 team
Group 9	Egypt Italy	1 team
Group 10	Greece Israel Yugoslavia	1 team
Group 11	Haiti Mexico U.S.A.	1 team
Group 12	Brazil Chile	1 team
Group 13	China (Rep. Pop.) Korea Japan	1 team
		14 teams

Switzerland   qualified ex-officio
Uruguay

The decisions of the Organising Committee on the formation of the groups and pairing of the teams are final and not subject to appeal (Art. 7, para 5). In case of withdrawals, the Committee reserves the right to revise the formation of the groups.

8. On principle the matches in the various groups shall be played on the home and away basis, one in each of the countries concerned. The attention of National Associations which have entered for the World Championship is especially drawn to the provisions of Art. 7 of the Regulations.

Fédération Internationale de Football Association
General Secretary

4

1953년 2월, 스위스 월드컵 예선 조 추첨 결과를 고시한 FIFA의 Official Bulletin. 'Group 13'(13조)에 속한 한국과 일본을 확인할 수 있다.

하던 대만은 국제정치는 물론 국제 축구계에서도 활발히 참여했다. 실제로 한국 축구대표팀은 1953년 4월 동남아 원정에 나섰을 때 강호 대만 축구와 맞붙기 위해 일정 중에 두 차례나 방문하기도 했다. 대만(자유중국)이 당시 유엔 안보리 상임이사국으로 활동하는 등 국제 무대에서 역량을 발휘했던 것도 이유로 꼽힌다. 다만 이 부분 역시 대한축구협회는 자료를 갖고 있지 않다고 설명했다.

　국제축구연맹은 다소 애매한 입장이다. 미하엘 슈말홀츠Michael Schmalholz 역사보존팀장(Team Leader Heritage)은 "중국은 정치적 이유로 인해 기권했다"고 설명했다. 그러면서 'China P. R.', 즉 중국으로 표현했는데 정황상 당시 동아시아 관계를 단편적으로 해석한 답변이 아닌가 한다.

　세계축구선수권 참가 소식이 일본에선 국제축구연맹 총회 직후인 1953년 2월 17일에 처음 보도된 것에 비해 국내에선 12일 뒤인 3월 1일 동아일보 기사로 처음 알려진다. 그나마도 한국이 대회에 참가한다는 내용뿐이었다. 일본, 중공과 한 조에 편성됐다는 내용은 나흘 뒤인 3월 5일에야 전해진다. 국제축구연맹 총회가 열리고 나서 무려 18일 만이다. 왜 이렇게 보도가 늦어졌는지는 당시 일본과의 관계, 삼일절에 즈음한 국민들의 항일 감정 고조 등에서 그 이유를 찾아볼 수 있다.

　한편 당시 대한축구협회 대변인은 중공의 기권과 관련한 언론 보도에서 "(1953년) 가을이 경기 열기에 적합하며 9월에 일본에서 첫 경기를 치르고 10월에 한국에서 2차전 열 것 같다"고 말했다. 이 브리핑의 배경은 전혀 알려진 바가 없다. 사실 여러 상황을 종합해볼 때 그때만 해도 대한축구협회 대변인이 한일전 날짜를 특정하기엔 진척된 상황이 거의 없었다고 봐도 무방할 정도다. 물론 대한축구협회가 이승만 정부 및 일본축구협회와 물밑 조율을 하고 있었을 가능성도 배제할 수 없지만 희박하다. 따라서 너무 앞서 나간 브리핑이었다.

2

1만 4060달러 사건

1953년 5월 20일

멀리 하늘에서 은색 항공기가 보이자 부산 수영공항에 마중 나온 대한축구협회 임직원들의 표정이 밝아졌다.[1]

"저 비행기인가 봅니다."

"축구대표팀이 해외 원정 경기를 다니니 우리도 이럴 때 한 번 공항에 나와보는 것 아닌가, 허허."

임직원들의 대화가 오가던 중에 항공기가 갑자기 강풍에 휘말려 좌우로 심하게 흔들렸다. 착륙 직전까지 요동치던 항공기는 끼익 하는 날카로운 소리를 내며 위태롭게 활주로에 바퀴를 내렸다. 양쪽으로 몇 차례 기우뚱하더니 하얀 연기를 내며 간신히 균형을 잡았다.

"대만을 경유해 오느라 그런지 비행기도 피곤한가 보구먼."

이윽고 항공기에서 낯익은 선수들이 하나둘씩 얼굴을 드러냈다. 공격수 최정민을 필두로 정남식, 민병대 등이었다. 살짝 미소를 띠어보지만 오랜 비행에 피곤한 기색이 역력했다. 김화집 감독도 마찬가지였다. 임직원들이 다가가 웃으며 악수를 청할 때까지 굳은 표정을 펴지 않았다.

"한 달 넘게 타지에서 고생하셨소. 경기는 어땠소?"

김화집 감독은 선수들을 곁눈질하더니 속삭였다.

"말도 마시오. 너무 힘들었소. 경기도 제대로 풀리지 않고…."

말이 끝나기 무섭게 한 사내가 호탕한 웃음소리를 내며 입국장에 등장했다. 두 팔을 벌리며 큰 목소리로 "환영합니다"라고 말했다.

김화집은 애써 미소를 지으며 가볍게 인사했다.

"부회장님, 안녕하십니까. 여기까지 나오시고. 홍콩과 싱가포르 잘 다녀왔습니다."

사내는 강일매 대한축구협회 부회장이었다. 요란스럽게 나타날 때처럼 강일매는 본론부터 꺼냈다.

"경기 전적은 어떻습니까? 많이 벌어 왔습니까?"

김화집은 우물쭈물하다가 대답했다.

"총 13번을 싸워 6번 이기고 2번 비기고 5번 졌습니다. 벌이도 썩 신통치 않습니다…."[2]

강일매는 일순간 표정이 일그러졌다

"음, 그 얘기는 천천히 합시다."

강일매는 코치와 선수 몇 명과 냉랭한 표정으로 악수를 하더니 곧바로 뒤로 돌아서 근처에 주차된 차로 향했다.

강일매는 전년 '헬싱키 올림픽 사태' 이후 대한축구협회가 문책성 인사를 단행하면서 새로 바꾼 집행부였다. 정치계 인사인 장택상 회장이 주로 굵직한 사안을 맡았다면 강일매는 실무를 담당해 협회의 여러 사안에 관여했다.[3] 부회장이 되고 나서 처음 맡은 업무가 바로 축구대표팀의 동남아 친선경기였는데 성적이 신통치 않고 더구나 수익을 많이 내지 못했다고 하니 가슴이 철렁할 수밖에 없었다.

화가 난 강일매는 차에 올라타면서 씩씩대며 내뱉었다.

"우리가 축구를 그렇게 잘하는데 왜 이기지 못한 거야."

사연이 있었다. 그는 이승만 대통령의 양아들로 불렸다. 이승만과 강일매 부친, 누이와의 관계 등이 작용했다는 설이 파다했지만 누구 하나 정확히 아는 이가 없었다. 그 덕분에 언론사 기자, 사장을 거쳐 1951년 동양 최대 면방직 회사인 조선방직까지 맡을 수 있었다. 전혀 관계없어 보이는 조선방직을 관리하게 된 데는 이승만의 입김이 작용했을 거라는 소문이 파다했다.[4]

조선방직을 맡고부터 평소 관심이 컸던 축구에 공격적으로 투자했다. 실력 있는 선수들을 꽤 많이 영입해 자체적으로 축구팀을 꾸려나갔다. 그러다가 헬싱키 올림픽 사태가 벌어진 뒤 대한축구협회 집행부가 물갈이될 때 부회장으로 축구계 핵심부로 입성했다. 마침 협회는 참가가 불발된 올림픽 대신 해외 전지훈련을 통해 전력을 강화하자고 중지를 모은 상황이었다. 해외 친선경기를 통해 수익금도 챙기자는 순진한 기대도 있었다. 그 수익금을 축구장 설립 기금으로 쓰자는 장밋빛 희망까지 가졌다.

다만 전쟁 중이라 해외에 나설 체제비가 턱없이 부족했다. 국고 1만 4060달러가 필요했지만 이승만 대통령은 외화 사용 허가를 내주지 않았다. 100달러 이상 외화를 쓰려면 정부 승인을 받아야 했다. 그만큼 국가 재정과 외화 사정이 열악한 시국이었다.[5]

눈치 빠른 강일매가 이 지점을 파고들었다. 축구인들의 마음을 얻고 대한축구협회 내 입지도 강화할 방법. 그는 축구계 인사들에게 달콤한 제안을 했다.

"우리 조선방직 선수들을 주축으로 대표팀을 꾸려 해외에 나간다면 내가 직접 이대통령한테 국고 지원 재가를 받아내겠소이다."[6]

축구인들의 의견은 갈렸다.

"부회장이면 부회장답게 성심성의껏 축구계 일을 도와야지 지가 뭔데 '선수단을 바꿔라 마라' 조건을 달아."

"아니야. 조선방직에 좋은 선수가 많은 만큼 우리가 자존심을 좀만 숙이면 얻을 실익이 많아."

축구인들은 고민 끝에 후자를 택했다. 얻을 건 얻자는 현실적인 계산이 우세했던 까닭이다. 반대파 중 한 명이었던 대표팀 단장 이유형은 결코 자존심을 굽히지 않고 자리에서 물러났다.

한국전쟁 기간 최강팀 중 하나였던 강일매의 조선
방직 팀 1951년 모습. 사진 대한축구협회

강일매는 조건이 받아들여지자 약속대로 신속히 대통령의 재
가를 받아냈다. 단, 이승만도 양아들의 제안을 무조건 수용하지
는 않았다. 조건을 달았다.

"1만 4060달러는 귀국하는 즉시 갚아야 한다."

강일매는 문제없을 것이라고 대답하고 물러 나왔다. 축구장
건립 기금까지 벌어 올 수 있다는 축구인들의 말을 철석같이 믿
었던 것이다. 자신감이 생긴 그는 대한축구협회를 찾아가 허풍
섞인 발언도 했다.

"동남아시아의 축구 열기가 얼마나 뜨거운데. 홍콩에서 단 한
게임만 뛰어도 그 정도 돈은 벌고도 남아."

축구인들은 걱정 반 기대 반이었다. 그러던 중에 세계축구선

수권 참가 소식을 접한 축구대표팀은 열의에 불타 4월 7일 희망을 품고 홍콩과 싱가포르로 향했다.

하지만 해외 원정은 말처럼 쉽지 않았다. 만만찮은 이동 거리와 낯선 타지 음식이 발목을 잡았다. 한 달 남짓 무려 13경기나 하다 보니 선수들의 컨디션이 좋을 리도 없었다. 홍콩에서 9경기, 싱가포르에서 4경기를 했다. 경기력도 신통치 않았고 현지의 축구 열기도 기대한 만큼 높지 않았다. 대표팀은 그렇게 전체 경기 중 절반도 이기지 못하고 거금만 사용한 채 쓸쓸히 귀국했던 것이다.

강일매는 속이 까맣게 타들어갔다. 아무리 이승만이 양아버지라 해도 대통령은 대통령이었다. 강일매는 대한축구협회 임원과 함께 경무대에 들어가 이실직고했다. 내심 참작해주리라는 기대를 품었지만 현실은 엄혹했다. 이승만의 불호령이 떨어졌다.

"나랏돈을 꿔 갔으면 약속한 대로 갚아야지 빈손으로 돌아와서 '면목 없습니다'라고 하면 그것으로 모든 일이 해결될 줄 알았느냐, 이 도둑놈들아."[7]

이 사건으로 강일매와 대한축구협회는 큰 타격을 입었다. 안 그래도 세계축구선수권에 나서려면 이승만의 눈치를 봐야 하는데 오히려 심기를 크게 건드렸으니 일을 그르치고 말았다고 봤다. 이들과 달리 강일매가 내세운 조건이 탐탁지 않아 해외 출국을 앞두고 단장직을 사퇴했던 이유형은 연루되지 않으면서 후일을 도모하는 행운을 갖게 됐다. 물론 그때만 해도 사퇴 결정이 큰 이득을 가져올 줄 몰랐지만 말이다.

이 사건을 보고받은 장택상은 1년 전 '헬싱키 올림픽 사태'를 떠올리며 또다시 발목 잡히지 않을까 우려했다. 자신이 국무총리였던 시절 떠들썩한 사건이라 잊을 수가 없었다.

사연은 이랬다. 대한축구협회는 1952년 7월 핀란드에서 열리는 제15회 헬싱키

대표팀이 동남아 원정에서 13차례 경기를 마치고 귀국했다는 소식을 알린 1953년 5월 21일 동아일보 기사

올림픽에 참가하기로 결정했다. 1948년 런던 올림픽 때 멕시코를 꺾는 등 아시아 축구의 맹주로 선전한 만큼 기세를 이어가려는 계획이었다. 참가 신청만 하면 출전이 가능한 상황이었다. 그해 3월 눈이 소복이 쌓인 서울운동장에서 국가대표 선발전 성격의 대회를 열었다. 대한축구협회는 공동 우승을 차지한 육군과 조선방직 두 팀에서 우수 선수를 골고루 뽑아 헬싱키 올림픽에 나설 국가대표를 구성했다.[8]

그런데 운명의 장난이 벌어진다. 정부는 전쟁을 치르느라 국가 재정이 바닥났다면서 헬싱키 올림픽에 최소 인원만 참가하기로 방침을 정했다. 대한체육회는 자연히 참가 선수가 많은 단체

대표팀인 축구와 농구를 타깃으로 정할 수밖에 없었다. 이렇게 축구와 농구가 구기 종목에 걸린 티켓 한 장을 놓고 경쟁해야 하는 상황에 놓였다.[9] 위상과 상징성을 놓고 보면 축구가 한 수 위였지만 농구도 만만치 않았다. 농구도 4년 전 런던 올림픽에서 8위를 차지하는 좋은 성적을 냈기에 축구에 출전권을 양보할 생각이 전혀 없었다. 당시 이라크를 120-20으로 이기는 등 잠재력을 발휘했던 농구는 헬싱키 올림픽에서 호성적을 다짐하고 있었다.

더구나 농구엔 이상백이라는 체육계 거물이 있어서 얕잡아볼 수 없었다. 일본 와세다대에 유학한 이상백은 1930년 일본농구협회를 설립하는 데 기여하고 일본체육협회 이사로도 활약했다. 이후 국제 무대에서 실질적 영향력을 발휘하는 인물이 되어 미국 측과 손잡고 농구가 1936년 베를린 올림픽에서 처음으로 정식 종목으로 채택되는 데 크게 공헌했다. 해방 이후에는 대한올림픽위원회(KOC)를 설립하고 한국을 국제올림픽위원회(IOC)에 가입시켰으며 올림픽과 아시안게임에 참가할 때 결정적 역할을 했다. 국내 농구계를 넘어 국제 스포츠계에서도 입지가 대단했다. 애버리 브런디지Avery Brundage 국제올림픽위원회 위원장과도 막역했다. 헬싱키 올림픽에는 총감독 직책을 맡아 선수단을 이끌 예정이었다.[10]

상황이 이렇다 보니 축구와 농구는 올림픽 출전권을 놓고 팽팽한 기 싸움을 벌였고 결국 부산 광복동 국제구락부에서 열린 대한올림픽위원회 회의를 통해 표결에 부치기에 이르렀다. 결과

는 8대 7, 축구가 우여곡절 끝에 단 1표 차로 이겨 참가가 확정됐다.[11]

올림픽 참가가 결정되자 축구대표팀을 곧바로 소집해 맹훈련에 돌입했다. 그렇게 순탄히 흘러가는가 싶었지만 불과 일주일 뒤 날벼락이 떨어진다. 축구 대신 농구를 올림픽에 파견하기로 방침을 바꿨으니 축구대표팀은 해산하라는 정부의 통보가 떨어졌다. 충격에 빠진 축구계는 경위 파악에 총력을 기울였다. 그렇게 드러난 내막은 농구의 로비와 모의였다.

장택상은 회상했다.

'농구인들이 왜 그랬을까. 결과가 발표됐으면 스포츠맨답게 승복해야지. 왜 경무대 비서실과 작당해 각하께 올리는 올림픽 결재 서류에 축구 대신 농구를 넣었을까. 각하는 자세히 모르시니 그냥 결재하셨을 테고.'[12]

이 황당한 사건은 나중에 이승만의 귀에까지 들어갔고 이승만은 결국 "돈도 없는데 인원이 많은 (구기) 종목은 올림픽에 출전시키지 말라"고 정리했다. 스포츠계 집안싸움에 휘말려 축구와 농구 모두 올림픽 출전이 좌절된 셈이다. 그렇게 해서 헬싱키 올림픽엔 개인 6개 종목만 출전했다.[13]

장택상의 머릿속에서 1만 4060달러 사건과 헬싱키 올림픽 사태가 오버랩됐다. 그는 콧수염을 매만지면서 '이번 세계축구선수권에 무조건 참가하겠다'고 마음먹었다. 대한축구협회장을 떠나 일제강점기에 축구의 본고장인 유럽에서 오래 생활하는 동안 축구의 영향력을 몸소 체험한 그였다. 장택상은 만주와 소련에서 생활한 뒤 독일과 프랑스를 거쳐 영국으로 건너가 1915년 에 든버러대에 입학했다.[14] 축구의 나라인 영국에서 시민을 하나로 뭉치게 하고 웃고 울게 만드는 축구의 힘을 직접 눈으로 목격했 다.

동남아 원정과 외화 사건

대한축구협회가 진 1만 4060달러 빚은 한일 간 스위스 월드컵 예선전을 성사시키는 데 두고두고 걸림돌이 된다. 이승만은 이후에 축구 대표팀 얘기가 나올 때마다 이 돈을 거론하며 축구에 대한 좋지 않은 감정을 드러냈다.

대한축구협회의 상위 단체인 대한체육회에서도 이 문제를 두고 공방이 벌어졌다. 당시 신문은 대한체육회가 해결하지 못하고 있는 여러 현안 중 하나로 이 외화 사건을 거론한다.

"금년 여름 동남아를 원정하고 돌아온 축구팀의 부채 1만 4060달러 문제가 아직 결산을 보지 못한 채 그 책임을 전가하고 있고, 또 그 이면에는 채용 금액 일부를 부정 소비하였다는 불미한 사실도 포함되고 있음을 밝히라는 것 등으로 보여 이런 수치에 도저히 체육인으로서 면목을 세울 수 없어 총회를 전후로 이미 사퇴하겠다는 간부들도 상당수 달하고 있는데, 과연 본 총회에서 원정 경기가 있을 때마다 일어나고 있는 체육인들의 분규가 어느 정도 시정될지 지극히 주목되는 바이며 (…)."[15]

종합적으로 따져볼 때 강일매는 꽤 좋은 전력을 갖춘 대표팀이 충분히 수익금을 남겨 오리라 생각하고 동남아 원정을 추진했던 것 같다. 게

다가 전년에 홍콩에서 대표팀과 맞붙고 싶다며 교통비 6000달러를 비롯해 경기 일체를 지원하겠다고 제안할 정도였으니 '남는 장사'라고 판단했을 수 있다. 하지만 1953년 4월 7일 출국해 5월 20일 귀국하는 장기 원정인데도 피로 누적을 계산하지 못한 것으로 보인다. 특히 당시 강팀인 대만 축구와 맞붙기 위해 일정을 변경했다는 보도가 확인되는데 이 때문에 추가 비용이 든 것이 아닌가 싶다.

여기에 생각지도 못한 부정부패가 개입해 계획이 완전히 틀어지고 말았다. 1954년 한일전 당시 국제심판 자격으로 선수단과 동행했던 김덕준은 훗날 이와 관련해 황당한 내용을 폭로했다.

"축구협회로서는 원정비가 마련 안 돼 정부에서 1만 4천 달러를 빌렸는데, 모 고위 간부가 이 중 4천 달러를 착복해버렸다. 이런 것도 모르고 축구단은 1만 달러만 가지고 원정을 갔는데 그곳에서 또 인솔 관계자들이 모두 이 돈을 떼어먹다시피 해 선수들은 정말 '구걸 경기'를 해야만 했다. 이런 꼬락서니에 게임이 제대로 될 리가 없어 참패를 당하고 돌아왔다."[16]

강일매는 이후 대한축구협회 일에 거의 등장하지 않는데 외화 사건의 영향이 심각했던 것으로 짐작된다. 뒤에서 말하겠지만 주요 행사에까지 장택상이 대표로 참석하는 게 확인된다. 결국 이승만의 후광을 업고 대한축구협회 부회장이 됐던 강일매는 한일전 직후인 1954년 4월 새로 출범하는 협회 집행부에서 제외된다.

어찌됐든 대한축구협회는 1만 4060달러를 1년 뒤쯤 한국은행에 모두 갚는다. 〈한국축구 100년사〉와 〈한국축구인물사 1〉에 공통적으로 '스위스 월드컵 본선 2경기 배당금으로 나온 9000달러로 갚았다'는 내용이 나온다. 다만 〈월간 축구〉의 축구 야화 코너엔 8000달러로 언급돼 있다. 나머지 5060달러에 대해선 〈한국축구 100년사〉는 1955년 15대 대한축구협회장에 취임하는 김명학 박사가 16대 집행부에 부회장으로 합류하는 함창희의 도움을 받아 모두 갚았다고 전한다. 하지만 〈한국축구 100년 비화 1〉은 잔액 5060달러에 대해 한국전쟁 당시 피난 간 부산에서 축구인 규합에 결정적 역할을 했던 국제사진보도사 사장인 한응태가 함창희한테 빌려 갚았다고 설명한다. 또 1954년 재일체육회가 선수단에 전달한 모금액이 대한축구협회의 빚을 갚는 데 쓰였다는 자료도 없다.

3

"우리 조국이 일본에 온다고?"

: 1953년 5월 5일

한국이 한일 간 축구 대결을 놓고 어떤 결론을 낼지 갈팡질팡하는 사이 재일동포들은 의미 있는 발걸음을 하나둘씩 떼고 있었다. 그 시기 도쿄 지요다구 한국YMCA 강당에 모인 사람들은 모두 감격에 젖은 표정이었다. 강당 정면에 붙은 플래카드를 연신 바라보며 뿌듯해했다.

'재일본대한체육회(재일체육회) 창립총회.'

"우리가 창립총회를 열다니 감개무량합니다."

재일동포들은 해방 후 1947년 재일본조선체육협회(재일체육협회)를 설립하고 일본 사회 및 주일 미군정과 체육 교류를 하는 한편 본국을 위한 체육 지원을 아끼지 않았다. 그런 노력이 인정

돼 대한체육회의 일본 지부로 추인됐고 이날 간판을 고쳐달고 출범식을 갖게 됐다.[1]

"우리가 정식으로 본국의 대한체육회 일원이 되는 것 아니겠습니까. 이런 날이 오다니요. 우리 60만 동포들의 경사입니다. 만세예요, 만세."

일제강점기 200만 명에 달하던 일본 내 동포는 해방을 맞은 1945년부터 1949년까지 140만 명이 본국으로 귀향하면서 60만 명 정도 남아 있었다. 남은 동포는 한국의 정치, 경제 사정이 불안정한 점을 고려해 잔류를 택한 이들로 고군분투하며 생활하고 있었다.[2]

오후 1시 시작한 창립총회는 30여 명이 참석한 가운데 진행됐다. 의장과 부의장, 발기인, 임원 선출까지 일사천리로 이뤄졌다. 발기인 측은 초대 회장으로 유태하 주일 한국대표부 참사관을 추천했다. 그러자 참석자 중 한 명이 손을 들어 의문을 표시했다.

"주일 한국대표부에는 김용식 공사가 대표 자격으로 있는데 그 아랫사람인 유태하 참사관을 회장으로 추천해도 괜찮을까요?"

발기인 측에서 이유철이 여기에 답했다. 이유철은 한국 축구 대표팀 단장을 맡았던 이유형의 친동생이자 일본 주오대 축구 선수 출신이었다. 주오대 축구부는 재일동포들이 주축을 이룬 팀으로 유명했다.

"김공사도 지금껏 많이 도와주었지만 우리나라를 대표하는 외교관으로서 할 일이 많을 것 같아서 부탁하기가 좀 꺼려집니다. 유참사관이 우리와 관계도 좋고 본국과의 소통 측면에서 실질적인 도움이 된다는 점에서 추천하게 됐습니다."[3]

말은 그렇게 둘러댔지만 사실 재일체육회는 유태하를 필요로 하는 인물로 점찍어두었다. 재일체육회가 본국과의 연결에서 궁극적으로 가 닿고 싶은 존재는 이승만인데 유태하가 바로 '이승만 사람'이었기 때문이다. 외무부 소속인 그는 경무대 비서실에서 근무하면서 비서실 인사과장, 비서실장, 정보국장을 두루 거치며 이승만을 지근거리에서 지켰다. 일찍이 1925년 와세다대 전문부 정경과에서 유학 생활을 하다가 1932년 초 '치안유지법 위반'으로 퇴학당했고 그 후 우편국 서기로 공무원 생활을 시작했다. 주일 한국대표부 참사관으로 1951년 7월 발령받았는데 대일 강경 노선을 펴던 이승만이 일본의 동태를 면밀히 살피라고 보낸 것이었다. 재일체육회로선 권력의 옆에 있기를 좋아하는 사람과 함께하면 얻을 게 많았다. 이승만은 물론 프란체스카 도너 리 여사와도 친밀한 관계를 유지했으니 더할 나위 없었다.[4]

창립총회를 지켜보던 한 인사가 옆자리 동료에게 귓속말을 했다.

"프란체스카 여사가 눈 수술을 위해 세이로카聖路加 국제병원에 입원해 있을 때 유태하가 몇 번 과일을 보냈다가 눈에 들어 그대로 참사관으로 눌러앉았다지. 이승만 대통령과 영부인의 총애를 받고 있다는 소문이 파다해. 우리한테 해줄 게 많지 않겠어?"[5]

사실 김용식 공사가 아니라 유태하 참사관을 선택한 데에는 재일체육회의 전략적 판단이 작용했다. 김용식 공사는 일본에서

한일전을 성사시키려고 백방을 누비며 활약한 재일본대한체육회의 신희(오른쪽 두 번째)와 정건영(맨 오른쪽). 사진 재일본대한체육회

실행한 외교 행위에 대한 공식 보고를 맡았지만 유태하는 일본 정관계 주요 인사 동향이나 미일 외교 관계 상황, 한일회담 재개, 한일 청구권 문제 등에 대한 소문이나 첩보를 영어로 작성해 비밀리에 이승만과 프란체스카에게 직보하고 있었다. 이렇게 정보 채널이 일원화되지 않다 보니 당연히 불만이 생기고 둘의 관계가 껄끄러울 수밖에 없었다. 말 그대로 소문 수준의 '지라시' 같은 내용도 상당해 정보의 신빙성 문제도 대두됐다. 하지만 그럴지라도 이승만과 프란체스카는 다양하고 구체적인 내용을 담은 정보를 보내오는 유태하를 신뢰하고 의지했다.[6]

재일체육회가 유태하를 콕 짚은 데는 그의 외삼촌이 장택상 대한축구협회장이었던 점도 작용했다.[7]

"유태하 참사관의 외숙이 외무장관을 지낸 장택상 아닌가. 참사관이 예전에 경무대에서 일을 시작한 것도 장택상이 추천해서 가능했을 걸세. 게다가 장택상이 지금은 대한축구협회장까지 맡고 있잖아. 유태하가 본국과의 축구 교류를 할 수 있게 도와주면 얼마나 좋을까 싶네. 축구 하면 조선인데 말일세."

한편으로 재일동포가 한국에 갔다가 다시 일본에 재입국하려면 일본 법무성 입국 관리 부처의 승인이 필요했는데 재일체육회는 마당발인 유태하가 그걸 해결해줄 수 있으리라 기대했다.[8] 유태하가 '재입국 허가증'을 받아내준다는 소문도 돌았다.[9]

"유태하가 재입국 허가증이 나오게 힘을 좀 써주지 않겠어. 한국 정부 최고위층과도 친하고 일본 내에서도 다방면으로 활동하니 말일세."

이윽고 유태하를 초대 회장으로 선출하는 안건에 대해 표결에 들어갔고 결과는 만장일치 찬성으로 나왔다. 뒤이어 부회장을 뽑았다. 도쿄에서 조사이택시 회사를 운영하며 그동안 재일체육회에서 활발히 활동해온 실세 신희가 뽑혔다. 큰 키에 지팡이를 짚고 다리를 절뚝이며 걸어 나온 신희는 고개 숙여 인사한 뒤 짧은 소감을 전했다.

"부회장 자리를 맡겨주셔서 감사 말씀을 드리며 곧장 초대 회장으로 추대된 유태하 참사관을 찾아가 수락을 받도록 하겠습니다. 그리고 앞으로 본국과의 체육 교류 및 지원을 위해 이 한 몸

1958년 유태하(가운데 중절모 착용)는 주일 한국대
표부 참사관에서 주일대사로 승격된다. 그해 내한해
관계자와 악수하는 장면. 사진 국가기록원

바치겠습니다, 감사합니다."

신희가 소감을 마치자 참석한 모든 이가 한동안 박수를 쳤다.
그만큼 재일체육회와 동포 사회에서 그에게 거는 기대가 크다는
방증이었다. 발기인으로서 상무이사에 선임된 이유철은 신희에
게 다가가 축하 인사를 전했다.

"우리가 재일체육회가 되다니요. 감격스럽습니다. 2월에 제
형님(이유형)이 여기 와서 재일체육회 설립이 필요하다고 얘기할
때만 해도 '과연 될까' 싶었는데 이렇게 이뤄질 줄은 꿈에도 몰랐
습니다. 부회장님, 앞으로 함께 잘해보시지요."

"알았네. 자네 형님과도 앞으로 함께 해나갈 일이 많을 테니

가교 역할을 잘 부탁하네."

안 그래도 재일체육회 설립에는 이유형의 숨은 공도 있었다. 서울신문 기자이자 대한체육회 이사, 대한축구협회 이사, 축구 대표팀 단장 등 다양한 직책을 맡던 이유형이 그해 2월 눈 수술을 겸해 도쿄에 들렀다. 이때 재일동포 축구 후배들이 병문안을 왔다. 대화 도중 그동안 재일체육협회가 한국 체육 발전에 이바지한 점이 컸다면서 이제 대한체육회의 해외 지부로 인정받을 때가 됐다고 공감했다. 그러면서 재일체육회 설립을 제안했다. 그렇게 이유철은 일본에서, 이유형은 한국에서 긴밀히 협조하며 재일체육회 설립을 위해 팔을 걷어붙이고 뛰었다. 석 달 뒤 재일 체육회가 탄생하게 됐다.[10]

신희는 지난해 헬싱키 올림픽 선수단을 지원하던 때가 떠올랐다. 당시 한국은 전쟁 중인데도 국민에게 희망과 용기를 전할 방편으로 올림픽 출전을 추진했다. 또 국제 무대에 한국의 건재함을 알릴 기회이기도 해서 출전을 포기할 수 없었다. 하지만 한국 정부와 대한체육회는 올림픽에 출전하고 싶어도 여건이 되지 않아 "돈을 들여 선수단을 파견할 수 없다"며 소극적이었다.

방법은 하나, 재일동포들의 지원에 기댈 수밖에 없었다. 다행히 재일체육협회가 나섰다. 재일체육협회는 "도쿄에서도 적합한 조치를 취하겠으니 참여시켜달라"고 호소했다. 우선 한국 선수단에 파견 비용과 경기 용품을 제공하기로 했다. 한국 정부 및 대한체육회와 공식적으로 협조한 사안이었기에 김용식 공사가 회장이 되어 헬싱키 올림픽후원회를 결성했다. 선수단 단복과 레인코트, 가운, 트렁크, 보스턴백 등을 제작해 우선 한국으로 발송하고 선수단이 일본에 도착했을 때 추가로 제공했다.[11]

한국 선수단은 재일체육협회가 제공한 단복을 입고 1952년 6월 12일 도쿄 하네다공항에 도착했다. 재일동포 천여 명이 나와 태극기를 흔들며 환영해 선수단의 사기를 북돋았다. 협회에서는 '한국 올림픽 선수단이 온다! 전쟁터에서 달려 나온 선수들이다!'라고 적은 전단지를 재일동포 사회에 뿌려 관심을 유도하고 분위기를 띄웠다. 극적인 장면이었다.

한국 선수단의 총감독을 맡은 이상백 박사가 항공기에서 내릴 때 일본체육협회 간부들이 달려와 감동의 눈물을 흘렸다. 일본체육협회 이사 출신으로 일본 체육계에 큰 공헌을 했던 이상백이었기에 일본 체육인들은 떠난 지 7년이 지났어도 고마움을 잊지 않았다.[12] 이상백은 나카마仲間(일을 함께 도모할 수 있는 동료)로서 일본 체육계에 신임이 두터웠다. 일제강점기인 1940년 평양일곡 축구팀이 도쿄에서 열린 메이지신궁체육대회에서 우승했을 때 응원하던 조선인 관중들이 일왕이 지켜보든 말든 그라운드로 쏟아져 나와 덩실덩실 춤을 춘 일이 있었다. 조선인들이 일왕 앞에서 마치 잔칫상을 뒤집어엎는 듯한 분위기를 연출하자 일본인들은 가만있지 않았다. 일본체육협회는 곧장 진상조사에 착수해 중징계를 예고하면서 당시 이상백에게 조사 책임을 부여했다. 그때 그가 적극 나서 사건을 무마한 바 있다. 일본 체육계의 신뢰가 그만큼 대단했다는 방증이다.[13]

한국 선수단은 그렇게 재일체육협회와 일본체육협회 양쪽의 도움을 받아 훈련도 할 수 있었다. 육상과 마라톤은 메이지진구 경기장, 자전거는 고라쿠엔 경륜장, 복싱은 도쿄YMCA 체육관, 레슬링은 메이지대 체육관에서 연습했다. 여기에 120만 엔을 모금해 선수단에 전달하는 등 재일체육협회는 올림픽 준비에 열과 성을 다했다. 이윽고 도쿄에서 헬싱키로 떠나는 선수단을 배웅할 때 김용식 공사와 재일체육협회, 민단 간부 등이 모두 나와 만세 삼창을 하며 힘을 북돋았다.[14]

신희는 그때를 떠올리고 "그 일로 한국 정부와 대한체육회가 우리에게 아주 고맙게 생각한다는 뜻을 여러 차례 전달해왔고, 오늘 재일체육회 출범으로 이어진 것이라고 할 수 있네. 앞으로도 할 일이 무척 많아"라며 더욱 분발해야겠다고 다짐했다. 그리고 사람들에게 한마디를 더하겠다며 집중해달라고 했다.

"우리 조국의 축구가 세계축구선수권에서 일본과 대결합니다. 국가를 대표해 해방 이후 처음 일본과 갖는 축구 대결입니다. 작년 헬싱키 올림픽 때처럼 축구 출전이 쉽지 않을 수도 있습니다. 그래서 우리가 이번에도 힘을 모아 도와야 합니다. 조선 축구는 최강입니다. 일본의 코를 납작하게 만들면 우리 동포의 사기는 크게 올라갈 겁니다. 전쟁 중인 한국 정부에도 큰 힘이 되리라 확신합니다. 앞으로 1년간 일본과의 축구 대결이 성사될 수 있게 총력을 기울이겠습니다. 함께 뜁시다, 여러분."

신희는 재일체육회 사람들과 악수를 하며 곧바로 초대 회장으로 추대된 유태하 참사관을 만나러 자리를 떴다. 유태하는 신희의 제의에 별다른 고민을 하지 않고 회장직을 수락했다.

"아이고, 여러분이 그동안 얼마나 고생이 많았습니까. 고국의 이승만 각하도 여러분의 활동을 잘 지켜보고 계실 겁니다."

눈치가 빠른 유태하는 재일체육회의 기대에 부응하려는 듯 한국과의 인연을 강조했다.

"제가 잘 아는 이기붕 대한체육회장에게도 협조를 구해보겠습니다."

신희는 유태하가 큰 역할을 해주기를 기대했다. 한일 간 축구 대결 성사가 최우선 순위였지만 대한체육회 해외 지부로 인정받은 만큼 소속감과 정체성을 위해 한국에서 매년 개최되는 전국체육대회(전국체전)에 참가하는 일도 급선무였다. 유태하가 이 문제를 풀어주기를 바랐다. 비자 및 재입국 허가증 발급 문제였다. 1단계로 전국체전에 참가하는 형태로 한국에 간 뒤 2단계로 현지에서 한일전 축구 성사를 도모하려는 계획이었다. 큰 그림을 그려놓고 전략을 세워 움직이는 신희는 간절했다. 하지만 유태하는 이 문제를 대수롭지 않게 받아넘겼다.

"언제 시간 내서 내 한번 알아보리다."

중요 사안인데도 가볍게 넘기는 유태하의 태도에 기분이 떨떠름했다. 적당히 인사를 마친 신희는 찜찜한 채로 문을 나섰다.

"참사관이 회장직을 수락하셨네."

밖에서 기다리고 있던 일행들이 미소를 지어 보였다. 재일체육협회 시절부터 체육회 업무에 깊숙이 관여해온 간부 정건영과 축구 선수 출신으로 이번에 재일체육회 이사장을 맡게 된 김동춘이었다.

"우리 판단이 맞아야 할 텐데. 참사관이 적극적으로 도와주기를 바랄 뿐이네."

신장 185센티미터에 체중이 100킬로그램이 족히 넘는 거구의 정건영이 가만히 얘기를 듣더니 시원시원한 성격답게 한마디 툭 던졌다.

"며칠 지켜봅시다. 그나저나 오늘은 참 좋은 날이오. 우리가 조국으로부터 인정받은 날이 아니오. 옛날 생각하면 정말 힘들었지. 지금도 마찬가지이긴 하지만."

재일체육협회 시절인 1948년 런던 올림픽과 1952년 헬싱키 올림픽 때 한국 선수단을 지원했던 일이 떠오른 것이다. 1948년 협회는 67명 한국 선수단이 일본을 거쳐 런던으로 가는 길에 하카타항에 도착했을 때 동포 800명을 꾸려 환영 행사를 열었다. 선수단이 열차를 타고 오사카역에 도착했을 때는 재일오사카동포격려회가 "꼭 쌀밥을 먹으라"며 열차에 쌀 한 가마니를 넣어주었다. 많은 동포가 마늘과 고추장, 김치 등을 열차 안으로 내밀었다.

1950년 보스턴 마라톤에서 손기정 감독이 이끄는 선수단이 1~3위(함기용, 송길윤, 최윤칠)를 싹쓸이한 뒤 귀국길에 올랐을 때도 마찬가지였다. 재일체육협회는 이들을 도쿄에서 맞이하기 위해 환영준비위원회를 꾸리고 성대한 환영회를 열었다. 이후 간사이 지역으로 여행도 보내주는 등 한국 정부와 대한체육회가 할 많은 일을 대신 맡았다.

"나라라는 게 무엇이겠는가. 또 동포라는 게 무엇이겠는가. 어려울 때 서로 도와야 하지 않겠나."

"북조선 친구들이 우리를 배척하고 시비를 걸고 있으니 이럴 때일수록 우리는 한국 정부와 손을 맞잡고 뭉쳐야겠지요."

신희와 정건영은 조국처럼 분단된 동포 사회를 안타까워했다. 동포 사회는 북한을 지지하는 조련과 남한을 지지하는 민단으로 쪼개져 있었다. 재일체육회는 재일체육협회 시절부터 민단 계열 인사들로 구성돼 한국과 일본 정부, 미군정 등과 우호적인 관계를 이어왔다. 조련 측이 민단에 싸움을 걸기 일쑤여서 여간 골칫거리가 아니었다.

"이제 우리 조국 축구대표팀이 바로 여기, 도쿄에서 일본과 대결할 수도 있으니 우리는 이제 한일 축구 경기를 성사시키는 임무에 집중해봅시다. 일단 전국체전 참가를 위해 한국에 가는 일부터 처리하고."

신희와 정건영이 손을 맞잡고 굳은 결의를 보였다. 뚝심을 가진 사나이들이었다.

재일동포

사상 첫 한일전을 성사시키는 데 재일동포들의 역할은 절대적이었다. 한국 선수단이 앞선 올림픽에 출전할 때도 재일동포의 금전적, 물질적 지원이 없었더라면 단연코 불가능했을 것이다. 설사 재일동포들이 일본 내 지위 보장처럼 한국 정부의 외교력이 필요한 일을 기대하고 움직였다고 쳐도 한국 정부나 스포츠계가 그들에게 많은 빚을 졌다는 것은 엄연한 사실이다.

재일동포를 지칭하는 표현은 많은데 이 책에서는 고민 끝에 대중이 흔히 접해온, 정감 어린 느낌의 '동포'를 쓰기로 한다. '재일한(국)인'은 한국과 북한을 대립해 구분 지어 쓰는 느낌이 강하고 '자이니치在日'는 정체성의 의미가 담긴 것으로 여겨진다. '재일조선인'은 일본에 거주하는 우리 민족 전체를 가리키는 포괄적인 표현이기는 하나 '동포'보다 광범위해 보여 해방 직후부터 일반적으로 사용돼온 '동포'를 쓰기로 했다. 이 밖에도 '재일한국조선인' '재일조선한국인' '재일코리안' '재일교포' '재일'로도 부른다.

'재일동포 호칭의 역사성과 현재성'(2012)을 작성한 정진성 서울대 명예교수는 "재일동포 대다수는 일제강점기 일본이 제1차 세계대전 특수를 맞았을 때부터 '조선'에서 직업을 찾아 이주해 온 사람들과 제2

차 세계대전기에 강제 연행된 사람들을 1세대로 하여 형성된 집단에 뿌리를 두고 있다"고 설명한다. 이에 따라 일본에서는 재일동포를 일제시기에 이주한 '올드커머', 1965년 이후에 이주한 '뉴커머'로 나눠 부른다.

이런 역사를 겪는 동안 전 세계 어디서도 볼 수 없는 신분의 특수성이 나타나게 됐다. 정교수는 "(재일동포들은) 1947년 일본 정부에 의해 외국인 등록을 하며 국적란에 '조선'을 기입한 후, 한국 국적으로 바꾼 사람들, 북한에 자신의 정체성을 두고 있는 사람, 떠나올 때의 조국 조선을 자신의 국적으로 생각하는 사람들 등 수많은 사람들이 재일동포를 구성하면서 귀화하지 않고 한국적, 조선적을 유지하고 있다"고 썼다.

당시 재일동포는 한반도의 한국과 북한처럼 이를 추종하는 두 갈래로 나뉘었는데 같은 맥락에서 스포츠 단체도 양쪽으로 갈렸다. 이 책에서 다루는 재일체육회는 1948년 8월 한국 정부로부터 공인 받은 '재일본조선거류민단'(민단) 소속으로 재일본조선체육협회(1947년)를 거쳐 재일본대한체육회(1953년)에 이르게 된다. 재일체육회 인사들은 북한을 추종하는 재일본조선인연맹(조련) 측으로부터 자주 야구 방망이 공격을 받는 등 시달렸다고 〈재일본대한체육회 60년사〉에서 말한다.

이런 재일체육회가 유태하 주일 한국대표부 참사관을 초대 회장으로 추대한 건 이유가 있어 보인다. 우선 매년 한국에서 개최되는 전국체전에 참가하려면 비자를 발급받아야 했는데 유태하가 도와주리라 기대한 것 같다. 또 한국에서 일본으로 돌아오려면 일본 법무성으로부터 재입국 허가증을 받아야 하는데 이 부분에서도 주일 한국대표부의 도움을 받을 수 있으리라 생각한 것으로 추측된다.

유태하는 훗날 비자와 관련해 문제를 일으키기도 한다. 원희복 경향신문 기자는 유태하의 행적을 비판하는데 1955년 당시 북한이 전 방위적으로 재일동포 북송 사업을 할 때 아무런 역할을 하지 못했으며 오히려 부도덕한 일을 벌였다고 지적했다.

"당시 많은 재일동포들이 밀항선을 타고 돌아오려 했는데 주일대표부는 비자조차 발급하지 않았다. 오히려 주일대표부는 거액의 비자 발급료를 받았다. (중략) 북한은 집과 직장을 준다며 좋은 배(만경봉호)에 태워 북으로 가는데, 한국은 고향 길에 비자 장사를 한 것이다. (중략) 그래서 재일교포 사회에서 '유태하 추방 운동'이 벌어졌다."[15]

또 유태하가 재일체육회 초대 회장직을 수락한 것은 두 사람의 기질로 볼 때 정통 외교관인 김용식 공사가 사양해서가 아닌가 싶다. 김용식이 정제된 외교 행낭 형태로 비정기적으로 경무대에 보고했던 것과 달리 유태하는 다양한 현지 인물과 접촉해 얻은 정보를 일종의 '지라시' 형식으로 거의 매일 경무대에 보냈다. 업무 스타일이 달랐던 두 사람은 나중에 큰 갈등을 빚기에 이른다.

4

한국에 꼭 가야 한다

1953년 7월 27일

"뭐라고? 재입국 허가증 발급이 힘들다고 한다고?"

푹푹 찌는 한여름 재일체육회 사무실에 나온 신희는 불안이 현실이 됐다는 것을 알고 표정이 굳어졌다. 부채를 흔들고 이마에서 흘러내리는 땀방울을 손으로 닦아낼 때 얼굴은 이미 구겨져 있었다. 유태하가 재입국 허가증 발급에 도움을 주리라 기대했지만 무위에 그친 것이다.[1] 제34회 전국체전이 10월 서울에서 개막하는 상황이라 시간이 촉박했다. 초조한 가운데 빨리 방법을 찾아야 했다.

"자네가 어떻게 해결할 방법이 없겠는가?"

신희는 함께 사무실을 찾은 김동춘 재일체육회 이사장을 쳐다봤다.

"유태하 이 양반, 애초에 의지가 없었던 것 아닌가 모르겠습니다. 이렇게 중요한 일인데 상의도 하지 않고. 어떻게든 해법을 찾아야 하니 한번 부딪쳐보겠습니다. 우리 사전에 불가능이 있겠습니까."

"그렇지. 한일 축구 경기를 성사시키려면 우리가 이번에 무조건 한국에 다녀와야 하네. 우리가 본국에 가지 못하면 알다시피 축구대표팀도 여기 도쿄에 올 수 없네."

김동춘은 눈을 질끈 감았다 뜨고 자리에서 일어났다. 그길로 곧장 무작정 일본 법무성을 찾아갔다. 김세기도 따라나섰다.

똑똑.

"시모마키下牧 차장 계십니까."

"네. 제가 시모마키입니다. 무슨 일로 오셨습니까?"

김동춘이 자기소개를 한 뒤 재일동포들의 처지부터 설명했다. 일제강점기를 전후해 일본으로 넘어와 해방을 맞았지만 본국에 갈 수 없는 사정부터 일본인들과 축구로 교류해온 얘기 등을 구구절절이 풀어나갔다.

"전후 혼란기에 전쟁 전부터 스포츠를 애호해온 사람들이 자연스레 모여 축구를 했습니다. 우리 집에 모여 연습을 하거나 일본 애호가들과 시합하기도 했지요. 거기에는 아마추어 스포츠 애호가들만이 가슴에 품고 있는 신기한 유대감 같은 것이 있었습니다. 일본과 조선의 힘든 관계도, 또 승자나 패자도 그곳에는 존재하지 않았습니다. 단지 체육을 사랑하는 사람들만이 모여 주둔 미군과 경기를 하거나 패전으로 정신적 타격을 입은 일본 선수들과 시합을 하는 과정에서 누가 먼저랄 것도 없이 '본국의 선수들을 부르자' '우리가 본국으로 가 시합을 하자' 등의 얘기가 나왔습니다. 그런데 재입국 허가증을 받지 못하면 이 모든 우리 의 순수한 꿈은 물거품이 됩니다."[2]

시모마키 차장은 김동춘의 얘기를 들으며 알 듯 말 듯한 표정을 지었다. 다 듣고 이제 끝났느냐는 듯 자세를 고쳐 앉더니 책상 한편의 버튼을 눌렀다.

"과장 들어오라고 하게."

김동춘은 순간 낙담하며 '내게 나가는 길을 안내하라고 과장을 들어오라고 하는구나'라고 생각했다. 문이 열리고 과장이 들어서자 시모마키 차장이 지시를 내렸다.

"앞으로 한국의 체육회에서 재입국 신청이 있으면 모두 허가를 내주게."

"네. 알겠습니다."

김동춘의 눈이 번쩍 뜨였다.

'내가 잘못 들은 건가.'

법무성 과장이 문을 닫고 나가자 그제야 시모마키 차장이 온화한 미소를 지으며 입을 열었다.

"한일 양국 사이, 또 한국과 일본 교포들 사이. 이런 어려운 시기야말로 스포츠 교류가 중요합니다. 힘들겠지만 제대로 잘해내시기를 바랍니다."[3]

힘든 부탁을 하러 왔다가 의외로 흔쾌한 승낙을 얻고 위로까지 받자 김동춘은 어안이 벙벙하면서도 감동이 밀려왔다.

'이렇게 풀기 힘든 문제도 진심으로 대하면 풀리는구나. 체육은 무한한 가치를 갖고 있구나.'

김동춘은 절로 고개를 숙인 다음 손을 내밀어 악수를 청했다.

"정말 고맙습니다. 말씀하신대로 꼭 해내겠습니다."

조심스레 문을 닫고 나온 김동춘은 일순 긴장이 풀렸다. 생각지도 못한 은인을 만난 기분이었다. 나가는 길에 아까 문을 열고 들어왔던 과장이 눈에 들어왔다. 궁금함을 찾지 못하고 다가가 물어봤다.

"시모마키 차장님은 어떤 분이십니까?"

과장이 씽긋 웃으며 대답했다.

"도쿄대 시절에는 축구 선수로 활동하신 분입니다. 스포츠에는 공정, 평등, 포용 같은 가치가 있지 않습니까. 차장님은 스포츠의 그런 정신을 갖고 업무를 보시는 분으로 유명합니다."

김동춘은 꼭 한일전을 성사시켜 시모마키 차장의 기대에 부응하겠다고 다짐하며 가벼운 발걸음으로 법무성을 나섰다. 재입국 허가증 허가 약속도 받은 만큼 신희에게 낭보를 전하러 발걸음을 재촉했다.

"정말 수고 많았소. 사람을 설득하는 재주가 어쩌면 그리 좋단 말이오."

신희는 정건영을 바라보며 김동춘에 대한 칭찬을 아끼지 않았다.

"우리나 일본인이나 같은 사람이지 않습니까. 진심은 통하는 법이지요."

이들은 큰 난관 하나를 헤쳐 나왔다. 초반부터 합이 잘 맞았다.

"가장 중요한 건 축구 한일전을 성사시키는 것이오. 10월에 전국체전에 나갈 수 있게 됐으니 나도 그때 고국에 가 하나하나 문제를 해결할 생각이오. 김이사장은 축구 전문가이니까 나와 동행합시다."

가만히 듣고 있던 정건영이 눈을 치켜떴다.

"나도 한국에 가는 게 아니었소?"

신희는 침착하게 대답했다.

"한국에 다 가면 일본선 누가 연락을 받고 대응을 한다는 말이오. 지금 긴밀히 의논하는 사람이 우리 셋하고 한두 명밖에 더 있소? 일본에 남아 함께 보조를 맞출 사람이 있어야죠."

정건영은 고개를 끄덕이며 간단히 수긍했다.

"고국에 다녀온 지 워낙 오래돼 이참이 기회다 싶었던 거요. 사실 여기 사업 일이 바빠 나는 갈 형편이 안 되오."

신희는 사소한 오해를 풀었다 싶어 바로 본론을 꺼냈다.

"이번 첫 전국체전에는 축구 종목만 파견했으면 합니다. 우리가 그동안 꾸준히 축구 경기를 해왔으니 선발팀을 구성하는 데 별문제가 없을 것이오. 어떻소?"

"동의합니다."

신희는 그러면서 부탁이 있는지 뜸을 들이다 어렵게 말을 꺼냈다.

"이런 말을 하기 좀 면구스럽소만 김동춘 이사장이 이번 재일체육회가 출범하는 데 주도적인 역할을 한 것은 잘 아는데, 전국체전에 참가할 비용을 생각하면 십시일반 모은다 해도 갑자기 큰돈을 마련하기 힘들 것 같습니다, 이번에도 좀 도와주는 건 어떻소?"

김동춘은 망설임이 없었다.

"기왕 가는 거 좋은 성적을 내고 오는 게 좋지 않겠습니까. 합숙 훈련, 참가비 모두 제가 부담하겠습니다. 걱정하지 마십시오."[4]

신희는 빚진 일을 잊지 않겠다는 뜻으로 김동춘의 손을 꼭 맞잡았다.

"우리 한국에 가서 큰일 해내고 옵시다. 고맙소, 정말 고맙소."

뜻이 있는 곳에 길이 있다고 했던가. 모두가 사심 없이 대의를 좇으니 장애물도 가볍게 무너지고 일이 순탄히 풀렸다. 물론 여전히 커다란 암초들이 도사리고 있었지만 말이다.

그때 체육회 사무실 문이 열리면서 이유철이 성큼성큼 들어왔다.

"소식 들으셨습니까?"

"소식, 무슨 소식?"

"오늘 오전 10시에 남북이 휴전했답니다."

"음, 며칠 전부터 그런 얘기가 들리더니 마침 오늘 휴전한 거

한일전 성사의 걸림돌 중에 하나였던 한국전쟁은
1953년 7월 27일 휴전이 성립됐다. 이후 경기 개최
에 속도가 붙는다. 유엔군과 북한군 측 대표가 휴전
협정에 조인하는 장면. 사진 국가기록원

로군."

1950년 6월 25일 북한군의 기습 남침으로 발발한 한국전쟁이
3년 1개월 2일, 1129일 만에 멈춘 것이다. 전쟁이 소강상태에 접
어들며 700일 넘게 정전 얘기가 계속됐는데 이제야 마침표를 찍
게 됐다.

판문점 정전협정 조인식장에 유엔군 측 수석대표 윌리엄 K.
해리슨 미 육군 중장 일행과 공산 측 수석대표 남일 북한군 대장
일행이 마주 앉은 가운데 국어·영어·중국어로 된 협정 문서 9통

과 부본 9통에 쌍방 수석대표가 각각 서명했다. 한국 정부는 정전에 동의하지 않은 터라 이승만의 서명은 없었다. 모두가 허망해했다. 3시간 뒤인 오후 1시 유엔군 기지 안 문산극장에서 유엔군 사령관 마크 웨인 클라크 대장 등과 최덕신 한국군 대표, 그리고 16개국 참전 대표들이 참석한 가운데 정전협정 확인 서명을 했다. 양측 군인 피해 총 322만 명, 민간인 피해 총 249만 명에 이르는 끔찍한 전쟁은 이렇게 일단락됐다.[5]

"한일전 대결을 앞두고 불확실성 하나가 사라졌으니 우리에게 아주 좋은 일이 아닌가 싶소."

이승만은 물론 도쿄 민단에서도 휴전협정을 반대하며 북진을 주장하기도 했지만[6] 재일체육회에 휴전은 낭보가 분명했다. 스포츠가 원활히 돌아가려면 정치·외교 쪽 장애물이 하나씩 걷혀야 했다.

휴전 얘기에 꼬리에 꼬리를 물며 생각을 이어가던 신희는 턱을 괴고 한 가지 걱정거리를 털어놨다.

"한일전을 성사시키려면 결국 마지막에 이승만을 만나 설득해야 할 것 같네. 그렇다면 문제는 '이승만을 어떻게 설득할까'인데."

한국 사정을 종종 전해 듣던 이유철이 신희의 얘기에 별다른 고민 없이 툭 말을 던졌다.

"이승만은 딱 두 가지입니다. 일본과 공산당. 이 둘만 잘 엮어 얘기하면 먹히지 않을까 싶습니다."

머릿속에 맴도는 생각을 단번에 정리한 말이었다. 신희는 귀가 솔깃했다.

"계속 얘기해보게."

이유철은 흔쾌히 말을 이어갔다.

"이승만이 일본이라고 하면 극도로 싫어한다는 건 누구나 아는 사실이고 반공산당, 반공주의자라는 것도 유명하지 않습니까. 이번에 휴전 얘기 나올 때도 이승만은 격렬히 반대한 것 보십시오. 휴전하자는 미국에 맞서 우리 국군을 움직여서라도 북진 통일을 이루겠다고 큰소리 뻥뻥 치고. 한국에서 그런 얘기도 나오는 모양인데, 이승만이 휴전을 반대하는 데모에 여고생까지 동원하고 미국이 체결한 포로 송환 협정도 어기면서 반공 포로를 석방해 미국의 심기를 건드렸다고요."[7]

신희는 다시 물었다.

"요점은 알겠고. 그래서 어떻게 하면 좋겠는가?"

이유철이 답답하다는 표정으로 다시 말을 꺼냈다.

"그러니까 반일과 반공, 이 두 가지를 파고들어서 얘기하라는 겁니다. 이승만이 반일과 반공이라면 물불을 안 가린다는 것 아닙니까. 이 점을 고려해 이승만을 설득해야 하지 않겠습니까."

신희는 골똘히 생각했다. 그러고는 뭔가 답이 나오겠구나 싶었는지 무릎을 탁 치며 일어섰다. 자신의 계획이 흡족한 듯 입꼬리가 올라가 있었다. 이내 지팡이를 짚고 가벼운 발걸음으로 문밖을 나섰다.

전국체전

　재일체육회가 한국에서 매년 열리는 전국체전에 선수단을 이끌고 처음으로 참가한 건 1953년 10월 서울에서 열린 제34회 대회 때였다. 신희를 부단장으로 하는 25명 선수단이었다. 김동춘이 일본 법무성으로부터 선수단의 일본 재입국 허가증을 받아내고 유태하가 여권 발급을 도와주면서 마침내 숙원을 풀었다.

　축구 한 종목에만 출전했지만 성적보다는 본국과의 체육 교류에 의의가 있던 시점이었다. 농구 쪽도 친선경기를 벌이는 등 본국 스포츠계로부터 환대를 받은 것으로 〈재일본대한체육회 60년사〉에 묘사된다.

　재일체육회는 한국 축구대표팀의 일본전 성사를 위해 전국체전 참가를 디딤돌로 삼았는데 여기에는 '큰 그림'이 있었던 것 같다. 재일동포들로선 전국체전에 참가한다는 명분하에 본국, 즉 고향에 다녀올 수 있는 길이 열린 셈이다. 전국체전에 출전하는 선수는 여권은 물론 재입국 허가증도 받을 수 있었다. 그때만 해도 재일동포는 한번 일본에서 출국하면 재입국이 거부되는 게 현실이었다. 일부 동포는 밀항해 몰래 고향을 다녀오곤 했다. 경남, 전남, 제주 등지 해안 부두마다 일본으로 가는 밀항선이 대기했다고도 한다. 전국체전 참가 말고 민단 또는 상공회가 주최하는 모국 방문은 극히 제한적이었다.

1953년 10월 서울에서 열린 전국체전에 사상 처음 참가한 재일동포 축구 선수단. 사진 재일본대한체육회

이렇게 전국체전에 참가하는 식으로 합법적으로 고향에 다녀올 길이 열리고 보니 동포들은 출전에 사활을 거는 경우도 생겼다. 〈자이니치 리더〉는 당시 상황을 설명한다.[8]

"동포들은 해마다 전국체전이 열릴 때마다 고향 티켓을 얻기 위해 각자마다 안간힘을 다했다. 선수 선발 경쟁이 치열한 건 두말할 필요도 없는 일이었다."

재일체육회 12대 회장을 지낸 김영재는 같은 책에서 "부상이 알려지면 (축구단에서) 무조건 탈락이라는 생각에 아픈 티도 못 냈다"고 당시 상황을 생생히 증언했다. '고향 티켓'을 얻기 위해 일부 편법을 쓰는 사람들도 있었다.

"선수단 구성에서 선수보다 임원의 수가 더 많았다. 전국체전을 고향 가는 기회로 활용하는 위장 선수도 있었다. 60세 전후의 사업가가 기부금을 내고 선수로 등록하는 경우도 심심찮게 있었다. 위장 선수의 단골 종목은 씨름이나 궁도 등 한국 전통 스포츠였다. 그러나 도저히 선수로는 보이지 않는 뚱뚱한 풍채의 노령자이다 보니 일본 출입국 관리와 실랑이가 빚어지는 일이 빈번히 일어났다. 선수가 맞는지 의심스럽다며 도장을 찍어주지 않으려는 일본 관리를 설득하려고 선수단이 틀림없이 맞다며 보증을 서기도 했다."

한국 정부는 재일동포 선수단에 특혜 아닌 특혜를 주기도 했다. 일본에서 물건을 반입해 한국에서 되파는 걸 묵인했다.

"재일동포 선수단이 우리나라 '보따리 장사'의 효시일 것이다. (중략) 서울 물가가 전국체전 기간 중에는 요동친다는 말이 돌 정도로 우리(일본) 물건의 파급 효과가 있었다. 재일동포 선수단의 물건은 남대문 시장부터 당시 양품 전문점인 미도파 백화점까지 서울 시내 곳곳에 쫙 퍼져 있었다."

김영재에 따르면 반입 액수가 상당했다.

"그때 대졸자 초임 월급이 8000엔 정도였는데 트렁크 1개에 1만 5000엔 상당의 물품이 실렸다. 이제 와 하는 이야기이지만 선발대가 하는 업무 중 하나가 세관 직원을 포섭해놓는 작업이었다."

물론 이런 기현상이 본질은 아니며 1965년 한일 간 국교 정상화가 이뤄지면서 자연스레 사라진다.

5

이기붕과의 전략적 만남

1953년 9월~11월

"전국체전에 나설 선수단의 명단을 발표하겠습니다."

신희 부회장은 사무실에서 임직원들이 보는 가운데 10월 열리는 제34회 전국체전에 사상 처음으로 나설 재일동포 축구팀 명단을 발표했다.

"단장에 정용수, 부단장에 신희, 축구팀 감독에 김동춘, 기획에 김세기, 선수 주장에 이유철…."

박수가 나오는 가운데 신희는 25명으로 꾸려진 선수단의 명단과 구성까지 단숨에 읽어 내려갔다.

"축구가 유일하게 참가하는데 우리 김동춘 감독의 출사표 한번 들어봅시다."

화기애애한 분위기에서 감독으로 선발된 김동춘이 표정을 가다듬고 한마디를 했다.

"한국은 전쟁통에도 축구 경기를 꾸준히 해온 까닭에 우리가 상대하기는 역부족일 수 있습니다. 한국은 예부터 축구가 강했기 때문이요. 다만 우리는 최선을 다해 경기에 임할 것을 선수들에게 당부할 생각입니다."

축구팀은 곧바로 소집돼 훈련에 들어갔다. 신희는 주장을 맡은 이유철을 불러 일본축구협회와 계속 연락을 취할 것을 부탁했다. 한일전 일정을 조율하려면 대한축구협회와 일본축구협회 양측이 함께 머리를 맞대야 했고 연락책도 필요했다. 신희는 이유철에게 신신당부했다.

"틈틈이 일본축구협회와 만나 의견을 교환해야 하네. 국제축구연맹 쪽도 한일전 두 경기 일정이 확정되지 않은 점을 궁금해하지 않겠는가. 양 협회가 긴밀히 조율한 뒤 국제축구연맹과 협의를 마쳐야 할 거야."

"네. 명심하겠습니다."

신희는 동시에 유태하를 통해 한국과 소통하고 있었다. 선수단의 일원으로 입국해 서울에 가면 이기붕 대한체육회장과 장택상 대한축구협회장을 만나 한일전 개최에 대해 본격적으로 논의할 계획이었다. 가능하다면 이승만 대통령도 직접 만나 담판을 짓겠다는 포부도 있었다. 물론 장택상의 조카이자 이승만의 신임이 각별한 유태하가 여기에 큰 도움을 줄 것이라 믿었다. 유태하는 재입국 허가증 발급을 돕지 못했지만 여권 발급을 위해 노

력하는 등 재일체육회 회장으로서 어느 정도 역할을 하고 있었다.[1]

이윽고 10월 17일부터 엿새간 서울에서 열리는 전국체전에 참가하기 위해 재일동포 선수단이 장도에 올랐다. 모든 서류도 문제없이 처리됐다. 모두 고국 땅을 밟는 게 얼마만인지 기억도 잘 나지 않았다.

선수단은 먼저 부산으로 건너가 하룻밤을 묵고 야간열차로 서울로 향했다. 그 무렵 휴전한 지 석 달 정도 되는 폐허를 눈앞에서 보며 통탄했다.[2] 오랜만에 고국 땅을 밟은 동포들에게 그런 살풍경은 충격이었다.

'나라가 이런 꼴이 되다니.'

열차를 타고 가며 날이 밝았을 때 차창으로 보이는 고국의 산천은 쑥대밭이나 다를 바 없었다. 창밖에서 가끔 총성도 울려 깜짝깜짝 놀라며 고개를 숙여야 했다.

서울에서 묵으며 하루하루 시간이 지날수록 전후의 참담함이 더욱 눈에 들어왔다. 도쿄와 너무도 다른 환경에 이유철은 한숨이 절로 나왔다.

"걸핏하면 전기가 나가고 생활필수품조차 구하기 힘듭니다. 들었던 것보다 상황이 훨씬 심각하군요."

10월 17일 서울운동장에서 열린 개막식에 참가한 선수단은 고국 관중석으로부터 뜨거운 환영을 받았다. 감개무량한 순간이었다.

부단장으로 나선 신희는 사실 전국체전 참가보다 한일전 성사를 위해 체육 인사들을 만나 설득하는 일에 전념했다. 장택상 등 여러 체육 인사들을 만나 읍소하며 할 수 있는 모든 방법을 동원하고 있었다. 매일 아침 대한체육회 사무실을 찾았는데 대한축구협회와 대한체육회 이사를 동시에 맡고 있던 이유형, 메이지대 출신으로 대한체육회 이사이자 육상경기연맹 부회장인 정상희를 만나 적극적인 협조를 약속받았다.

전국체전이 끝나고 선수단이 일본으로 돌아간 뒤에도 신희는 김동춘, 김세기와 함께 한국에 남아 장기전에 돌입했다. 하지만 뚜렷한 결과가 나오지 않는 가운데 차일피일 시간만 흘렀다. 결국 일본에 남은 정건영이 신희에게 연락해 압력을 가했다.

"한일전 유치에 성공하지 못하면 일본에 돌아올 생각을 하지 마시오. 여기 일은 걱정하지 말고 맡은 일에 집중하시고."[3]

어깨가 무거워진 신희는 길을 찾으려고 백방으로 뛰어다녔다. 그러다가 이유형과 정상희의 도움을 받아 이기붕 자택을 방문할 기회를 잡았다. 11월 중순의 일이었다. 신희는 특유의 추진력과 친화력을 발휘해 이기붕을 쉽게 구워삶았다.[4]

"와하하, 자네, 정말 재밌는 사람일세. 머리도 참 비상해."[5]

신희의 스스럼없는 모습에 이기붕은 금세 빠져들었다. 열 번 넘게 만나면서 툭 터놓고 얘기할 사이가 됐다.

"회장님, 한일전을 꼭 성사시킬 수 있도록 각하를 설득해주십시오."

"그게 말이야. 일본을 이길 수 있는 유일한 게 축구라는 명분은 훌륭하다고 생각하네. 다만 '이승만 라인' 문제도 있고 한일 관계가 험악해서 말이야. 또 '1만 4060달러 사건'도 맘에 걸리고."[6]

"돈 문제는 걱정하지 마십시오. 재일체육회가 원정 비용 일체를 대고 대한축구협회 빚도 다 갚아주겠습니다."

이기붕은 신희의 제안에 솔깃했다. 그러면서도 계속 주저했다.

"회장님, 세계축구선수권에 참가함으로써 한국이 얻는 이미지는 돈으로 살 수 없을 만큼 어마어마한 것입니다."

한국 정부의 공인을 받은 민단이 재일동포 사회에서 북한을 추종하는 재일조선민주전선(재일본조선인연맹 후신, 재일본조선인총연합회 전신)에 조직상 매우 열세인 지금 이를 바꿔놓을 무언가가 필요하다는 의미였다. 정치·외교·경제 면에서 언젠가 일본과 국교를 맺는 게 불가피했으므로 동포 사회부터 단단히 붙들어 맬 필요가 있었다. 이기붕은 신희가 던진 중요한 메시지를 금방 알아들었다.

신희는 말을 이어갔다.

"우리 축구가 일본을 꺾는다면 60만 재일동포의 사기가 크게 진작될 겁니다."

이기붕은 그즈음 결단을 내렸다.

"그렇지. 동포 사회에서 중대한 계기가 되리라고 나도 생각하네. 내 각하를 한번 설득해보리다."

신희의 얼굴에 드디어 미소가 번졌다. 이기붕이라는 산을 하나 넘은 것이다. 이제 더 높은 산, 이승만 하나만 남아 있었다.

"각하, 우리가 일본에 이길 수 있는 확실한 분야가 있습니다."

이승만은 집무실을 찾은 이기붕의 말에 눈이 번쩍 뜨여 물어 봤다.

"그게 무엇인가?"

"그것은 바로 축구입니다."

"쯧쯧, 또 축구 얘기인가?"

"아닙니다. 이건 진심을 다해, 충심으로 드리는 말씀입니다."

"트, 틀림없는가?"

"틀림없습니다. 다른 것은 몰라도 축구만은 확실히 일본에 이길 수 있습니다."

이기붕의 호언장담에 이승만이 주춤했다. 이기붕은 내친 김에 쐐기를 박으려고 했다.

"한일회담에서 망발이나 해대는 일본에 혼쭐을 내줄 방법은 축구밖에 없습니다."

이승만은 고민스러웠다. 뒷짐을 지고 곰곰이 생각하다가 한 순간 결정을 내렸다.

"그래, 알았네. 장택상도 일전에 와 그렇게 열변을 토하더니…. 그럼, 경기에 출전해보는 쪽으로 생각해보게."

이기붕은 절대 굽힐 것 같지 않던 이승만이 생각을 바꾸자 적 잖이 놀랐다.

"하지만 일본이 우리 땅에 올 수는 없네. 일본에서 두 경기를 모두 하든지 하게. 그리고 대한축구협회가 진 빚, 그것도 해결해야 하고. 그만 물러가게."[7]

1960년 4 · 19 혁명 직전의 이승만 대통령과 이기붕 국회의장. 사진 국가기록원

"조만간 실무진들을 데려와 공식적으로 보고드리겠습니다."

"그러게나."

이기붕은 대한체육회장으로서 큰일을 해냈다는 생각이 드는 한편 국제축구연맹의 홈 앤드 어웨이 규정을 어떻게 해야 할지 고민이 생겼다. 일단 이승만으로부터 구두 승인을 받은 만큼 공식 보고를 위한 실무진을 꾸려야 했다. 다행히 단박에 생각이 떠올랐다. 재일체육회 쪽에서 한 명, 대한축구협회 쪽에서 한 명이 필요했다. 대한축구협회장 장택상이 적임자를 추천했다. 대한축구협회 이사장이자 대한체육회 이사를 맡고 있던 이유형이었다.

이기붕은 실무진을 정하자마자 신희에게 연락했다.

"경무대에 들어갈 테니 준비하게."

마지막 관문을 남기고 신희는 이승만을 설득할 '회심의 무기'를 이미 머릿속에 그려놓고 있었다. 한일전이 사실상 성사 단계에 접어들었다고 판단한 그는 계획한 대로 김동춘에게 먼저 도쿄로 돌아가 재일체육회에 중간보고를 하라고 했다. 한일전이 성사될 것으로 보이니 일본축구협회와 조율하고 모금 운동 등 여러 계획을 세우라는 의미였다.[8]

한일전 성사

사상 첫 한일전 성사와 관련해 가장 중요한 포인트는 키를 쥐고 있는 극렬 반일주의자 이승만 대통령을 누가, 어떻게 설득하는가였다. 본문에 가상의 상황과 대화를 설정해 썼다시피 이승만에게 도달하기까지 여러 인물이 복잡하게 얽히고설켜 있다. 일부 증언과 자료 해석을 통해 정리해보면 다음과 같다.

1. 재일체육회 부회장 신희가 이승만에게 일본 소식을 '게릴라 리포트'로 거의 매일 보고하는 유태하 주일 한국대표부 참사관을 전략적으로 재일체육회 초대 회장에 추대한다.

2. 신희는 유태하의 주선으로 그의 외삼촌 장택상 대한축구협회장과 면담한다.

3. 장택상은 신희를 위해 이승만의 오른팔인 이기붕 대한체육회장과의 만남을 주선한다.

4. 이기붕은 이승만을 설득하는 한편 신희의 경무대 접견 자리를 마련한다.

물론 이승만을 어떻게 설득했는지에 대해선 추정에 의존해야 하는 부분이 있다. MBC는 2002년 월드컵을 한국에 유치하기 위한 붐 조성의 일환으로 1995년 8월 28일부터 나흘간에 걸쳐 시리즈로 '비바 꼬레

1952년 대한축구협회장을 맡은 장택상은 직전에 국무총리를 지낸 정부 내 실력자였다. 사진 국가기록원

아 2002 월드컵'을 방송한 적이 있다. 작가 고원정 씨가 진행하고 아나운서 오은실 씨가 리포터로 출연한 이 프로그램은 국내 스포츠 방송 사상 처음으로 다큐멘터리와 드라마를 접목했다. 여기서 이승만과 이기붕 사이에 오간 협의 중에 '다른 것은 몰라도 축구만은 확실히 일본을 이길 수 있다'는 부분을 대화 형식으로 연출한다. 이 대화를 통해 이승만이 한일전을 구두로 승인하는 것으로 나온다.

이후 대한체육회장 이기붕, 대한체육회 사무국장 이순재, 대한축구협회 이사장 이유형, 재일체육회 부회장 신희, 이렇게 4명이 경무대를 찾아 이승만에게 보고하는 자리를 가졌다. 4명 명단은 이유형의 기억에 따른 것인데 〈日韓キックオフ伝説〉(한일 킥오프의 전설)에 자세히

소개된다. 4명이 어떤 대화를 나눴는지는 다음 장에서 확인할 수 있다. 다만 경무대 출입 기록을 확인하려고 대통령기록관에 문의했지만 당시 기록이 남아 있지 않다고 밝혔다.

이유형은 축구인일 뿐 아니라 행정가이자 언론인이기도 했다.[9] 일제강점기에 숭실중학과 연희전문을 거쳐 경성축구단에서 선수 생활을 했고 일본 축구대표팀에도 선발됐으며 해방 후에는 1948년 런던 올림픽에 출전했다. 지도자가 되어선 1954년 스위스 월드컵 아시아 예선과 1956년 제1회 아시안컵에 감독으로 참가했다. 대한체육회와 대한축구협회 이사로도 활약했다. 1942년 매일신보에 기자로 입사해 서울신문과 경향신문에서 체육부장을 지내면서 1952년 헬싱키 올림픽에 보도 부문 임원으로 다녀왔다. 다만 대한축구협회는 1954년 스위스 월드컵 예선에서 코치인 배종호가 실질적인 지도를 맡았다며 그를 감독으로 홈페이지에 표기하고 있다. 이유형은 단장에 가까웠다고 설명한다.

한편 이 책에서 일제강점기 이후 한일 간 축구 역사를 자세히 다룬 책 〈日韓キックオフ伝説〉를 자주 인용했는데 신문과 잡지 자료, 당사자들 인터뷰 등을 다각도로 취재된 역작으로 1996년 출간됐다. 저자인 르포라이터 오시마 히로시大島裕史는 집필을 위해 한국을 찾아 꼼꼼히 취재하는 열의를 보였다. 2011년 8월 15일자 민단신문에 따르면 메이지대 정경학부를 졸업한 그는 1993~1994년 연세대에서 한국어를 익혔고 책을 출간한 그해 제7회 미즈노스포츠라이터상을 수상했다.

6

"틀림없이 일본을 이길 수 있습니다"

1953년 12월 중순

10월 중순에 입국한 신희는 어느덧 고국에서 두 달을 지내며 12월을 맞았다. 외투도 두터워졌다. 날씨가 추워졌지만 마음은 따뜻했다.

신희는 찬바람이 세차게 부는 날 옷을 단단히 여미고 경무대에 들어섰다. 이기붕과 이유형이 기다리고 있었다. 이유형이 "이렇게 도와줘서 우리로선 정말 고마울 따름이오. 정말 고맙소"라고 인사를 건네자 신희는 "재일체육회가 출범하는 데 많은 도움을 주셨으니 서로 도운 것이지요"라고 답했다.

이기붕은 손짓으로 대통령 집무실로 안내하면서 둘에게 속삭였다.

"끝까지 온 것이네. 이제 각하만 설득하면 되는 것이네. 나를 설득했듯이 잘해보라고."

신희는 결연한 눈빛으로 대답을 대신했다. 집무실 문이 열리자 신희는 이기붕의 뒤를 따라 지팡이를 짚으면서도 당당한 걸음으로 나아갔다. 이승만은 신희부터 알아보고 껄껄 웃었다.

"자네가 신희로구먼. 기백이 참 대단하네. 일본과의 축구 경기를 승낙해달라고 일본에서 여기까지 왔다고? 허허."

"네. 그렇습니다."

"그건 그렇고, 올림픽이 열릴 때마다 재일체육회에서 우리 선수단에 크나큰 지원을 해준 사실을 들었네. 정말 고맙네. 그런데 어째서 지팡이를 짚고 있는가? 다리가 안 좋은가?"[1]

신희는 기다렸다는 듯이 대답했다.

"각하, 제가 본래 함경남도 출신입니다. 광복 직후에 북한에서 반공 활동을 했는데 그만 공산군의 권총에 다리를 맞고 말았습니다. 다치고 나서 남하했고 치료를 받으려고 일본으로 넘어간 것입니다."[2]

"이런, 그런 사연이 있었구먼. 그런데 북한 공산주의 놈들하고 싸우다가 이렇게 됐다는 말인가?"

"네. 그렇습니다."

지독한 반공주의자이자 반일주의자인 이승만은 순간 신희에게 동질감을 느꼈다. 자신과 통한다는 느낌을 받았다. 시대가 낳은 비극이라는 애잔함과 함께 측은한 마음까지 들었다. 이승만은 신희에게 바짝 다가가 악수하고 어깨를 두드리며 친근감을 드러냈다. 이례적인 일이라 이기붕은 물론 이유형도 흠칫 놀랐다.

"자네가 큰 고초를 겪었군. 우리나라에 자네 같은 사람이 많아야 하는데 말이야."

신희는 이때다 싶어 한일전의 당위성을 설파했다.

"일본과의 경기가 수십만 동포에 미치는 영향은 돈으로 계산할 수 없을 만큼 큽니다. 더구나 한국이 일본을 이기는 것은 너무나도 틀림없는 사실입니다."[3]

이승만은 신희 말을 곰곰이 되씹어보더니 한숨을 내쉬며 말했다.

"자네 말이 충분히 일리가 있고 나도 동의하는 바네. 그런데 우리가 일본에 36년간 봉변을 당하지 않았나. 만약에 지면 우리 국민과 재일동포들이 얼마나 실망을 하겠나. 그게 걱정이네."

이승만은 한국 축구가 강하다는 사실, 즉 축구의 힘에 대해 확신을 갖고 싶어 하는 눈치였다. 이때 신희가 치고 나갔다.

"각하, 경비 문제는 조금도 걱정하지 마십시오. 저희가 모든 비용을 부담하겠습니다."[4]

불쑥 나온 돈 애기에 이승만은 연초에 겪은 일이 불현듯 떠올랐다.

"이 어려운 시기에 축구 단체들이 해외 원정을 가겠다고 해서 보내줬는데 약속도 못 지키고 빚을 지고 온 거야. 돈을 벌어오겠다고 호언장담하더니만. 내가 그 생각을 하면 아직도 답답해서."

신희는 아차 싶기도 했지만 당당히 말을 이어갔다.

"재일동포들은 조국 선수단이 힘겨운 시기에 국제 대회에 나갈 때마다 자기 일처럼 생각해 쌈짓돈까지 탈탈 털어 모금 운동에 참여했습니다. 이번엔 다른 나라도 아니라 일본에서 하는 경기이다 보니 더 많은 동포가 기부할 것입니다. 비용은 걱정하지 않으셔도 됩니다."

이승만은 오도 가도 못 하고 일본에서 고생하며 살아가는 60만 동포들을 차마 외면할 수 없었다. 일본은 1952년 4월 샌프란시스코 강화조약이 발효되면서 패망 이후 잃었던 국권을 회복했다. 이와 동시에 일본 법무부는 조선인의 일본 국적을 서둘러 박탈했다. 비극의 시작이었다. 동포들은 이에 따라 일본 정부와 지방자치단체는 물론 철도청이나 우체국 같은 공공기관에 취직하지 못하게 됐다. 민간 기업에 취업하려 해도 차별이 심해 대다수가 일용직 노동이나 생활보호금 이외에 생계를 유지할 수단을 찾지 못하고 빈곤층으로 전락했다. 일본 사회에서 외국인 신분으로 바뀌어 참정권마저 잃는 등 소외받는 일이 허다했다. '조센진'으로 불리며 극심한 차별을 받자 자신의 출신을 숨기고 신분 상승을 노리는 이들도 많았다.

물론 이승만이 주저한 가장 큰 이유는 경기 결과에 대한 확신이 없어서였다. 해방 이후 정상 국가 지위를 갖고 처음 일본을 상대하는 이상 무조건 이겨야 했다. 오랜 전쟁을 겪어 심신이 피폐해진 국민에게 통쾌한 승리를 안기고 정전협정 이후 무력감에 빠진 나라에 활력을 불어넣어야 했다. 만일 패한다면 어떻게 해도 만회하기가 힘들 것이다.

1947년 4월, 국내 팀으로는 해방 이후 처음 해외(중국 상하이) 원정에 나선 서울축구단. 사진 대한축구협회

'이길 것인가, 질 것인가.'

고민에 고민을 거듭하던 이승만은 침묵을 깨고 꼿꼿이 서 있는 이유형을 노려보며 입술을 뗐다.

"일본에 가도 좋네만 만일 패한다면 현해탄(지금의 대한해협)에 몸을 던지게."

이유형은 깜짝 놀랐다. 이유형뿐 아니라 신희도 할 말을 잃었다. 일본행을 허락한 것도 놀라웠지만 패하면 현해탄에 몸을 던지라는 말이 더 놀라웠다. 얼떨떨하게 서 있다 정신을 수습한 이유형은 '지면 돌아오지 말라'는 엄명에 곧바로 자신감을 내보였다.

"반드시 이길 것이기 때문에 걱정하지 마십시오."[5]

신희는 이승만에게 연신 고개를 숙이며 "감사합니다, 고맙습니다, 꼭 이길 겁니다"를 반복했다.

이승만은 두 손으로 진정하라는 손짓을 한 뒤 입을 열었다.

"내가 운동은 잘 모르네만 이것 하나만큼은 꼭 주지시키게. 뭉치면 살고 흩어지면 죽는다."

이승만은 세 사람을 물끄러미 바라보더니 전에 이기붕에게 했던 것처럼 조건을 걸었다.

"어쨌든 일본에 가 경기하는 것은 허락하네만 일본이 우리 땅에는 못 들어오네. 일본에 가서 두 경기를 다 하게."

"네. 알겠습니다."

"마음 바뀌기 전에 축구대표팀 출국 허가 서류 가져오게."

이승만은 결재 서류에 늘 서명하던 대로 이름 끝 '만' 자를 한

자로 멋들어지게 적었다. '晩.'

　신희와 이유형은 감격에 젖어 손을 맞잡았다. 눈가가 촉촉해졌다. 신희는 막막하기만 하던 길고 긴 임무를 완수했다는 후련함에, 이유형은 사연 많은 축구인으로서 일본을 상대할 수 있게 됐다는 벅찬 감정에 눈시울이 붉어졌다. 이기붕은 두 사람의 어깨를 두드렸다. 이승만은 그 모습을 보며 알 듯 모를 듯한 표정을 지었다.

　한일전 성사의 관건이었던 최종 결정권자의 재가가 떨어졌으니 이제 경기 날짜와 장소 등을 정하는 일이 남아 있었다.

'현해탄' 발언

최초의 한일전이라고 하면 사람들은 '일본에 지면 현해탄에 빠져라'라는 말을 떠올린다. 역사적 경기를 앞두고 강렬한 메시지가 나오다 보니 반세기가 넘게 지난 현재까지도 회자된다. 누가 처음 언급했는지를 두고 아직도 갑론을박이 벌어진다. 이승만이다, 장택상이다, 아니다, 이유형이다 등.

훗날 한일전 두 경기에 모두 선발로 나선 골키퍼 고 홍덕영 선생은 장택상이라고 줄곧 확언했다.

"당시 장택상 대한축구협회장이 선수들을 자신의 집으로 불렀다. 그러고는 그 자리에서 그 유명한 '지면 현해탄을 넘어오지 말고 고기밥이 되라'는 말을 했다."[6]

그 시점을 따져보면 축구대표팀이 1954년 2월 28일 한일전 참가를 위해 서울에서 부산으로 출발하기 직전 장택상에게 출국 인사차 찾아갔던 때로 보인다. 한겨레와 중앙선데이도 홍덕영의 증언을 토대로 '현해탄 발언자'는 이승만이 아니라 장택상이라고 정리했다.[7] 이 자료들에 따르면 이대통령이 '일본에 지면 현해탄에 빠져 죽어라'고 했다는 건 요즘 말로 '가짜 뉴스'가 되는 셈이다. 장택상 대한축구협회장이 출국을 앞둔 선수들에게 '지면 현해탄을 건너오다가 모두 빠져서 고기밥이나 되라'고 했고, 이승만에게 출국 인사를 하는 자리에서 다시 이유형 감독이 "각하, 만약 우리가 진다면 현해탄을 건너올 때 이 몸을 현해탄 바닷속에 던지겠습니다"고 말했다는 게 홍선생의 증언이다.

결국 장택상이 한 말을 이유형이 다시 옮겼으니 최초 발언자는 장택상이라는 것이다. 이승만은 일언반구도 하지 않았는데 마치 그가 발언한 것처럼 보도가 나갔다는 뉘앙스다.

하지만 최초 발언자가 장택상이 아니라 이승만이라고 기술하는 자료도 있다. 〈日韓キックオフ伝説〉는 이기붕과 이유형, 신희, 이순재 4명이 이승만에게 한일전 참가에 대해 공식 승인을 받는 자리에서 '현해탄' 발언이 나온 것으로 묘사한다. 그 자리에 있었던 이유형이 증언한 내용이라고 저자는 밝혔다.

"이 자리에서 이승만은 이렇게 말했다고 한다. '(일본에) 가도 좋지만 책임을 져라. 만일 진다면 현해탄에 그대로 몸을 던져라.' 이유형은 그때를 이렇게 되돌아본다. '그건 놀라웠습니다. 지면 돌아오지 말라'는 것이었으니까요. 하지만 저도 각오하고 있어서 '반드시 이길 테니 걱정하지 마십시오'라고 말했습니다."[8]

그렇다면 이런 대화가 나온 시점이 언제인지가 중요한데 〈재일본대한체육회 60년사〉는 신희가 이승만을 만난 때가 1953년 12월 중순이라고 언급한다.

"이러한 체육회 임원들의 각고의 설득 작업으로 드디어 12월 중순에 (한일전) 정식 참가 결정 통보가 내려지고, 이로써 사상 첫 축구 한일전이 도쿄에서 실현되게 되었다."[9]

정리하면 이렇다. 1. 1953년 12월 이승만이 신희와 이유형 등을 만난 자리에서 '현해탄' 발언을 한다. 2. 선수단이 소집된 때는 해를 넘긴 1954년 2월 초였으므로 전년 12월 자리에 홍덕영은 없었다. 3. 선수단에 선발된 홍덕영이 일본으로 출국하기 직전인 1954년 2월 말 장택상의 자택에서 직접 '현해탄' 발언을 듣는다. 4. 이후 홍덕영 등 선수단이 경무대로 가 이승만에게 출국 인사를 하는데 여기서 이유형이 다시 '현해탄' 발언을 한다.

자료를 종합해보면 이런 순서로 이해하는 게 타당해 보인다. 처음에 최고 권력자인 이승만이 극단적인 '현해탄' 표현을 쓰는 것을 보고 이에 강렬한 인상이 남은 장택상과 이유형이 선수들에게 권력자의 메시지를 전달하기 위해 그 발언을 그대로 옮긴 것이 아닌가 싶다.

두 경기 모두 일본에서

도쿄의 일본축구협회 사무실에 일본 기자와 외신 기자들이 옹기종기 모였다. 세계축구선수권 예선 경기에 대해 발표가 있다는 말에 모여든 것이다.

"일본과 한국 간 경기가 열리는 건가?"

"한국도 중공처럼 경기를 포기하는 게 아닐까?"

기자들이 상황 변화가 있는지 궁금해하는 사이 일본축구협회 대변인이 입장해 발표를 시작했다.

"세계축구선수권 극동아시아 예선 두 경기가 3월 7일과 14일, 양일에 걸쳐 일본에서 열리게 됐습니다."[1]

사정을 파악하고 있던 기자들이 대변인이 다음 말을 이어가

기도 전에 곧바로 질문을 던졌다

"원래는 작년에 열렸어야 했는데 이렇게 늦어진 건 무엇 때문입니까?"

"한국이 경기 날짜를 연기해달라고 제안해 왔습니다. 그래서 이 문제를 두고 국제축구연맹과 논의했고 최근 승인을 받았습니다."

대변인이 답변을 마치기 무섭게 기자들이 또다시 손을 들었다.

"홈 앤드 어웨이 방식으로 일본에서 한 경기, 한국에서 한 경기 이렇게 진행됩니까?"

"아닙니다. 한국은 지리적으로 북쪽에 있어 기후가 불순하지 않습니까. 그래서 상황이 되지 않는 한국이 일본에서 두 경기 모두 개최해달라고 요청했고 국제축구연맹도 이를 최종 승인했습니다."[2]

세계축구선수권 개최에 관심이 높은 기자들은 스무고개 하듯이 하나씩 궁금증을 풀어나갔다. 묵묵히 듣고 있던 한 기자가 손을 번쩍 들고 날카로운 질문을 꺼냈다.

"국제축구연맹이 홈 앤드 어웨이 방식을 세웠는데 한국에서 경기를 하지 않는다는 건 규칙에 위배되지 않습니까? 그리고 세계축구선수권이 올해 6월에 열리는데 예선전이 진작 열렸어야 하는 것 아닙니까?"

대변인은 마치 기다리고 있었다는 듯 회심의 미소를 지으며 답변했다.

"그것은 국제축구연맹 규정에 분명히 나와 있습니다. 예선전 날짜와 장소 등은 두 나라의 축구협회가 정하고 국제축구연맹이 승인하면 문제가 없다고 말입니다."

기자들이 골똘히 생각하며 받아 적는 사이 대변인이 다음 말을 이어갔다.

"두 경기 중에 일단은 오사카에서 한 경기, 그리고 도쿄에서 한 경기가 열릴 가능성이 있습니다. 변동이 있다면 다시 발표하는 시간을 갖도록 하겠고 오늘 발표는 여기까지 하겠습니다. 그럼, 감사합니다."

기자들은 갸우뚱하면서도 그간의 궁금증에 대한 답을 갖고 하나둘씩 일본축구협회 문을 빠져나갔다. 사무실 한편에서 이 모습을 지켜보던 이유철이 대변인에게 다가갔다. 악수를 하면서 유창한 일본어로 대화를 풀어나갔다.

"야마모토씨, 발표를 막힘없이 잘하셨습니다."

"이게 다 이유철 씨와 상의를 잘해서가 아니겠습니까."

"과찬의 말씀을요. 일본축구협회가 경기가 열릴 수 있게 힘써주어 감사히 생각합니다."

이유철은 고국에서 열린 전국체전에서 다녀오고 나서 신희에게 받은 임무대로 일본축구협회와 긴밀히 소통해왔다. 한일전이 성사된다는 것을 전제로 일본축구협회 대변인 야마모토와 개최 시기와 장소에 대해 의견을 주고받았다. 한국에서 이기붕의 결심을 확인하고 일본으로 돌아온 김동춘도 대한축구협회 관계자들과 연락해 의견을 청취하고 일본축구협회와의 가교 역할을 하

며 경기 성사를 위해 분주히
뛰었다.

이유철과 야마모토가 대
화를 이어갔다.

"저희가 머리를 맞대고 방
법을 찾은 것이 주효한 것 같
습니다."

"어떻게든 경기가 열려야
한다는 공감대가 일본과 한
국 양쪽에 있어서가 아니겠
습니까."

"맞습니다. 우리가 국제축
구연맹 통지문을 보면서 함
께 해법을 찾은 것이지요."

FÉDÉRATION INTERNATIONALE
DE FOOTBALL ASSOCIATION

WORLD CHAMPIONSHIP
JULES RIMET CUP
1954

Regulations

한국과 일본 축구협회는 당시 대회 규정
(Regulations)을 면밀히 살펴보고 경기
일정 및 장소 변경을 FIFA에 요청해 승인
받았다. 사진 국제축구연맹

일본 축구도 경기 성사에 관심이 높았다. 패전과 함께 국권을
상실하면서 올림픽 등 국제 대회에 참가할 수 없었지만 1951년
9월 샌프란시스코 조약을 통해 국가의 지위를 되찾고부터 가능
했다. 일본은 한국이 예선 두 경기에 참여하지 못해 '몰수패'를 당
한다면 어부지리로 본선에 참가할 수 있었지만 그런 모습을 바
라지 않았다. 이유철과 김동춘도 일본축구협회에 이 점을 강조
하며 스포츠맨십을 발휘해 대결의 승자가 정정당당히 본선에 참
가하자고 설득했다. 야마모토는 "무조건 한일전을 열어야 한다"

고 주장하는 이유철과 함께 국제축구연맹이 보낸 통지문의 규정을 살펴보면서 방법을 찾아냈다.

"7조 7항을 보십시오. 예선전 날씨와 장소 등 조건은 스위스 대회조직위원회의 승인을 받으면 일본과 한국 축구협회가 협의해 정할 수 있다고 나옵니다. 이 점을 이용하면 될 것 같습니다."

"잘 아시겠지만 이승만 대통령의 고집 때문에 일본이 한국에 갈 수가 없습니다. 다만 우리 재일체육회 신희 부회장이 한국에 가서 이승만 대통령을 설득했습니다. 일본에서 두 경기 모두 치르는 조건하에 승인을 받았습니다. 일단 그런 식으로 두 나라 축구협회가 합의했다고 스위스 조직위원회에 알려보죠."

"그런데 문제가 있습니다."

"무엇인가요?"

이유철과 야마모토는 규정을 보면서 주거니 받거니 해법을 찾아나갔다.

"원래는 홈 앤드 어웨이 방식이 원칙이므로 왜 이를 따를 수 없는지 스위스 쪽을 설득할 논거가 필요하겠습니다. 양국 외교나 한국 대통령의 일본 선수단 입국 불허 문제라면 아마 한국은 실격 처리될 게 뻔하지 않겠습니까. 국제축구연맹은 정치 문제는 배격하려고 하니까요."

고민에 빠진 이유철이 이런저런 협의 사항을 먼저 체크했다.

"경기를 하게 된다면 언제가 좋을까요?"

"1월은 아무래도 날씨가 추우니까 경기하기 좋지 않고 2월도 쉽지 않을 것 같습니다. 3월엔 어떻게든 경기를 해야 하지 않을까 싶습니다. 4월로 넘어가면 세계축구선수권이 열리는 6월까지 얼마 남지 않아 일정이 촉박하겠죠. 3월이 좋겠습니다."

"3월이라…. 한국의 1월, 2월은 서울의 평균 기온이 섭씨 0도 안팎이라 땅이 얼어붙어 도저히 축구를 할 수 없는 상황입니다. 3월이면 평균 영상 4~5도 정도 되는데 꽃샘추위에 갑자기 한파가 오기도 해서 축구하기가 힘들 수도 있고요."

한국의 날씨가 불순하다는 이유 때문에 스위스 월드컵 예선 두 경기 모두 일본에서 개최하기로 했다고 보도한 1954년 1월 25일 경향신문 기사

야마모토는 이유철의 말을 끊고 눈이 동그랗게 떴다.

"바로 그겁니다. 한국의 기후 문제요. 스위스에 알릴 때 3월에도 한국의 기후가 불순하다는 점을 부각하면 어떻습니까. 그러니 어쩔 수 없이 일본에서 두 경기 모두 열어야 한다고요."

"듣고 보니 설득력이 있습니다. 그럼, 이건 어떨까요. 스위스에 양국 축구협회가 협의하는 과정이 있었다는 걸 보여주는 것도 필요하니까요. 일본 측에서 1월, 2월 경기를 제안했는데 한국측이 기후 문제로 난색을 보여 3월 경기를 다시 제안했다. 그런데 3월에도 한국의 기후가 불순하다는 걸 확인하고 일본에서 두 경기 모두 개최하는 걸로 합의를 봤다. 이렇게 말입니다."

"좋습니다. 아주 좋은 시나리오입니다."

"그럼, 한국의 축구협회에 연락해 이렇게 설득해보겠습니다. 시간이 없으니 일을 빠르게 진행해보렵니다. 고맙습니다, 야마모토씨."

둘은 손을 맞잡고 환하게 웃었다.

그렇게 한일 양국의 축구협회는 일본에서 두 경기를 개최하기로 합의를 봤고 일본축구협회가 대표로 스위스 대회조직위원회에 협의 사항을 보냈다. 얼마 지나지 않아 승인 회신이 오면서 일본축구협회는 대변인이 직접 나서 최종 결정 내용을 발표하기에 이르렀다. 모든 장애물이 걷히고 이제부터는 상황이 빠르게 전개될 터였다.

일본에서 축구 경기를 하는 것을 승인한 이승만은 빙상 대표팀의 일본 경기도 허락했다. 이로써 1954년 1월 삿포로에서 열리는 세계빙상속도선수권에 이태신 등 빙상 국가대표 3명이 참가할 수 있었다.[3] 이승만이 정치와 스포츠는 별개라는 식으로 인식을 바꾼 점이 고무적이었다. 어려운 시기에 스포츠를 통해 국위를 선양하고 국민에게 자긍심을 전할 수 있다는 점을 높게 샀다.

축구계는 한일전 준비에 속도를 냈다. 전쟁 중에도 여러 차례 축구대회를 개최해온 대한축구협회가 가장 먼저 착수한 일은 감독 선임 건이었다. 감독이 있어야 국가대표 선수를 선발할 수 있으므로. 숙고할 시간이 없는 일정상 감독 선임 기준은 두 가지로 요약됐다.

'선수들의 기량을 확실히 파악할 수 있고 일본 축구를 잘 아는 인물.'

장택상과 대다수 축구인 모두 한 사람이 적임자라는 데 공감대가 형성됐다. 이유형이었다. 앞서 대표팀 감독과 단장을 지낸 선수들을 훤히 꿰고 있었다. 대한체육회 이사와 국제심판 등을 거치는 등 정무 감각도 뛰어났다. 특히 신희와 함께 경무대에서 이승만을 설득한 인물로 한일전 성사 과정과 중요성을 너무나 잘 알고 있었다. 선수 시절 일본 대표팀에 선발돼 활약했고 일본 주오대 축구부 출신인 이유철과 형제 관계라 일본 사정에도 밝았다. 이번 감독직을 수행하기에 여러모로 안성맞춤이었다.

이유형은 선임되자마자 국가대표 수준의 기량을 갖춘 선수들을 전국 각지에서 불러 모았다. 벅찬 감동보다는 반드시 이겨야 한다는 사명감이 가슴 한편을 짓눌렀다.

'지면 현해탄에 몸을 던져야 한다.'

도쿄에서 두 경기

이승만이 일본과의 축구 대결을 재가함에 따라 1954년 새해가 밝으면서 한일전 준비에 점차 속도가 붙었다. 1월 13일 일본축구협회는 경기 날짜를 3월 7일, 14일 양일로 언론에 발표하며 공식화했다. 이때 경기 장소를 오사카와 도쿄로 잠정 결정하는데 2월 초가 돼서야 1차전, 2차전 모두 도쿄에서 여는 것으로 확정한다. 오사카와 도쿄가 상당히 떨어져 있어 이동하기에 불편하다는 점이 고려됐을 것이다. 하지만 1920년쯤부터 일본 내 재일동포의 최대 거주지는 도쿄가 아니라 오사카(도쿄의 두 배 이상)였다[4]. 그 점에서 오사카가 경기 장소에서 탈락한 건 석연찮은 구석도 있고 아쉬움도 남는다.

대한축구협회와 일본축구협회를 오가며 중간에서 다리에서 놓은 인물은 재일체육회의 이유철이었을 것이다. 물론 이때 물밑 교섭이 활발하게 이뤄진 것으로 추측할 뿐 관련 자료는 남아 있지 않다. 이유철이 일본축구협회 대변인과 대화를 나누는 장면에서 나오는 야마모토라는 이름도 상상의 산물이다.

이유형은 감독으로 선임된 후 곧바로 선수 선발에 들어가 발 빠르게 선수 구성을 완료하고 훈련에 돌입하는데 그 시점이 1월 28일이다[5] 당시 보도에 단장을 제외한 코칭스태프와 선수들 면면이 공개되고 선수단이 서울 대방동 성남중학교에서 훈련을 시작했다고 나온다. 다만 이후 다른 보도에 2월 5일부터 훈련에 들어가고 다음 날 선수단이 확정됐다고 나오는데 시기를 따져보면 1월 28일에 예비 훈련이라도 시작하지 않았을까 한다.[6]

대한체육회는 2월 6일 단장에 '일본통' 정상희를 임명하고 이전에 언론에 공개된 바와 동일하게 선수단 명단을 확정한다.[7] 이 대목에서 선수단이 2월 15일 일본으로 출발할 예정이라고 나오는데 이때부터 출국 일정이 몇 차례 변경돼 선수단은 적잖은 혼란을 겪는다. 신문사별 보도를 정리하면 2월 15일→23일→26일→28일 이렇게 4차례 출국 일정이 바뀌었다. 일본 측의 선수단 비자 사증 발급이 지연돼서였다.

"사증 미달 관계로 도일이 지연되고 있던 원정 축구단에 대한 일본으로부터의 사증이 26일 대한축구협회에 도달되었다. 이로써 원정단은 28일 아침 열차로 서울을 떠나 부산에서 3월 1일 항공편으로 일본을 향해 출발하리라고 한다."[8]

당시 신문 체육 기사 보도를 보면 요즘처럼 대표팀 훈련(장)에 관한 취재는 없고 일정 및 발생 기사만 다루는데 그마저도 사실관계가 신문별로 상이한 경우가 많다.

남북한 선수 헤쳐 모여!

서울 영등포구 대방동의 성남중학교 운동장. 눈이 군데군데 쌓인 운동장에 겨울바람이 씽씽 소리를 내며 불었다. 살을 에는 추위였다. 온도계는 영하 5도를 가리키고 있었지만 체감 기온은 영하 10도 이하였다.

"이 날씨에 축구를 하는 게 가능하겠습니까?"

"그래도 상대가 일본이지 않나. 이 정도 추위쯤이야 이겨내야 지."

22세 막내 최광석이 팔짱을 낀 채 몸을 부르르 떨자 37세 정남 식이 전라도 사투리가 섞인 말로 다독였다. 정남식과 동갑인 정 국진도 안경을 매만지며 한마디 했다.

한국 선수단은 서울 영등포구 대방동의 성남중학교에서 1954년 1월 말부터 훈련을 시작했다. 사진 속 장소는 성남중인지 확실치 않다. 사진 이재형(축구 자료수집가)

"상대가 일본이야. 이깟 추위에… 정신들 꽉 붙들어 매라우."

평남 방언이었다. '발재간의 신'이라 불리던 정국진은 10대 때부터 시력이 좋지 않아 축구를 하면서도 안경을 썼다.[1]

평양 출신 주영광도 정국진의 말을 거들었다.

"이북에 비하면 시방 날씨는 날씨도 아니디요. 이 정도면 가을 날씨디, 가을 날씨."

호기롭게 얘기하던 주영광이 갑자기 에취 하고 재채기를 하자 모여 있던 선수들이 킥킥거렸다.

이때 이유형 감독이 배종호 코치와 함께 나타나더니 선수들을 쭉 둘러보면서 '안으로 들어가자'는 식의 손짓을 했다.

"일단 오늘은 실내에서 간단히 몸을 풀도록 하자."

막내 최광석이 한 살 위인 함홍철에게 작은 목소리로 "이럴 거면 처음부터 안에서 연습한다고 하지 말이지요"라고 말하고 총총걸음 치며 학교 안으로 들어갔다. 그걸 들은 고참 김지성이 최광석의 머리를 한 대 툭 치며 "잔말 말고 들어가자"고 했다.

교실에 모여 앉은 선수들. 이유형은 선수들을 훑어보며 진지한 표정으로 입을 뗐다.

"여러분은 우리 대한민국을 대표하는 축구 국가대표로 일본에서 열리는 세계축구선수권 예선에 출전하게 될 것입니다. 3월에 일본으로 넘어가 일본과 두 번 싸울 건데 일본을 무조건 꺾어야 본선에 출전할 수 있습니다. 정부로부터 어렵사리 출전 허가를 받았고 각하께서 기대하는 바 큽니다. 우리 국가대표가 일본과 정식으로 싸우는 건 여러분이 처음이 될 텐데 사명감을 갖고 경기를 준비하기 바랍니다. 우리가 일본에 그리 고통을 받아왔으니 이번에 국민들이 통쾌함을 느낄 수 있게 한눈팔지 말고 추워도 참으면서 책임감을 갖고 훈련합시다."

"네. 알겠습니다."

선수들이 교실이 떠나갈 듯 우렁차게 대답했다.

"실내가 비좁지만 몸을 간단히 풀면서 땀을 낸 뒤 숙소로 돌아가기로 하지. 운동 시작."

각종 국제 대회에 참가한 이력이 있는 함흥 출신의 골키퍼 홍덕영이 한 살 위인 주영광을 보고 아리송하다는 듯이 속삭였다.

"내래 그냥 국제 대회에 참가하는 것인 줄 알았는데 세계축구

선수권이라는 것은 처음 들었습네다. 런던 올림픽도 다녀오고 국제 대회에 많이 출전해봤는데 세계축구선수권은 또 무엇입네까?"

주영광이 어깨를 으쓱하며 대답했다.

"나도 자네처럼 많은 대회에 나가봤다만 무슨 대회인지 잘 모른다. 상대가 일본이라니까 무조건 열심히 해야 하디 않갔어?"

홍덕영이 최근 몇 년간 홍콩 등 국제 대회에 함께 출전했던 주영광에게 계속 말을 걸었다.

"아마 다들 세계축구선수권이라는 걸 모를 것 같은데 말입네다. 그래도 교통비와 시합 수당은 준다고 하니까 한번 해보디요. 그리고 우리가 런던 올림픽 때 참 후회되는 게 많디 않습네까. 일본을 꺾고 한 번 더 세계 대회에 나가봐야디요."[2]

홍덕영의 말처럼 한국은 1948년 5월 국제축구연맹에 정식 가입해 그해 8월 열린 런던 올림픽에 참가했다. 홍덕영이 포함된 축구대표팀은 감독이 여러 번 교체되는 일을 겪고 장기간 여행에 피로가 누적됐는데도 선전했다. 1회전 멕시코전에서 5-3으로 승리한 것이다. 2회전에서 결국 런던 올림픽 금메달을 따낸 스웨덴에 0-12 참패를 당하면서 아쉬움을 많이 남겼다.[3]

이유형은 선수들이 몸을 푸는 모습을 보며 배종호와 이야기를 나눴다.

"이 선수들이 지금 전국 팔도에서 뛰는 최고의 축구 선수들이지. 어떤가?"

"이전 대표팀에서 함께 뛰었던 선수들이 많고 추천받은 선수도 있습니다. 검증이 끝난 선수들이라고 보면 되겠지요. 다만 모두가 얼떨떨한 상황이라 동기 부여를 어떻게 해야 하나, 그것이 관건일 것 같습니다. 전술은 제가 확실하게 짜보겠으니 걱정하지 마십시오."

이유형과 배종호는 몇 해 전만 해도 축구 국가대표로 뛰고 지도자로도 활동하던 터라 선수들을 면밀히 파악하고 있었다. 사실 활동하는 선수의 수가 많지 않아 국가대표를 선발하는 데 많은 고민이 필요치 않았다. 선수층이 얇았던 게 대표팀 구성의 단점이자 장점으로 작용했다.

선수 수가 적었던 건 크게 두 가지 이유 때문이었다. 일제가 태평양전쟁을 일으킨 직후 1942년부터 축구 등 이 땅의 모든 스포츠 활동을 전면 금지하면서 해방될 때까지 전문 선수 육성이 사실상 멈췄다. 해방 이후 축구가 활기를 띠며 축구 인구가 늘어날 때쯤엔 한국전쟁이 터지면서 다시 경기가 멈췄다. 따라서 대표팀에는 '해방 이전파'와 '해방 이후파'가 혼재돼 있었다. 여기에 북한에서 건너온 '이북파'까지 세 축이 섞여 있었다.[4] 여기서 오는 걱정이 있었다. 선수 육성이 되지 않다 보니 선수층이 고령화할 수밖에 없었다.

선수들을 지켜보던 배종호가 이 부분을 걱정했다.

"우리 선수들이 기량은 분명히 좋은데 나이가 다 많습니다."

"그렇지. 박규정, 정남식, 정국진, 민병대, 홍덕영이는 우리하고 런던 올림픽 때 같이 뛰지 않았나."

배종호는 선수들을 쓱 훑어보더니 한 명씩 나이를 읊었다.

"박규정이 40세, 정남식과 정국진이 1917년생이니까 38세입니다. 그다음이 어디 보자, 저기 민병대가 1918년생이니까 한 살 아래이고 박건섭이 또 한 살 아래 36세일 겁니다. 서른 중반으로는 35세 주영광, 34세 홍덕영이랑 이교가 있고. 이상의, 김지성, 한창화, 이종갑, 이 친구들도 다 서른이 넘었을 겁니다."

얘기를 듣던 이유형이 한숨을 쉬었다.

"옛날에 서른이면 은퇴하고도 남았을 나이 아닌가. 마흔 가까운 친구들이 국가대표로 뛰고 있으니. 후배들이 축구를 많이 해야 하는데. 선수가 없어 선수가. 이 친구들이 축구를 잘하고 있으니 그나마 다행일세."

18명으로 구성된 대표팀은 배종호가 언급한 것처럼 노쇠한 팀이었다. 서른 넘은 선수가 12명이나 되는 데 비해 20대 선수는 6명밖에 되지 않았다. 측은한 마음으로 훈련하는 선수들 한 명 한 명을 살펴보던 이유형이 갑자기 흥미로운 걸 발견했는지 배종호를 툭 치며 말했다.

"우리가 일제 때 일본 팀과 맞붙으면 어떻게든 이기려고 죽을 힘을 다했지 않나. 그런데 우리 내부를 보면 어땠어? 경성과 평양 둘로 나뉘어 또 엄청 싸웠지. 경성 축구가 최고니 평양 축구가 최고니 하면서 말일세. 거기에 지역감정까지 겹쳤고. 그런데 지금 이 모습은 어떤가. 남한 선수, 이북 선수 할 것 없이 지금 한 팀이 되었지 않나. 한민족 팀이라고 해야 할까. 이렇게 남북이 단합해 일본을 무찌르면 그동안 쌓였던 울분이 다 풀리지 않겠나?"

이유형은 이런 생각을 하며 현실을 받아들였다.

"지역과 출신 가리지 않고 이번에 최강팀을 구성했다고 봐야지. 비록 일제 말기와 전쟁을 거치면서 경기가 단절돼 선수 육성이 원활하지 않았던 점은 있네만 지금으로선 이게 최선이라고 봐야 하네."

"그렇습니다. 구슬이 서 말이라도 꿰어야 보배라고 색깔이 다 다른 선수들을 하나로 잘 만들어보겠습니다."

이유형과 배종호의 진심 어린 대화가 선수들에게 들렸는지 추위에 입이 나왔던 선수들도 운동을 시작하자 언제 그랬느냐는 듯 서로 스트레칭을 돕기 시작했다.

경성, 평양, 함흥

한일전에 나서는 축구대표팀은 남북 출신 선수들이 한데 섞여 구성됐다. 정남식이 전북 김제, 민병대와 김지성, 함흥철, 최광석 등이 서울, 정국진이 평남 진남포, 홍덕영이 함남 함흥, 주영광과 박규정, 박일갑, 최정민 등이 평양 출신이었다. 이유형 감독은 황해 신천 출신이었다. 이들 중 최정민과 박일갑은 이북에 고향을 두고 남하한 사람들이었다.

지역과 출신이 다른 선수들이 한 팀을 이뤘다는 건 의미가 컸다. 조선 축구의 근간을 이루는 두 뿌리는 경성과 평양을 중심으로 이뤄지는 축구였는데 두 축구가 만나 대표팀에서 화학적으로 결합하게 됐다.

일제강점기 남북을 대표하는 경성 축구와 평양 축구는 도시 일대가 축구 도시라 불릴 정도로 인기가 대단했다. 경쟁도 치열했다. 근대 조선의 중심이라 전국에서 '공 좀 찬다'는 선수들이 모여든 곳이 경성이라면 그에 맞서 독특한 스타일을 창조해 강력한 라이벌로 떠오른 곳이 평양이었다. 평양 축구는 체력과 투지를 중시하는 육박전의 성격을 보였는데 사람들은 이를 승부 근성이 강한 평양 사람들의 기질에서 연유한다고 보기도 한다.[5] 이렇게 두 지역 축구를 합친 대표팀은 시너지 효과를 낼 여건을 갖추게 됐다.

두 도시가 정식으로 맞붙은 건 1929년 조선일보사가 개최한 전경성 대 전평양 대항전, 줄여서 '경평전'에서다. 중간에 중단되기도 했지만 1935년까지 이어졌다. 이 기간에 평양축구단이 8승 7무 4패로 우위를 점하면서 평양 축구의 기질을 유감없이 발휘했다. 특히 1933년 조선중앙일보사에서 개최한 경평전은 경성과 평양축구단의 최정예 선수가 맞붙어 의의가 있었다.[6] 해방 후에도 1946년 두 차례 열렸는데 1승 1패로 팽팽했다. 경평전이 열릴 때마다 선수들뿐 아니라 팬들 간에도 감정싸움이 대단했는데 결과적으로 이런 치열한 라이벌 의식이 조선 축구 전체의 발전과 수준 향상을 불러왔다.[7]

물론 두 도시를 묶어 사실상의 조선 대표팀을 구성할 때는 신경전도 대단했다. 1936년 베를린 올림픽을 앞두고 1935년 제1회 전일본종합 선수권이 열렸을 때 조선에서는 사실상 조선 대표팀(명칭은 경성축구단)을 구성해 출전을 준비했다. 그런데 경성 측 선수가 12명 뽑힌 데 비해 평양 측 선수가 5명밖에 되지 않은 걸 보고 화가 난 평양 측이 한 명(김영근)만 빼고 보따리를 싸 평양으로 돌아가버렸다.[8]

세분화하면 경성과 평양 양대 축에 관북 지방의 함흥까지 더해진다. 함흥이 더해진 계기는 이렇다. 일본축구협회는 1938년 자신들의 관동과 관서에 한반도의 조선까지 합쳐 '전일본 3지역 축구전'을 계획하고 이 사실을 조선축구협회에 알렸다. 때마침 경평전이 중단돼 아쉬워하던 조선축구협회는 경성과 평양, 함흥이 참가하는 '3도시 대항전'을 기획했다. 물론 '3도시 대항전'에서 우승팀을 가린 다음 그를 중심으로 조선 대표팀을 구성해 '전일본 3지역 축구전'에 나설 계획이었다. 정확히는 중앙 경성, 서선 평양, 북선 함흥 세 지역으로 구분해 1938년 첫 대회가 열렸다. 이때 함흥축구단이 초대 우승을 차지했다. 참고로 그때 함흥의 감독이 이유형이었다. 이 정도로 조선 축구는 지역별로 자존심이 셌고 이 점이 축구 발전의 원동력으로 작용했다.

세 지역 출신들은 대학에 가서도 같은 팀이 되거나 상대 팀이 되어 으르렁거렸다. 유망한 선수들은 대개 사학 명문인 보성전문과 연희전문에 소속돼 함께 동료애도 다지고 상대 팀으로서 라이벌전도 치렀다. 두 대학의 대결인 연·보전(또는 보·연전)에서다. 두 학교의 첫 대결은 1927년 시작돼 선수는 물론 응원단까지 과열 양상을 띠는 등 엄청난 승부욕을 보였다. 이 학교 출신들이 대부분 경평전과 3도시 대항전에도 출전해 지역 대표로 경쟁을 펼쳤다. 첫 한일전에 나선 대표팀에도 두 학교 출신들이 절반이 넘었다. 홍덕영과 박규정, 정남식, 민병대가 보성전문 출신이고 주영광과 김지성, 이상의, 박건섭, 정국진이 연희전문 출신이었다. 코칭스태프도 마찬가지여서 이유형 감독이 연희전문, 배종호 코치가 보성전문 출신이었다.

9

전쟁에 임하는 자세로

"이거 참, 이렇게 비좁은 데서 몇 명이 함께 지내라니."

훈련을 마치고 영등포에 위치한 동아여관에 들어온 막내 최광석은 훈련에 이어 또다시 푸념을 늘어놓았다.[1] 한 방에서 여러 명이 함께 생활해야 하는 상황에 불만이 생길 수밖에 없었다. 하지만 대다수는 최광석과 달리 지낼 만하다는 반응이었다.

"이 정도면 부대보다 훨씬 낫지. 광석이, 이 친구야, 부대 한번 가볼 테야."

김지성의 한마디에 같은 방이나 옆방의 동료들이 한바탕 웃음을 터뜨렸다.

최광석이 의아한 표정으로 물었다.

"부대라니요? 대체 다들 어디에서 지내셨다는 겁니까?"

"군에서 축구한다는 말 못 들었나. 다들 부대에서 축구하다 온 선수들이야. 그러고 보니 우리가 낮에 훈련 먼저 하다 보니까 서로 소개하는 시간도 못 가졌군."

마침 이유형과 배종호가 들어왔다. 김지성의 얘기를 들은 이유형이 돌아가며 자기소개를 하자고 했다.

"김지성이 말대로 소개가 좀 늦은 것 같네만 앞으로 한 달 넘게 같이 지낼 테니 서로 통성명이라도 해야겠지. 대부분 아는 사이겠지만 모르는 친구들도 있으니."

따뜻한 방에서 몸을 녹이고 있던 선수들이 감독의 말에 피곤한 몸을 일으켜 좁은 마루로 하나둘씩 나왔다.

이유형이 최고참 박규정부터 설명했다.

"박규정은 1936년부터였나, 그때부터 사오 년간 일본 대표팀에서 나와 배코치랑 같이 뛰었지."

"그렇습네다. 페양 출신이고 시방은 육군 병참단에서 뛰고 있디요."

그다음으로 동갑내기 정남식과 정국진이 나섰다.

"난 정남식이오. 소속은 육군 첩보부대이고. 감독님, 코치님과는 런던 올림픽 때 함께 선수로 뛰었었소. 잘 부탁드리외다."

뒤이어 정국진이 일어섰다.

"내래 정국진이라 합네다. 정남식과 같은 1917년생이고 함남 함흥축구단에서도 뛰었고 지금은 해군 소속이오."

"그다음은 누구인가?"

배종호의 말에 주위를 두리번거리던 민병대가 손을 들었다.

"난 민병대요. 해방 전부터 대표팀을 왔다 갔다 했었는데 이번에도 대표팀에 오게 됐습니다. 육군 특무대 소속이오."

서로 눈치껏 연차를 따져 자기소개를 이어갔다.

"난 박건섭이오. 해군 소속."

"주영광입네다. 나도 해군."

뒤이어 홍덕영이 말을 꺼냈다.

"내래 조선방직에서 뛰는 홍덕영이라고 합네다. 골키퍼를 맡고 있소. 여기 예전부터 아는 동료들이 많은데 전쟁 중에 다들 군팀에 들어갔습메다. 반갑소."

소개가 계속됐다.

"이상의입니다. 덕영이 형님과 함께 조선방직에서 뛰고 있습니다."

"난 한창화요. 육군 특무대 소속."

"김지성이오. 나도 지금 육군 특무대 소속인데 특무대들만 죽소개하지요."

"그럴까요. 이종갑입니다. 나도 특무대입니다."

"특무대 박일갑입네다."

"특무대 최정민입네다."

특무대는 육군에서 대간첩 업무를 맡은 부대로 김창룡이 부대장이었다. 김창룡은 군부 내 적화 분자 색출에 앞장서 이승만한테 절대적 신임을 받고 있었다. 나는 새도 떨어뜨릴 만큼 위세가 대단했던 김창룡은 강한 성격에 상대방을 윽박지르기로 유

1954년 2월 서울에서 훈련 중에 기념 촬영을 한 것
으로 알려진 전체 선수단 모습. 사진 이재형

명했는데 축구라면 사족을 못 썼다. 한국전쟁이 발발한 뒤 군에서 스포츠를 장려했을 때 특무대 축구팀을 만들어 우수 선수들을 대거 규합했다. 전쟁 중에 민간에서 팀을 운영하기 힘들어지자 군이 나서 스포츠를 육성한 셈이다. 전쟁통에 부산에 피신해 있던 축구 선수들은 군에서 축구팀을 적극 운영하고 대회도 연다는 소식을 듣고 앞다투어 합류했다. 육군에선 특무대와 헌병감실, 병참감실, 첩보대(HID) 등이 1950년대 초반 선수들을 많이 선발해 전력이 강했다. 특히 특무대가 국가대표 선수들을 대거 보유했다.[2]

"나는 이교, 육군 병참단 소속입니다."

"나도 병참단, 성낙운이오."

"헌병감실 소속은 나 혼자인 것 같은데 골키퍼를 맡는 함흥철이라고 합니다."

다 듣고 보니 선수단 18명 중 15명이 군 팀 소속이었다. 민간팀인 조선방직에 속한 선수는 3명뿐이었다. 이유형이 선수들의 소개가 대강 끝날 무렵 입을 열었다.

"축구를 하다가 전쟁이 터져 다들 군에 들어간 모양인데 그런 군인의 모습으로 이번 일본전에 싸워주기 바라네. 싸워 이기겠다는 정신이 이번 경기에 특히 필요하네."

선수들은 세계축구선수권이 무엇인지, 월드컵이라는 게 무엇인지 알지 못했지만 각자 결의를 다졌다. 이유형은 문득 한 가지 궁금증이 생겼다. 본래 축구 선수로서 어쩔 수 없이 군에 몸담아 축구를 하게 된 이들이 군인 임무도 수행하는지 궁금했다.

"그런데 부대에 있을 때 작전과 전투에 투입되고들 했는가?"

특무대 소속 민병대가 고참답게 애기를 꺼냈다.

"저희가 나이도 많은 편이라 부대에서 배려를 많이 해줍니다. 부대 임무가 주로 대북 첩보나 정보 수집에 특화된 점도 있지만 작전에 합류하기보다 축구 훈련을 많이 합니다."

그러자 박건섭이 눈을 크게 뜨고 끼어들었다.

"아니, 그렇단 말이오? 형님들도 잘 알다시피 나는 연희전문에서 축구를 했잖소. 어쩌다 입대했는데 전쟁이 터지면서 중공군하고 직접 백병전까지 뛰었단 말이오. 한번은 오밤중에 중공 놈들이 진지로 쳐들어와서 붙잡히기 직전이었는데 몸을 돌려 능선 아래로 다 같이 굴러 떨어졌었지. 그때 죽어라고 싸워 살아서 올라왔지요. 내 죽을 고비를 몇 번이나 넘겼는데… 나는 진짜 군인이라오."[3]

박건섭의 군대 얘기에 배종호 코치가 뭔가 생각났다는 듯 끼어들었다.

"맞아. 자네, 연희전문에서 뛰다가 갑자기 군에 입대하지 않았는가?"

순간 표정이 일그러진 박건섭이 말문을 열었다.

"1948년 런던 올림픽 때 제가 올림픽에 못 나갔잖습니까. 연희전문 다닐 때 우승을 했는데, 내가 우승을 시켰는데 그때 죄다 선배들이 올림픽 나가고 나는 못 나가지 않았습니까. 이유형 감독님도, 배종호 코치님도, 여기 정남식, 정국진, 민병대 형님도 나갔는데…. 그때 화가 나서 다 던지고 입대해버렸습니다."

이번엔 이유형이 말을 잘랐다.

"그래, 자네가 감정이 쌓인 것도 이해가 되네. 우리나라가 처음 올림픽에 참가하는 것이라 기대가 컸을 거야. 선수 선발을 두고 항상 잡음이 있기 마련이네. 그리고 런던 올림픽 그때는 준비 과정에서 말썽이 많았지. 그건 나중에 얘기하세. 박건섭 자네가 이번에 중요한 경기에 출전하게 되는 것이니 힘을 좀 내주게."

박건섭이 이내 묵은 감정을 털어내고 "네. 알겠습니다, 선배님" 하고 대답했다. 이유형과는 연희전문 8년 선후배 사이였다. 이유형은 또 다른 연희전문 후배 김지성이 생각났다.

"자네는 일제 때도 입대했었지?"

"그랬지요. 전투 훈련을 받고 나서 일본 육군 소속 이등병 계급장을 달고 최전방 만주에 갔었죠. 그때 추위와 흙먼지를 아직도 잊지 못합니다. 소련군의 공격에 일본군이 뼈도 못 추리는데 제가 거기 있을 필요가 없잖아요. 군복을 벗어던지고 서울로 돌아와서 연희전문에 입학했죠."⁴

선수들을 둘러보던 배종호 코치의 눈이 한 선수한테 가 멈췄다.

"최정민, 자네가 최정민 맞지? 전쟁 전에는 보지 못했는데 말이야. 어디 출신인가?"

뚜렷한 이목구비에 진한 눈썹. 178센티미터의 훤칠한 키에 한눈에 봐도 이국적 미남인 최정민이 사투리로 짧게 대답했다.

"페양 출신입네다."

배종호가 고개를 갸우뚱하며 재차 "전쟁 전까지는 못 본 것 같은데?"라고 묻자 최정민이 뜸을 들이다 입을 뗐다.

"본래 북에서 축구를 좀 했습네다. 기래고 1951년 1·4 후퇴 때 형하고 같이 미군 트럭을 타고 남하했습네다. '삼팔따라지'디요. 북에서는 축구만 했었지 시방 특무대에서처럼 군인은 아니었습네다."[5]

최정민은 북한에서 소문난 만능 스포츠맨이었다. 축구는 물론이고 배구와 육상까지 못하는 운동이 없었다. 운동감각은 물론 체력과 순발력, 주력까지 모든 갖춰 학창 시절 모든 스포츠를 섭렵했다. 삼팔따라지, 즉 1·4 후퇴 때 홀로 또는 가족끼리 38선을 넘어 남하한 처지였다. '섰다'라는 노름에 가장 낮은 끗수인 '사칠따라지' '삼팔따라지'라는 말이 있듯이 이처럼 낮은 끗수, 보잘것없고 측은해 보이는 사람을 뜻하기도 해서 자조 섞인 의미로 쓰였다.[6]

그동안 최정민과 대화를 나눌 기회가 없었던 배종호는 신기한 듯 계속 물었다.

"남에 와서 어떻게 축구를 다시 하게 됐나?"

"사촌형 집에서 디내다가 경주에 있는 육군 예비사관학교에 입교했습네다. 그런데 거기서 윗분들이 군인이 되기엔 축구 실력이 너무 아깝다며 육군 소위로 임관하디 말고 대구방직에 들어가라고 해서 기케 됐디요. 1951년 10월 전국축구선수권대회에 대구방직 선수로 나가 결승전에서 공군팀 상대로 결승골을 넣고 우승시켰디요."

"아, 그 선수가 자네였구먼."

이번엔 이유형 감독이 끼어들어 질문을 던졌다. 대표팀 공격수로 쓰려던 참이어서 내심 궁금한 점이 많았다.

"대구방직에서 뛰다가 어떻게 특무대에 들어가게 됐는가?"

"1951년 12월 서울운동장에서 국제 친선경기 대회가 열렸디요. 유엔과 대한체육회가 함께 개최한 걸로 아는데 여기에 대구방직하고 영국 육군팀, 해군, 육군 7사단팀이 출전했디요. 대구방직이 영국 육군팀과 첫 경기를 했는데 제가 6골을 넣어 12-0으로 이겼습네다. 그때 창단한 특무대가 오라고 해서 육군 중위로 팀에 들어가게 되었디요."[7]

이유형은 궁금증을 참지 못하고 최정민에게 질문을 쏟아냈다.

"작년 동남아 원정 때도 갔었지? 강일매인지 머시기인지 때문에 내가 단장으로 가려다 관두었을 때 말이야."

"맞습네다. 그때 원정 경비 문제로 대표팀이 조선방직 선수로 많아 바뀌었었는데 내래 특무대 소속이디만 뽑혀서 홍콩과 싱가포르 등을 다녀왔습네다. 성적은 신통치 않았는데 해외 나가 경기하면서 느낀 바가 많았습네다."

묵묵히 듣던 이유형이 고개를 끄덕이며 말했다.

"그동안 수고가 많았군. 많은 경험을 대한민국 대표팀을 위해 발휘해주기 바라네. 지금껏 들었다시피 자네들은 다양한 지역에서 뽑힌 선수들이네. 또 대부분 신분이 군인이지 않은가. 앞으로 어려운 일도 많이 있을 테지만 힘찬 기개로 헤쳐 나가길 바라네. 그럼, 오늘은 늦었으니 이만 해산하고 들어가 쉬게나."

무엇을 위해, 왜 뛰는지도 몰랐던 선수들은 시나브로 하나씩 그 의미를 알아가고 있었다. 서로에 대해 알아가면서 함께 엉켜 생활하는 가운데 불만이 잦아들었다.

최정민

한일전에 나서는 선수 중 최정민은 특히 사연이 많은 선수다. 평양 출신으로 북한 축구대표팀에서 뛰던 그는 기량 검증을 마친 상태였다. 북한에 김일성 정부가 들어섰을 때 국가대표 축구선수 선발 시험에서 1 등으로 뽑혔고 1947년 체코슬로바키아 프라하에서 열린 제1회 세계청년학생축전(공산권 국가 종합 경기 대회)에 출전해 우승을 차지했다.

그런데 1·4 후퇴 때 남하했다는 대목은 의문스러운 구석이 많았다. 득점하는 실력이야 탁월했지만 북한에서 내려온 과정이 석연치 않다는 풍문이 있었다. 〈日韓キックオフ伝説〉에는 '최정민이 한국전쟁 당시 거제도 포로수용소에서 있었다는 얘기를 꽤 많이 들었다'는 내용이 나온다.[8] 〈한국축구인물사 2〉에도 "인민군 기갑부대 장교로서 한국의 국군과 교전하던 중 자진 투항해 귀순했다는 얘기가 있는가 하면 1951년 1·4 후퇴 때 미군 트럭에 형과 함께 올라타 남하했다는 말이 있다"고 언급된다.

당시 최정민과 같은 특무대 소속으로 1954년 스위스 월드컵에 함께 출전한 박재승은 이렇게 설명했다.

"최정민은 북한의 전차부대 소속으로, 일본에서 말하는 하사관으로서 이쪽(남한)에 왔습니다. 사실은 도망병도 포로수용소에 가야합니다만, 남한에서 도망 사실을 아는 사람은 없고, 그것(사실)을 숨겨준 것입니다. 처음에 육군 예비사관학교에 들어갔다가 생활의 수단으로서 대구방직에 들어간 것이지요."[9]

최정민은 "1·4 후퇴 때 남쪽으로 오게 됐다"고 말했다. '인민군 기갑부대 장교였다'는 내용에 대해선 어떻게 해서 그런 내용이 퍼지게 됐는지 알 수 없다고 했다. 자녀인 최혜정 씨도 "아버지가 북한에 있을 때 군에 몸담았

최정민은 자타 공인 한국 스트라이커 계보의 시작을 알린 주인공이다. 1956년 제1회 아시안컵에서 우승한 직후의 모습. 사진 이재형

다는 얘기는 들어본 바가 없다"고 밝혔다.[10]

미군 트럭을 타고 남하한 최정민은 육군 제2사단 재무관으로 있던 사촌형의 집에서 살다가 경주에 있는 육군 예비사관학교(교육 기간 3개월)에 입교했다. 1952년 그곳에서 은인을 만난다. 훗날 스위스 월드컵 본선에 감독으로 참가하는 김용식이다. 국내에서는 '한국 축구의 대부', 일본에서는 '축구의 신'으로 불리는 김용식(주일 한국대표부 공사와는 동명이인)은 당시 최덕신 교장의 부탁을 받아 육군 예비사관학교에 창단한 축구팀의 선수 겸 코치를 맡았다. 축구팀에 있던 최정민은 김용

식의 눈에 띄어 공격수로 포지션을 바꾼다.

"그때까지 다른 팀에서 라이트윙을 맡고 있던 최정민을 테스트해 본 김용식은 그의 포지션을 센터포워드로 바꿔주었다. 키가 크고 발이 빠른 데다 슈팅력이 뛰어나 센터포워드로서 국가대표 선수로 대성했다."[11]

육군 예비사관학교에서 출중한 기량을 펼치는 최정민을 보고 군 고위층은 육군 소위로 임관시켜 최전방에 배속하기보다 국가대표 선수로 만드는 게 국익에 도움이 된다고 주장한다. 최정민은 결국 군에서 나와 대구방직에 들어가면서 승승장구하게 된다.

이렇게 김용식 덕분에 빛을 본 최정민은 이후 한일전을 통해 대표팀 주전 스트라이커로 확고히 자리 잡고 스위스 월드컵 본선에 출전해 세계 무대를 경험한다. 이후 1954년 제2회 아시안게임에서 준우승, 1956년과 1960년에 열린 제1회, 2회 아시아축구선수권(현 아시안컵)에서 연달아 우승을 차지하면서 이름을 날렸다. '황금의 다리' '아시아 제일의 스트라이커' 등 여러 별칭으로 불렸고 다재다능한 왼발잡이 공격수로서 주력까지 빨랐다.

"최정민의 100미터 기록이 11초 2. 국내에서는 물론 아시아에서 축구 선수로는 최정민을 따라갈 사람이 없었다. 현 대표팀의 차범근이 11초 4(컨디션이 아주 좋을 때는 11초 3)로 아시아 제1의 자리를 지키고 있으니까 아직 최정민만큼 빠른 축구 선수가 아시아 지역에서 태어나지조차 못하고 있는 형편이다. 최정민은 빠른 것만으로 유명한 것이 아니고 무서운 왼발 슈팅의 위력으로 더욱 뛰어난 위치를 확보할 수 있었다. 툭툭 한두 번 볼을 건드리다가 길게 때려놓고 화살처럼 달리는 주력과 돌파력을 막아낼 길이 없고 걸렸다 하면 대포알처럼 쏘아대는 왼발 슈팅의 위력은 감당할 방법이 없어 당시 아시아 지역에서는 그의 다리를 '100만 불짜리'라고들 했다."[12]

실력뿐 아니라 뚜렷한 이목구비에 잘생긴 외모까지 갖춘 최정민은 1960년 미스코리아 출신 서정례 씨와 결혼했다. 스포츠스타-미스코리아 커플 1호였다.[13]

10

우리는 조선인 일본 국가대표였지

대표팀은 마치 군대에서 구보하듯 2열 종대로 맞춰 성남중학교 운동장을 돌고 또 돌았다.

"언제까지 운동장만 돌아야 합니까. 공 좀 차야 하지 않겠습니까."

막내 골키퍼 함흥철이 연신 숨을 헐떡이며 고참들을 바라봤다. 함께 뛰던 코치 배종호가 뚫어져라 함흥철을 쳐다보며 꾸중하듯이 말했다.

"축구공을 차기 전에 몸부터 만들어야 할 것 아닌가. 체력을 끌어올리지 않으면 막상 경기에 나서봤자 아무 소용이 없어. 숨만 턱턱 막히고 기술을 쓰지도 못해."

팀의 막내들인 함홍철과 최광석은 묵묵히 뛰는 수밖에 없었다. 그렇게 한동안 뛰고 또 뛰고 나서 마침내 꿀맛 같은 휴식 시간을 맞았다.

배종호는 선수들에게 타이르는 목소리로 말했다.

"자네들, 겨울이라고 작년 말부터 한동안 쉬었을 것 아닌가. 운동이라고 해봤자 열 맞춰 적당히 뛰는 수준이었을 테고. 지금 강도 높게 몸을 끌어올리지 않으면 일본 가서 경기할 때 체력이 바닥나 제대로 뛰지 못해. 힘들어도 지금 몸을 만들어야 한다."

선후배 가리지 않고 나가자빠졌지만 자신들의 체력과 몸 상태를 잘 아는 선수들은 코치의 말에 수긍했다. 그때 신사복을 입은 이유형 감독이 교문을 통해 들어서는 게 보였다. 대한체육회 이사 자격으로 회의에 다녀오는 길이었다.

"모두 체력을 빨리 끌어올려야 해. 체력이 없으면 아무것도 못하네."

선수들은 김이 모락모락 피어오르는 머리를 쥐어뜯었다.

이유형은 1938년 함흥축구단을 맡아 그해 3도시 축구대항전에서 우승했고 도쿄에서 열린 메이지신궁대회에서 1939년과 1940년 연달아 우승을 차지하며 지도력을 발휘했다. 비결은 강력한 체력이었다. 이유형은 그때 선수들에게 함흥에서 가장 험하다는 반룡산을 뛰어오르고 성천강변 자갈밭을 달리게 하는 등 혹독한 체력 훈련을 시켰다. 여기에 각종 해외 서적을 통해 습득한 선진 축구의 전술 훈련을 선수단에 적용해 함흥축구단을 최강으로 만들었다. 체력이 기본 중의 기본이라는 신념을 갖고 있

었다.[1]

이유형은 배종호에게 다가가 속삭였다.

"각하께서 한일전 참가를 최종적으로 승인했네. 이미 구두 승인은 받았지만 최종 결재를 받은 것이야. 우리도 각오를 단단히 하고 준비에 박차를 가해야 하네."[2]

이유형은 선수들이 들리지 않는 곳으로 옮겨 다시 속삭였다.

"선수들을 훈련시켜보니 어떤가. 혹시 교체할 선수가 있어 보이는가?"

"아닙니다. 지금 와서 다시 뽑을 선수도 없거니와 선수들도 잘 따라오고 있습니다. 이대로 일본에 가면 될 것 같습니다."

이유형은 배종호의 어깨를 두드리며 "알았네. 그럼, 내일 이 선수들을 데리고 일본에 가겠다고 정식으로 보고하겠네"라고 말했다. 돌아서려다 몸을 다시 돌리더니 머뭇머뭇 말했다.

"이번에 일본에 가는 선수단의 단장은 정상희 씨가 맡게 됐네. 육상경기연맹 부회장 말이야."

"그게 무슨 말씀입니까?"

이유형도 난감한 표정을 지었다.

"이게 아무래도 축구를 넘어 국가 전체의 행사가 돼버렸어. 대한체육회 차원에서 주도하고 있는 분위기네. 게다가 작년에 동남아 원정 때 1만 4060달러 사건이 일어났지 않았는가. 대통령도 축구인이 또 나섰다간 돈 갖고 말썽이 날 듯싶어 눈치를 준 모양일세."

"아니, 그래도 그렇지. 축구인이 가야 현지에서 지원이 원활할 텐데…."

배종호의 걱정에도 이미 결정 난 일이었다. 한일전이 범국민적 행사가 되고 있었지만 축구인들은 지난 과오 때문에 주도권을 쥐지 못했다. 육상경기연맹 부회장인 정상희가 대한체육회 이사장으로서 한국 축구 선수단을 이끌고 도쿄로 향하게 됐다. 이는 두 가지를 시사했다. 이번 한일전을 주도하는 단체는 대한축구협회가 아니라 대한체육회이며 정부가 대한축구협회를 믿지 못한다는 것이다. 이런 일이 벌어진 건 말하자면 인과응보였고 축구인들 스스로 결자해지해야 했다.

매일같이 이어지는 고된 훈련에 선수들은 지쳐 있었다. 그러다가 저녁 식사 시간이 되면 다시 화색이 돌았다.

"잘 먹고 잘 잡시다. 그것만 잘해도 우리가 이길 겁니다. 우리는 항상 이겨왔으니까."

선수들은 화기애애한 분위기 속에서 식사를 했다. 이유형은 낮에 배종호에게 했던 말이 떠올라 덧붙였다.

"정상희 씨가 축구인이 아니기는 해도 우리에게 도움이 될 걸세. 이 양반이 메이지대 유학파인데 일본 체육 관계자들과도 친분이 두텁다고 해."

그러자 배종호가 자존심이 상했는지 곧바로 반박했다.

"사실 감독님이나 저나 일본을 잘 알지 않습니까. 그분 도움을 받을 일이 있겠습니까?"

"그렇기는 하지."

1938년 일본 축구 대표로 선발된 한국 선수들. 배종
호(맨 왼쪽), 김용식(오른쪽 두 번째), 이유형(맨 오
른쪽). 사진 대한축구협회

이유형은 일본에서 주오대 축구 선수로 활약했던 친동생 이
유철에게 일본 축구대표팀에 대한 분석 자료를 요청해둔 상태였
다. 와세다대 축구부 주장 출신인 배종호도 동문들에게 부탁해
관련 정보를 수집하고 있었다.

식사 중에 옆에서 두 코칭스태프가 나누는 대화를 듣던 박규
정이 대화에 끼어들었다.

"성님들, 아니, 감독님과 코치님. 모두 일제 때 일본 대표팀에
뽑히셨잖습네까. 저도 마찬가디고. 일본을 누구보다 잘 아는 사
람이 바로 두 분 아니라요."

박규정의 말대로 셋은 일제 때인 1936년부터 1941년까지 매

년 일본 대표팀에 선발돼 한솥밥을 먹었다.[3] 식사를 하던 선수들은 어느새 귀를 쫑긋 세우고 자세를 돌려 이들의 대화에 집중했다. 박규정이 말을 이어갔다.

"그때 우리가 얼마나 참아가며 훈련했습네까. 일본 선수들 눈칫밥을 먹으며 한마디도 못 하구. 우리래 나라가 있었다면 우리끼리 일본 축구를 박살 내봤을 거요."

배종호도 거들었다.

"일본으로선 피지배 민족인 우리 선수를 뽑기 싫은데 잘하니까 안 뽑을 수는 없고 그런 심정이었지요. 1936년 베를린 올림픽 앞두고 김영근 선배에게 이런 일이 있었어요. 드리블 하나는 정말 귀신같이 하지 않았습니까. 그런데 그 양반이 좀 자유분방하고 하고 싶은 말 다하는 성격 아닙니까. 감독한테 대들고 일본 선수들을 무시하고. 그래도 축구 실력 하나는 최고라 일본이 봐주고 봐주었는데 결국 김영근 선배가 일본 대표팀을 나가게 됐지요. 오죽했으면 일본 코치가 베를린 올림픽에 참가하려고 출발하면서 평양축구단에 있던 김영근 선배한테 전보를 쳤겠습니까. 베를린에 같이 가자고. 실제로 일본 코치가 단둥역에서 선배를 그렇게 기다렸는데 끝내 나가지 않았다고 합니다."[4]

잠자코 듣던 이유형 감독이 허탈하게 웃으며 한마디 했다.

"그 코치가 누구인지 아는가? 그거참, 이런 운명이 있나 싶기도 한데 지금 일본 축구대표팀 감독을 맡고 있는 다케노코시 시게마루竹腰重丸이네."[5]

"아!"

자리에 있던 선수들 모두 짧은 탄성을 내뱉었다.

"이게 무슨 운명의 장난인지."

"우리 선수들의 특성을 잘 알고 있겠는데."

저마다 한마디씩 거들었다. 이유형은 손짓으로 조용히 하라고 하면서 말을 이어갔다.

"다케노코시 감독은 3년 전부터 일본 대표팀 감독을 맡고 있는데 지난날 나와 함께 일본 대표팀에서 생활했었네. 방금 누가 얘기했듯이 우리 선수들의 특성을 잘 알고 있을 게야. 그러니 우리도 대비해야 한다. 우리가 얼마나 일본에 핍박받으며 힘들게 축구를 해왔는가. 온 힘을 다해 꼭 이겨서 우리 국민의 울분을 풀어줘야 할 것이야. 다들 알아들었나?"

"네. 잘 알아들었습니다."

선수단의 눈빛이 이글거리고 있었다.

때마침 대한축구협회 직원이 저녁 식사 시간에 맞춰 도착해 한 가지 소식을 알렸다.

"일본과의 경기 장소가 확정됐습니다. 당초 도쿄에서 한 경기, 오사카에서 한 경기를 하려 했는데 최종적으로 도쿄에서 두 경기 모두 열기로 했습니다."

이유형 감독이 "자, 경기 날짜도 장소도 다 정해졌으니 우리는 내일부터 더 힘차게 뛰어보세"라고 말했다. 선수단도 "아자, 아자"를 외쳤다.

조선 축구

경성과 평양, 함흥 크게 세 지역으로 대표되는 조선 축구는 막강했다. 여러 기록을 봐도 일본은 적수가 되지 못했다. 일본축구협회가 일본의 관동과 관서 지역, 조선으로 나눠 치른 1938년 제1회 '전일본 3지역 축구대항전'에서 조선축구단은 일본의 관동, 관서 대표를 연파하고 초대 우승을 차지했다. 자연히 일본 축구대표팀은 전력 강화를 위해 조선 지역 선수들을 해마다 선발해 일본 선수들과 함께 뛰게 했다.

다만 일본 축구도 자존심을 내세워 최대한 조선 선수 수를 제한하려 했다. 대표적인 게 1936년 베를린 올림픽을 앞두고 일본 대표를 선발할 때 생긴 일이다.[6] 일본축구협회는 대표 선수 선발전을 겸해 1935년 제15회 전일본축구선수권을 개최했는데 여기서 조선축구단이 도쿄문리과대를 6-1로 대파하고 덜컥 우승해버렸다. 조선축구단을 주축으로 일본 대표팀을 구성해야 하는 상황에 놓이자 일본축구협회는 돌연 계획을 변경해 메이지신궁대회를 통해 다시 대표 선발전을 치렀다. 하지만 이번에도 조선축구단이 우승을 차지했다.

그 후 일본축구협회와 일본체육회, 일본올림픽위원회는 어쩔 수 없이 조선과 일본 선수를 각각 9명씩 선발하기로 했는데 어찌된 영문인지 발표를 앞두고 한국 선수 수가 7명으로 줄어들었다. 당시 일본올림

139

1935년 제15회 전일본축구선수권에서 우승한 직후 조선
축구단과 재일동포들의 기념 촬영. 사진 대한축구협회

픽위원이었던 이상백 박사가 그나마 다행이라는 생각에 조선체육회 측에 이 사실을 알렸지만 또다시 일본 측이 정식 발표를 차일피일 미뤄졌다. 이후 9차례 전형위원회를 거치고 나서 조선 선수로 김용식과 김영근 2명만을 선발하는 데 그쳤다. 그렇다고 식민지하에서 조선축구협회가 항의할 수도 없는 노릇이었다. 풍운아 기질이 다분했던 김영근이 일본 대표팀에서 훈련하던 도중 퇴단하면서 결국 김용식 홀로 다녀오게됐다.[7]

베를린 올림픽에서 김용식의 맹활약에 감탄한 일본은 이후 꾸준히 조선 선수들을 선발한다. 이유형와 배종호, 박규정이 1936년부터 1941년까지 매년 일본 대표팀에 뽑혔고 민병대도 1937년부터 1939년까지 선발됐다. 정국진은 1940~1941년 이들과 함께 뽑혀 뛰었다. 이렇게 1936~1942년까지 7년간 38명이나 되는 인원이 일본 대표팀에 선발됐다.

이유형은 1936년 일본 대표팀에 처음 선발됐을 때 함께 뽑힌 김용식, 배종호, 박규정 등 조선 선수들과 세 가지 약속을 했다. 첫째, 시간을 엄수할 것. 둘째, 훈련에 대해 어떤 불평도 하지 말 것. 셋째, 축구 선수로서 새로운 지식을 배우기 위해 노력할 것. 이들이 일본 대표팀 내에서 모범을 보이면서 민병대 등 조선 선수 3명이 추가 선발되고 배려도 받을 수 있었다.

"(일본축구협회는) 조선 선수들에게는 따로 식대를 주면서 '입에 맞는 좋은 음식을 사 먹도록 하라'고 특별 대우까지 해주었다. 그때만 하더라도 일본에 한국 음식점이 따로 없던 때라 조선 선수들은 주로 비프스테이크를 사 먹었으며 간식으로 바나나를 즐겨 먹었다."[8]

그 무렵 일본 축구대표팀은 1938년 프랑스 월드컵을 대비하고 있었지만 일본이 대회를 1년 앞두고 중국을 침공해 중일전쟁을 일으키는 바람에 수포로 돌아갔다. 이유형을 비롯한 조선 선수 7명도 아쉬움을 삼켰다.

11

노인이 건넨 달걀 50개

"하나둘, 하나둘."

일제강점기 일본 축구대표팀에서 선배들이 당한 설움은 선수들에게 강력한 동기로 작용했다. 성남중학교 운동장에서 계속되는 훈련도 선수들의 기합 소리와 함께 점차 활기를 띠어갔다. 고강도 체력 훈련이 실시됐지만 날씨가 워낙 추운 탓에 운동장 전체가 얼어붙은 듯한 느낌은 여전했다. 날씨가 풀릴 때마다 공 훈련도 조금씩 할 수 있게 됐다.

선수들은 나이와 신분, 지역을 떠나 한일전 승리라는 대의하에 뭉쳐가고 있었다. 점심시간이 되면 왁자지껄하고 떠드는 소리가 들렸다. 최정민처럼 남한한 박일갑이 한마디를 툭 던졌다.

"그런데 팀 주장은 누가 맡습네까? 이제 정해야 하디 안갔시오."

식사를 하던 선수들이 그 말에 술렁였다. 저마다 '누가 하면 좋겠네' '네가 하라'는 등 의견을 내면서 소란스러워졌다. 이유형 감독은 배종호 코치에게 알아서 해보라며 눈치를 줬다. 배종호가 숟가락을 놓고 얘기했다.

"주장을 염두에 두고 있는 사람이 있지만 자네들 생각을 한번 얘기해보게."

막상 멍석을 깔아주니 나서는 사람이 없었다. 그러자 최고참 박규정이 의견을 냈다.

"주장이라면 책임감이 강하고 훈련도 성실히 이끌어야 합네다. 선수들 의견도 들을 줄 알아야 하것디요. 나이가 너무 어려도 지도자 선생님들하고 얘기하기 어려울 거고. 그런 것도 감안해 인물을 추천하는 게 좋겠디요."

선수들은 골똘히 생각에 잠겼다. 그때 홍덕영이 나섰다.

"성님 얘기를 들어보고 곰곰이 살펴보니 여러모로 주영광 형이 어떨까 합네다. 훈련에도 성실히 임해 모두가 잘 따르디 않습네까. 국제 대회 경험도 많아 안정감도 있고. 뭐, 중요한 이야기는 아니디만 조선방직도 특무대도 아니니 한쪽에 치우치는 일이 없디 않갔습메."

그러자 여기저기서 "옳소" "동의합니다" 같은 말이 터져 나왔다. 배종호는 이유형과 눈빛을 주고받은 뒤 입을 열었다.

"사실 주영광이 몇 번 대표팀에 뽑혀서 선수단 분위기를 잘 알고 훈련과 생활도 책임감 있게 하니까 염두에 두고 있었네. 감독님도 좋다고 하시고. 나는 주영광이 주장을 맡는 데 찬성이오. 다들 어떻소?"

동의하는 박수가 여기저기서 터져 나왔고 이견이 없었다.

"주영광이 주장을 맡기로 하고 이제 수락 연설을 들어봅시다. 먼저, 수락하는 것이지?"

평양 출신의 주영광은 주장 자리가 어색하지 않은 듯 차분히 말을 시작했다.

"갑작스럽긴 합네다만 한번 열심히 해보갔습네다. 경기의 중요성이 지대하니 헌신적으로 해보리다. 다만 이건 꼭 지켜됐으면 하는 바람이오. 지금껏 잘해오긴 했습네다만 숙소 생활을 하는 동안 개별 행동, 음주처럼 선수단에 해가 되는 행동은 하디 말라는 얘기를 당부하겠습니다. 아주 중요한 경기를 앞두고 있디 않습네까. 이런 것만 지켜준다면 내래 주장을 하는 걸 받아들이겠습네다."

말이 끝나기 무섭게 선수들은 박수를 치는 것으로 동의의 뜻을 나타냈다.

"그럼, 주장을 중심으로 단결하기 바랍니다."

이유형 감독은 이때다 싶어 좋은 소식을 전했다.

"오늘 대한체육회에 일본전에 참여할 선수 명단을 제출할 계획입니다. 지금까지 훈련한 선수들 모두, 한 명도 탈락하지 않고 가게 될 것입니다."

선수들이 환호성을 질렀다. 사실 누가 탈락할지에 은근히 신경이 쓰이던 터라 모두 안도할 수 있었다. 점심 식사가 끝난 뒤 선수들은 소화도 시킬 겸 운동장으로 천천히 걸어가 오후 훈련을 준비했다.

휴식 시간이 끝나고 오후 훈련이 시작될 때, 자리를 비운 이유형 감독 대신 홀로 훈련을 진행하던 배종호 코치가 운동장 밖으로 나가 뛰자고 제안했다.

"바람도 쐴 겸 기분도 전환할 겸 동네를 크게 한번 뛰는 걸로 합시다. 주영광이 인솔해 한번 뛰어봅시다."

그렇게 선수들은 2열 종대로 줄을 지어 운동장을 빠져나갔다.

"하나둘, 하나둘."

선수들은 대열을 통솔하는 주영광의 기합소리에 맞춰 시민들이 바라보는 거리 한복판으로 힘차게 뛰어나갔다. 시민들이 지켜보고 박수를 치는 가운데 선수들은 뛰면서 우쭐한 마음이 들기도 했다. 그때 누군가 악 소리를 내며 쓰러졌다. 무슨 일인가 싶어 두리번거려보니 주영광이 차에 치여 쓰러져 있었다.[1] 대열 옆에서 뛰다가 미처 차를 보지 못해 치인 것이다. 화들짝 놀란 선수들이 주영광에게 뛰어가 상태를 물었다.

"영광이, 괜찮나? 괜찮은 거야?"

주영광이 이내 표정을 풀더니 안심하라고 말했다.

"괜찮습네다. 이 정도는 끄떡없습네다."

차에서 내린 운전자도 안절부절못했다.

"내래 괜찮으니 운전자 선생님도 걱정 말고 가시라요."

동료들의 도움을 받아 몸을 일으킨 주영광이 절뚝거리며 근처에 있는 바위에 가 앉았다. "항상 좋을 때 조심하라고 했는데 내래 이렇게 되다니."

정국진이 안경을 매만지며 주영광을 걱정했다.

"다리래 괜찮아? 선수한테는 다리가 제일 중요한데."

"다행히 크게 다치디 않은 것 같습네다. 며칠 쉬면 괜찮아딜 겁네다."

배종호 코치가 뒤늦게 주영광에게 달려와 상태를 살폈다. 시민들도 몰려들어 자기 일처럼 걱정해주었다.

"안되겠네. 일단 나와 함께 병원에 가세. 박규정이가 선수들을 이끌고 운동장으로 복귀해 훈련을 진행하게."

배종호가 주영광을 부축해 몸을 일으키는데 차가 한 대 서더니 운전자가 소리쳤다.

"빨리 타시오. 일본과 싸우는 우리 축구 국가대표가 다치면 안 되지요. 병원에 데려다줄 테니 어서 타시오."

배종호가 감사하다는 인사를 하고 주영광과 함께 차에 올라탔다. 선수들도 다시 열을 맞춰 뛰기 시작하자 주변에 있던 시민들이 박수를 쳤다. 배종호나 주영광은 차창 너머로 시민들의 모습을 바라보며 이번 시합이 단순히 승부를 겨루는 경기가 아님을 실감할 수 있었다.

서둘러 훈련장에 복귀한 선수들은 감독과 코치, 주장이 모두 자리를 비운 터라 어수선했다.

"주영광이는 괜찮겠지?

"형님이 다치면 안 되는데."

"자자, 쓸데없는 생각을 하지 말고 우리는 훈련이나 열심히 합시다."

고참들의 말에 모두 몸을 움직여보았지만 아무래도 기운이 빠지는 건 어쩔 수 없었다. 그때 한 노인이 느린 발걸음으로 운동장으로 걸어 들어오고 있었다.

"어르신, 여기 들어오시면 안 됩니다. 지금 훈련하는 중입니다."

노인은 들은 체 만 체 계속 걸음을 옮겨 선수들에게 다가왔다.

"축구 대표들이죠?"

몇몇이 고개를 끄덕하자 노인이 느릿느릿하게 말을 이어갔다.

"일본과 축구를 한다기에 찾아왔소이다. 난 축구라는 걸 잘 모르지만 제발 꼭 좀 이겨주소. 우리가 일제에 당한 걸 생각하면 아직도 잠이 오지 않소."

노인은 그러면서 가져온 꾸러미를 내밀었다. 꾸러미를 받아든 선수들이 조심스레 속을 펼쳐보니 짚 사이로 달걀들이 보였다. 10개씩 5개, 총 50개였다.

"요 근처에서 팔던 달걀인데 내가 가진 것은 이것밖에 없소이다. 마음 같아선 고깃국을 고아주고 싶지만 가진 게 이거뿐이라. 이거라도 먹고 힘내시오. 일본을 꼭 좀 이겨주시오."[2]

최고참 박규정이 천천히 앞으로 나아가 노인의 두 손을 맞잡았다.

"이거 먹고 힘내겠습네다. 우리 국민을 대표해 일본에 가서 시원히 이기고 돌아오갔습네다. 꼭 이길 테니 응원 많이 해주시라요."

박규정은 노인의 두 손을 맞잡고 고개를 꾸벅 숙였다. 처음에 의아해하던 선수들도 노인의 애기를 듣더니 가슴이 뭉클해지고 또 숙연해졌다. 노인이 교문으로 나가는 모습을 한참 지켜보던 박규정이 선수들을 향해 돌아서며 입을 뗐다.

"모두 봤디? 많은 국민이 이 경기를 지켜보고 있어. 축구팀 간 대결이 아니라 나라 간 대결이라는 거디. 오늘 많은 일이 일어나는데 이럴 때일수록 우리래 더 힘을 내야 한다. 알간?"

"예. 아자, 아자."

모두 힘차게 대답하고 운동장을 뛰었다.

불의의 사고와 노인이 가져온 달걀 50개. 선수들에게 여러모로 감정의 기복이 심한 하루였다. 저녁 시간 이유형 감독과 배종호 코치, 주장 주영광 등 선수단 전체가 숙소인 동아여관에 모였다.

할 말을 꺼내지 못하고 머뭇거리는 이유형을 보고 배종호가 재촉했다.

"오늘 참 많은 일이 있었습니다. 이보다 더한 날이 있겠습니까. 어서 얘기해보시지요?"

이유형이 무거운 입술을 뗐다.

"두 가지 문제가 있네. 둘 다 돈 문제인데 하나는 일본에 입고 갈 우리 선수단 단복이 없다는 사실이네. 대한체육회나 대한축구협회 모두 돈이 없어 뒷짐만 지고 있군."

선수들 사이에 침묵이 흘렀다.

"단복은 일단 내가 어떻게든 손을 써볼 테니 기다려보시게. 국민들이 다 보는 앞에 운동복을 입고 갈 수 없지 않은가."[3]

이유형은 일제 때 만난 김명학 박사에게 도움을 청하려던 참이었다. 김명학은 의학박사로서 꽤 많은 자금을 굴리며 항일 투쟁을 펼치던 중 1938년 이유형과 인연을 맺었다. 이유형은 김명학의 부탁에 따라 함흥축구단 감독을 맡았고 그해 제1회 3지역 축구대항전에 참가해 경성과 평양을 꺾고 우승을 차지했다. 이듬해 1939년엔 함흥축구단을 이끌고 메이지신궁대회에 참가해 일본의 게이오대를 3-0으로 짓밟았다. 이유형과 김명학은 현장에서 얼싸안고 눈물을 흘리며 "만세"를 부른 사이였다. 둘은 광복 후에도 활발히 교류하고 있었다.[4]

최정민이 궁금한 게 생겼는지 모처럼 질문을 했다.

"유니폼도 우리 돈으로 사야 하는 건 아니디요?"

이유형은 이 대목에서 헛웃음을 흘렸다.

"유니폼도 안 주면 대한축구협회가 도둑놈들이지. 국가를 대표하는 선수들이 입고 나갈 유니폼인데. 다만 재정이 넉넉지 않아서 여벌이 없어. 단벌이네."[6]

이유형은 그러고 나서 또 한 번 침을 꼴깍 삼키고 어렵게 입을 열었다.

"그리고 두 번째는 실은 나도 해결하기 힘든 문제야. 감독으로서 선배로서 미안한 말인데 일본까지 가는 비용을 각자 내야 할 것 같네.”

선수단에 다시 한 번 무거운 침묵이 내려앉았다. 이번에도 감독에게 대책이 있기를 기대했지만 현실은 달랐다.

“일본까지만 간다면 일본에서 재일체육회가 남은 비용을 댈 걸세. 그것은 약속을 받았네. 그런데 혹시 또 모르지. 재일체육회 측이 마련한 비용에서 남으면 일본까지 가는 개인 비용을 조금 구제받을 수도 있을 것 같고. 이건 어디까지나 나의 바람일세.”

선수단의 공기는 여전히 무거웠다. 열차표에 항공권까지 끊으려면 만만치 않은 금액이 될 게 분명했다. 해외 경험이 많은 홍덕영이 고참으로서 한마디 했다.

“이번 경기는 두 번 다시 오지 않을 기회요. 이번 세계축구선수권은 올림픽보다 더 큰 대회라 선수로서 얻는 게 정말 많을 것임메.”

다들 교통비를 계산하느라 정신이 없는지 아무런 반응이 나오지 않았다. 홍덕영은 현실보다 더욱 현실 같은 얘기를 들려줬다.

“사실 해외 원정 경기에 참가하면 수당이 나오기 마련이오. 경기를 하면 할수록, 이길수록 많이 나오는 법이다. 이번 일본과의 경기에서 이기면 돈을 받을 수 있다는 말이다. 얼마나 돈이 많이 나오갔소. 그리고 일본에 가면 재일체육회에서 원정 경비를 지원한다고 하디 않소. 어떻게 보면 이건 남는 장사디, 남는 장사.”

홍덕영은 선수들 모두 일본에 가기를 바라는 마음에서 달콤한 말로 살살 달랬다. 선수들도 조금씩 마음이 움직이는 것 같았다.

한국은 1948년 런던 올림픽 멕시코전을 통해 국가
대표팀 간 첫 A매치를 치렀다. 이유형 감독과 배종
호 코치도 선수로 뛰었다. 홍덕영, 박규정, 민병대,
정남식, 정국진도 선발됐다. 사진 대한축구협회

"까짓것, 갑시다. 덕영이 형님 말씀도 일리가 있어요. 해외 원
정 경기를 많이 다녀왔으니 잘 아시겠지. 지금까지 훈련한 게 아
까워서라도 무슨 수를 써서라도 일본에 다녀와야지."

"옳소. 빚을 내더라도 가야지."

이유형은 홍덕영을 바라보며 안도의 한숨을 내쉬었다.

"내 약속은 못 하지만 덕영이 말이 분명히 일리가 있네. 그것
보다도 일본을 꺾으면 세계축구선수권에 참가할 수 있고 그것은
축구 선수로서 최고의 영예가 될 것이네. 그건 내가 장담하지."

실타래처럼 꼬여 있던 난제들이 비로소 풀어지는 것을 보고 이유형은 그동안 가슴속에 묻어둔 얘기를 꺼냈다.

"여러분이 고마워서 한마디 하겠네. 우리가 지금까지 비교적 순탄히 훈련해온 게 사실 얼마나 다행스럽고 고마운지 모르네. 1948년 런던 올림픽을 준비할 때를 떠올리면 아직도 잠이 오지 않는다네. 그때 올림픽에 같이 갔던 홍덕영, 박규정, 민병대, 정남식, 정국진, 배종호 코치, 자네들은 잘 알 것이야. 일부 선수들이 몽니를 부리는 바람에 훈련을 제대로 하지 못하고 런던에 가지 않았나. 중간에 감독도 바뀌고. 이번에 별 탈 없이 진행되는 모습이 얼마나 다행스러운지 모른다네. 모두 고맙네."[7]

잠자코 듣고 있던 정남식이 오랜만에 입을 열었다.

"그때 그랬지요. 선수들 사이에 말다툼이 일어나고 정말 되는 게 하나도 없었지요. 그때 스웨덴에 0-12로 무참히 밟히고 돌아왔지요. 아직도 안 잊힙니다. 보성전문과 연희전문 출신으로 나뉘어 대립하는 등 파벌과 반목이 심했지요. 거기에 환멸을 느껴 런던 올림픽 다녀온 뒤 제가 축구를 그만두지 않았습니까. 그런 일이 다시 벌어지면 안 됩니다."

동갑내기 정국진이 정남식의 얘기를 듣다가 분위기에 맞지 않게 피식 웃었다.

"말 끊어서 미안한데 갑자기 생각나는 게 있어서. 자네, 그때 런던 올림픽에 가다가 홍콩에서 연습경기 한 것 기억나네. 자네가 4골을 넣어 5-1로 우리가 이겼지 않아. 그때 경기 끝나고 홍콩 팬들이 호텔 밖에서 밤새 '정남식 얼굴 보여달라'고 아우성을 쳐서 잠을 한숨도 못 잤다. 대단한 스타였다."

배종호 코치도 거들었다.

"다음 날 아침엔 또 어땠어. 어떤 홍콩 팀에서 와서 '정남식을 스카우트하고 싶다'고 소란을 피웠지. 참으로 시끌벅적했어."[8]

정남식도 그때를 떠올렸다.

"그때는 난감했지요. 아무튼 런던 올림픽에 참가해 선진 축구의 수준을 보고 한계를 느껴서 홍콩 팀은 무슨 홍콩 팀입니까, 그냥 은퇴해버리려고 했지요."

주영광이 주장으로서 좌중을 돌아보며 한마디 했다.

"이번 경기는 이전과 아주 다르다는 걸 모두가 잘 아시디요. 엄격한 자기 관리가 필요합네다.[9] 모쪼록 저부터 튼튼해야 하는데 이렇게 조금 다치게 돼 면목이 없습네다."

주장의 애기에 감독과 코치, 선수 할 것 없이 모두 박수를 쳤다. 대표팀은 과거에서 배우며 미래로 나아가는 팀이 되어가고 있었다.

1948년 런던 올림픽

한국 축구대표팀이 해외에 장기간 원정을 나간 적은 있어도 이렇게 국내에서 장기간 합숙 훈련을 한 적은 없었다. 보통 하루 이틀 훈련하다 보면 분위기가 풀어질 법도 했지만 한일전이라는 특수성을 의식해 마음가짐부터 과거와 달랐다.

골키퍼 홍덕영은 "과거에 대표팀 합숙을 몇 번이나 경험했지만 한일전 합숙은 정말 진지하게 했다. 선수단 모두가 긴장하고 있었다. 나이 먹은 선수도 있고 군인도 있었다. 하지만 감독과 코치가 말하지 않아도 시간을 엄수했고 술을 일절 마시지 않았다"고 회고했다.[10]

'과거와 달랐다'는 건 1948년 런던 올림픽 출전을 전후한 때를 말한다. 축구대표팀은 당시 선수 선발 단계부터 대회 참가에 이르기까지 잡음이 끊이지 않아 어수선했고 서로 반목했다.[11] 대표팀은 당시 몇 차례 선발전을 거쳐 16명 국가대표를 확정했는데 선수 선발에 문제가 있다며 이의를 제기하는 이들이 많았다. 어찌된 일인지 김용식이 문제의 중심에 섰던 걸로 전해진다. 김용식은 이유형과 배종호를 한동안 축구를 관두고 대한축구협회 행정 업무를 봤다는 이유로 제외하려고 했다. 합숙 훈련뿐 아니라 올림픽 출전 자체를 거부하겠다고 으름장을 놓는 바람에 대표팀은 금쪽같은 훈련 시간을 두 달이나 허비하고 말았다. 불

한국은 런던 올림픽 1회전에서 멕시코를 5-3으로 꺾었지
만 스웨덴과의 2회전에서는 0-12로 크게 졌다. 스웨덴전
에서 공을 막아내는 골키퍼 홍덕영의 모습. 사진 대한축구
협회

평과 불만에 사로잡혀 말싸움만 하다가 훈련 한 번 제대로 하지 못했다.

그마저도 런던으로 출국하기 직전에 대한체육회의 갑작스러운 지
시로 박정휘 감독이 출국 정지를 당하면서 대표팀은 감독도 없이 장도
에 올라야 했다. 런던에 도착하고 나서야 대한체육회가 기술연구위원
자격의 이영민을 임시 감독으로 선임했지만 선수단이 그를 인정할 리
만무했다. 훗날 대한축구협회는 이 사태를 두고 "처음 태극기를 달고
국제 대회에 출전해서인지 의욕이 앞선 선배들이 본인이 직접 출전하
거나 실력보다 학연, 지연으로 선수를 선발했기 때문"이라고 지적했
다.[12]

그런데 대표팀은 런던 올림픽 첫 경기에서 멕시코를 5-3으로 꺾는 이변을 일으켰다. 그러고 나서 두 번째 경기에서 만난 스웨덴에 0-12로 참패했다. 그 사이에 무슨 일이 일어났을까.

선수들이 멕시코전 승리를 자축하는 파티를 열려고 선수단 임원실에서 몰래 양주를 구해 왔다가 그게 메틸알코올인지도 모르고 마셔 탈이 났다고 한다.[13] 하지만 그때 자리했던 이유형은 메틸알코올을 마신 건 선수들이 아니라 동석했던 민재호 아나운서뿐이었다고 해명했다. 당시 대표팀은 핵심 리더가 없는 오합지졸에 가까웠다고 볼 수도 있다. 한일전을 앞둔 대표팀은 과거의 실수를 다시 반복하지 않기 위해 스스로 환골탈태하고 있었다.

12

조선인 정체 숨긴 역도산도 동참

1954년 2월 19일

축구대표팀이 '하나의 팀'이 되어 차근차근 경기를 준비해나갈 때 재일체육회도 이승만 대통령에게 약속했듯이 모금 운동을 펼치고 있었다. 먼저 1954년 2월 11일 축구대표팀 지원을 위해 임시총회를 열고 임원진을 개편했다.

"회장에 유태하, 부회장에 신희, 정건영, 전무이사에 김동춘, 상무이사에 이유철, 김세기…."

재일체육회라는 이름으로 출범하고 처음으로 정건영이 부회장을 맡아 조직 내부로 들어왔다. 1923년 일본에서 태어난 정건영은 네 살 때 조선으로 건너갔다가 보통학교를 졸업하고 다시 일본으로 돌아왔다. 중퇴하기는 했지만 대학도 다녔고 그 후엔 현지에서 사업을 펼쳤다. 해방과 함께 일본 국적 대신 대한민국 국적을 취득한 것으로 전해진다. 광복이 되고 일본에서 조선건국청년동맹에 참여해 본국과 연결된 적도 있었는데[1] 1948년 재일체육회 전신인 재일체육협회에서도 이사를 맡았다.

정건영은 키 185센티미터에 몸무게 100킬로그램이 넘는 거한으로 힘깨나 썼는데 이와 관련한 일화가 있다. 1948년 런던 올림픽에 출전하는 한국 선수단이 요코하마역에 도착했을 때 북한 측 조련 인사들이 플랫폼에 나타나 "재일체육협회가 가나가와까지 와서 뭘 하는 거냐? 책임자를 불러라"라며 무력시위를 벌였다. 헌병도 손 쓸 수 없는 일촉즉발의 상황이었다. 이때 신희 등 일행과 함께 역에 있던 정건영이 이들을 간단히 제압하면서 환영회가 무사히 열릴 수 있었다. 조국을 위하는 일이라면 물불 가리고 않고 앞장섰다.

임시총회를 마친 신희는 정건영과 함께 곧바로 축구대표팀 후원회를 결성하고 이 같은 사실을 발표했다.

"명예회장에 김용식 주일 한국대표부 공사, 회장에 유태하 참사관, 사무국장에 신희…."

신희는 김용식 공사를 대표로 삼고 고문 9명과 위원 61명을 위촉했다. 일본에 거주하는 모든 동포를 대상으로 모금하려면 상징적 인물을 앞에 세우고 지역별로 다양한 인사들을 조직 안으로 끌어들여야 했다. 어찌됐든 모금 운동의 핵심은 신희와 정건영, 김세기 등이었다.[2]

"건영이, 우리 도쿄 지구를 시작으로 해서 일본 전국에서 모금 활동을 시작해보세."

"이미 각 지역에 얘기해놓았으니 잘 풀릴 거라 생각합니다."

신희와 정건영은 이렇게 의기투합했다. 런던 올림픽 때 재일 동포들이 당시로서는 막대한 금액인 64만 3500엔과 운동 용품을 한국 선수단에 전달했다. 동포들이 어려운 형편에도 십시일반 모아 보낸 지원금이 있었기에 선수단은 런던에 갈 수 있었다.[3] 이번에는 그때보다 더 거대한 계획을 품었다. 불가능해 보이던 축구대표팀의 일본 파견이라는 목표를 이뤘으니 이제 전국적으로 모금 운동에 돌입해야 했다.

후원회 70여 명은 일본 전국 각지에서 동포라면 가리지 않고 찾아가 사정을 설명했다. 대표적인 인물로 간사이 지역의 거물 사업가로 성장한 롯데의 신격호, 사카모토 방적의 서갑호, 금융계의 큰손 이희건 등이 있었다. 신격호는 1950년 도쿄 신주쿠에 껌을 생산하는 공장을 지어 막 승승장구하던 시기였다.

"우리 조선 축구가 떴다 하면 일본 축구는 뼈도 못 추렸습니다. 이번에 일본의 코를 납작하게 만들 수 있습니다. 동포들의 자긍심과 자신감이 커질수록 선생님 사업도 번창하실 겁니다."

"여기 있소. 우리 선수들이 편안히 있다가 일본을 상대로 시원한 경기를 펼칠 수 있게 잘 도와주시오."

동포 사업가들은 모금 삼총사의 제안에 진심 어린 지지의 뜻을 보이면서 상당한 금액을 기부했다.[4] 도쿄뿐 아니라 규슈, 홋카이도, 센다이, 요코하마 등지에서도 후원회가 중심이 돼 거액의 기부금을 밤낮 없이 거둬들였다.

모금 운동이 순조로이 진행되는 가운데 신희와 정건영이 재일체육회 사무실에서 다음 모금자로 누가 좋을지 대화를 나누고 있었다. 신문을 펼치던 신희의 눈에 강렬한 이름 석 자가 들어왔다.

'역도산, 프로레슬링 제왕.'

신희는 중얼거렸다.

"역도산, 리키도잔, 리키도잔."

정건영도 거들었다.

"리키도잔. 요즘 일본에서 인기로 따지면 천황 다음이라지요."

정건영의 말처럼 리키도잔은 프로레슬러로서 인기가 하늘을 찌르고 있었다. 1953년 일본프로레슬링협회를 결성한 리키도잔은 특기인 당수(가라테 촙)를 기막히게 구사해 그야말로 열풍을 불러일으켰다. 천황 다음으로 유명하다는 얘기가 허투루 들리지 않던 시절이었다. 전후 실의에 빠져 있던 일본 사회에 그는 난세 영웅처럼 등장했다. 미국 프로레슬러들을 링 위에서 때려눕히는 모습을 보던 '패전국' 일본의 국민들은 그를 '천황 다음'으로 대접했다. 전쟁에서 자신들을 이긴 미국을 때려잡고 무릎을 꿇리는 모습에 대리 만족을 느꼈다.

정건영이 지나가는 말로 한마디 내뱉었다.

"우리 동포 중 누가 그러던데 리키도잔이 조선인인 것 같다고."

신희의 눈이 커졌다.

"리키도잔이 조선인이라고? 그런데 일본인들이 이렇게 좋아

스모 선수를 관두고 프로레슬러로 변신해 일본 내
최고 인기를 구가한 역도산. 사진 민단신문, 週刊20
世紀

할 수가 있나?"

정건영은 어렴풋이 들은 기억을 되새겼다.

"해방 전에 조선에서 씨름을 엄청 잘해 일본인한테 입양됐다
고 합니다. 처음에 스모로 시작했다는 말이 있습니다. 스모 선수
들은 그래서 리키도잔의 조선 이름을 따 '김'이라고 불렸다는 얘
기도 있고."

신희는 귀가 솔깃했다.

"스모를 하다가 어떻게 프로레슬링을 하게 된 것이지?"

정건영은 고개를 갸웃거리며 기억해내느라 애썼다.

"리키도잔이 조선 출신인 게 알려졌다나 뭐라나, 그래서 스모계에서 물러나게 됐고 그 후 건설회사 뒤를 봐주는 일을 했는데 거기서 프로레슬링을 하는 미국 선수와 싸움이 붙었다고 합니다. 리키도잔의 싸움 실력이 꽤 되니까 그 사람이 미국으로 데려가 프로레슬링 선수로 키웠다는 얘기를 얼핏 들은 것 같습니다."

신희는 계속 흥미를 보였다.

"리키도잔의 인기가 대단하잖은가. 정말 조선인이라면 우리가 가서 모금할 수 있지 않을까?"

멀찍이 앉아 대화를 듣던 김세기가 기침을 하며 끼어들었다.

"부회장님, 저희 동포들 출신이 참 다양하지 않습니까. 제가 동포 누구한테 들은 얘기가 있습니다."

신희가 고개를 돌며 김세기를 바라보았다. 어서 말해보라는 표정이었다.

"리키도잔이 함경남도 출신이라는 말을 들었습니다."

신희는 깜짝 놀랐다.

"함경남도? 거기래 내 고향이디 않갔어."

신희는 무슨 생각이 떠올랐는지 손가락 두 개로 딱 소리를 내며 얘기했다.

"리키도잔, 아니 역도산에게 가서 모금 얘기를 하자고. 두 사람은 동포들을 만나 정보 좀 얻어 오게. 고향이랄지, 어서."

2월 19일 도쿄 구라마에 국기관.

장내에서 "리키도잔, 리키도잔"을 연호하는 관중들의 함성이 메아리쳤다. 리키도잔은 '일본 유도의 귀신'으로 불리던 기무라 마사히코木村雅彦와 같은 편이 되어 세계 태그팀 챔피언인 미국의 샤프 형제를 상대했다. 주특기인 가라테 촙 기술로 2미터 거구들을 혼쭐내는 역도산의 모습에 장내의 일본인들은 물론 역 앞에 설치한 '가두 TV'를 지켜보던 군중 모두 흥분을 감추지 못했다.[5] 1년 전 프로레슬링을 들여온 태동기의 일본이 미국을 압도하고 있었다.

리키도잔은 경기를 막 끝내고 휴식을 위해 라커룸으로 들어갔다. 신희와 정건영이 경기장 관리인에게 돈을 쥐어 주고 라커룸으로 뒤따라 들어가 문을 닫았다. 리키도잔은 이들을 쏘아보며 묵직한 목소리로 꾸짖듯 말했다. 일본어였다.

"누군데 여기 함부로 들어오나?"

신희는 점잖게 한국어로 말을 꺼냈다.

"나는 재일체육회의 신희 부회장이오. 이쪽은 역시 부회장을 맡고 있는 정건영이오."

리키도잔은 짐짓 놀라면서도 일본어로 계속 물었다.

"재일체육회 부회장이면 이렇게 허락도 없이 들어와도 되는가?"

신희는 예상했다는 듯 침착하게 대화를 이어갔다.

"우리는 지금 동포들을 대상으로 모금 운동을 하고 있소. 무슨 모금 운동인가 하면 한국과 일본이 축구 경기를 해야 하는데 한국에서 돈이 없어 못 오겠다고 해서 내가 직접 한국에 가 이승만 대통령을 설득했소. 동포들의 돈을 주겠다고 했소. 이승만의 허락을 직접 받아낸 뒤 여러 동포를 만나 모금을 받고 있소. 리키도 잔, 아니 역도산, 당신도 좀 도와주시오."

리키도잔은 프로레슬러로서 성공하기 위해 철저히 한국인임을 숨기고 한국어를 절대로 입 밖에 내지 않았다. 그런 사정상 눈빛이 흔들리면서도 일본어를 고수했다.

"한국과 일본이 축구를 하는데 그게 나와 무슨 상관이라는 말이오?"

신희는 이때 결정타를 날렸다.

"이보게, 김신락이, 자네 고향이 함경남도 홍원군 용원면 신풍리라고? 맞나?"

신희는 입을 열지 않는 리키도잔을 보고 말을 이어갔다.

"어떻게 알았느냐고? 내가 바로 거기 신풍리 출신이네."[6]

리키도잔이 다시 일본어로 물었다.

"그걸 내가 믿으라는 얘기인가?"

"신풍리에는 서대천이 흐르지 않나, 거기서 여름이면 물놀이를 하고. 또 구절봉이라고 있지 않은가, 거기 좀 올랐지. 자네는 안 그랬는가?

리키도잔은 생각지도 못한 이들의 방문과 고향 얘기에 순간 혼이 빠진 듯했다. 이윽고 한국어로 말문을 열었다.

"맞소. 내가 신풍리 출신이오. 어떻게 도와주면 되는 것이오?"

신희는 역도산에게 다가가 손을 맞잡았다. 같은 피가 흐른다는 것, 고향을 떠나 타지에서 산다는 것. 손을 잡는 것만으로도 그 심정을 공유했다.

역도산은 당시 일본에서 살아가는 동포의 삶과 처지를 대변했다. 조선인을 하층민처럼 취급하는 일본 사회 분위기에서 조선인임을 내세웠다가는 불이익을 받았다. 미국인을 무릎 꿇리는 일본 영웅 행세를 계속하려면 출생지도 함경남도 신풍리에서 나가사키로 바꾸고 철저히 일본인으로 살아야 했다. 한국어도 버렸다.

"여기서 일본인으로 살아가야 하는 이유는 말하지 않아도 잘 알고 있소. 일본인들의 질시와 차별을 못 견뎌 존마게(일본 상투)를 자르고 스모계를 떠났다는 애기도 들었소. 나는 같은 고향 사람으로서 묵묵히 응원하겠소. 다만 한국이 조국이라는 사실을 잊지 않았으면 좋겠소. 우리 축구대표팀이 여기 와 일본을 꺾을 수 있게 도와주시오."

역도산은 "충분히 알았다"면서 거금을 기부하기로 그 자리에서 약속했다. 덩치라면 뒤지지 않는 정건영과도 사나이로서 눈빛이 통했는지 몇 마디 대화를 나누고 진한 악수를 나누면서 다음을 기약했다. 일본인들의 시선 탓에 서둘러 자리를 떠야 했다. 그게 역도산을 위하는 길이었다.

신희와 정건영은 동질감을 느끼는 한편 동포의 비애도 함께 느꼈다. 분명한 건 한번 잃었던 조국을 향해 모두가 한결같이 도우려는 열망이 내면 깊숙이 자리하고 있다는 걸 확인했다는 점이었다.

역도산

역도산은 이때만 해도 일본에서의 성공을 위해 철저히 자신의 정체성을 숨긴 것으로 유명하다. 김일의 회고에 따르면 그는 한국인 제자인 자신과 대화할 때도 한국어를 쓰지 않는 독한 면모를 보였다고 한다. 김일이 역도산에게 유일하게 들은 한국어가 있는데 이와 관련한 일화가 있다. 김일과 단둘이 있던 역도산이 일본어로 대뜸 "밥에 기쿄(도라지)를 넣고 비벼 먹고 싶다"고 말했다. 김일이 못 알아듣자 "긴타로(김일의 일본명), 기쿄가 뭔지 몰라?"라고 되물으며 한국어로 "도라지라는 뜻이야"라고 말했다. 도라지라는 말이 김일이 역도산에게서 들은 유일한 한국어였다.

그런 역도산에게서 한일전을 위한 기부금을 받았을 정도로 신희와 정건영의 모금 열의는 대단했다. 역도산과 신희가 고향이 같았으니 세상은 넓고도 좁았다. 앞에서 말한 대로 신희는 함경남도 출신으로 해방 직후 혼란기에 공산 세력에 저항하다 발에 총상을 입고 남하했다. 남한에서 수술할 곳을 찾지 못하자 미군정청에 사정해 특별 허가를 얻어 일본으로 건너갔다.[7] 하지만 일본에서도 완치하지 못하고 이후 지팡이를 짚고 다녔다. 〈재일본대한체육회 60년사〉를 보면 중절모를 쓰고 지팡이를 짚은 그의 모습을 확인할 수 있다. 사진 속에 덩치 큰 정건영이 나란히 서 있는데 둘의 키와 체격은 거의 비슷해 보인다.

신희는 일본에 거주하며 조사이택시를 세워 꾸려나갔고 이후 재일체육회 활동을 시작한 것으로 보인다. 재일체육회 부회장을 거쳐 1962년부터 5년간 회장직을 수행했다. 훗날 재일체육회는 '한일전 유치의 키맨'인 그를 이렇게 평가한다.

"본회(재일체육회) 창립에 중요한 역할을 해왔다. 1954년 월드컵 극동지구 예선, 이른바 사상 첫 한일전 실현을 위하여 이기붕 대한체육회장과 절충하며 대회 실현 및 성공에 크게 기여했다. (중략) (1964년 도쿄 올림픽 때는) 본국에서의 파견 임원들의 대부분이 전쟁 전의 학우들이어서 교섭 및 연락이 원활히 이루어졌고 본국과의 교류에도 힘을 발휘했다."[8]

1923년 도쿄에서 태어난 정건영은 조선에서 학교를 마치고 돌아온 이후 한국 국적을 취득해 일본에서 활동했다. 사업가이자 야쿠자였던 것으로 알려져 있다. 일본 이름이 마치이 히사유키町井久之로 흔히 '긴자의 호랑이'로 불렸다. 이후 1960년대와 1970년대 사업이 본궤도에 올라 한국의 정재계 인물들과 친분을 쌓으면서 재일동포 사회의 거물이 됐다. 1966년 대한올림픽위원회 위원이 됐고 1968년 대한민국 국민훈장 동백장을 받았다. 1971년부터 8년간 재일체육회장을 맡았다. 모금을 위해 만난 것이 계기가 됐는지 전후 관계가 불분명하나 점차 역도산과의 친분이 두터워지면서 그의 경호원을 맡기도 했다.

13

지면 현해탄에 빠져 고기밥이 되어라

"신사복을 입으니 사람이 달라 보이는구먼."

짧으면 짧고 길면 긴 20여 일 훈련을 모두 마친 축구대표팀은 출국을 이틀 앞두고 단복으로 갈아입었다. 검은색 상의에 밝은색의 하의를 입고 멋들어진 넥타이까지 맨 모습이 제법 근사해 보였다.

"맨날 운동복 입고 훈련만 하다가 이렇게 단복을 입으니 정말 국가대표 같습니다."

막내 최광석이 여관방 창문을 거울 삼아 옷매무새를 가다듬으며 좋아서 싱글벙글했다. 고참 선수들의 얼굴에도 웃음꽃이 피었다. 그런 선수들을 죽 둘러보고 이유형도 흡족한 미소를 지었다.

함홍철이 장난 섞인 질문을 던졌다.

"감독님, 이번에 정말로 일본 가는 것 맞지요?

"그럼, 그렇고말고. 이번에 못 가면 경기하기 힘들거든."

대표팀은 며칠간 안절부절못했다. 비자 문제가 해결되지 않고 차일피일 미뤄져 출발 날짜가 몇 차례 변경됐기 때문이다. 출발일에 맞춰 몸도 만들고 짐도 챙겼던 선수들은 기운이 빠질 수밖에 없었다. 이유형은 살짝 들떠 있는 선수단을 향해 큰 목소리로 얘기했다.

"모두 단정히 착용한 것 같군. 오늘은 일본 출국에 앞서 어르신들께 잘 싸우고 돌아오겠노라고 인사드리는 자리라네. 떨지 말고 우리가 그동안 해온 대로 기백 넘치는 각오를 밝히면 되는 것이네. 그럼, 준비됐는가?"

"네."

"좋아. 그럼, 출발하지."

선수단은 두 곳을 찾아 출사표를 던지는 자리를 갖기로 했다. 먼저 대한축구협회 장택상 회장의 자택을 들르고 그다음 경무대를 방문해 이승만 대통령을 만나는 일정이었다.

차에 오른 선수들은 대한축구협회장과 대통령을 차례로 만난다는 생각에 저절로 긴장이 됐다. 최고참 박규정이 옆에 앉은 막내 최광석의 허벅지를 툭 치더니 "참 단단합네, 단단해. 바위 같아"라며 익살을 떨었다. 굳었던 분위기가 잠시 누그러졌다.

"이승만 대통령이 대한체육회 총재 아닌가. 가끔 큰 국제 대회에 나갔다 오면 경무대로 불러 노고를 치하하신다네. 긴장할 것 없어. 그냥 말씀을 잘 듣고 기념 촬영을 하는 게 다니까."

그래도 긴장을 풀지 않는 젊은 선수들을 보며 산전수전 다 겪은 고참들이 킥킥댔다.

마침내 차량이 멈추고 모두 차에서 내리라는 신호가 떨어지자 선수들이 하나둘씩 몸을 일으켰다.

"여기가 회장님 댁입니까?"

"그렇다네. 모두 들어가지."

장택상의 자택에 들어서는데 당대 최고의 고미술품 컬렉터라는 소문대로 현관에서부터 진귀한 고미술품들이 빼곡했다. 선수들은 작품들을 둘러보며 눈이 휘둥그레졌다.[1]

"이런 그림은 언제 그려진 작품입니까? 가격은 얼마나 될까요?"

눈을 요리조리 굴리며 미술품을 바라보던 함홍철이 중얼거렸다. 주장 주영광이 옆구리를 콕 찔렀다.

"회장님이 들으시면 어쩌려고. 잠자코 들어가."

이윽고 장택상이 호탕하게 웃으며 나타났다.

"이번 겨울 날씨가 정말 혹한이었는데 모두 수고하셨소."

입을 꾹 다문 채 굳어 있던 선수들이 눈길을 돌려 장택상을 바라봤다.

"선수 여러분이 열악한 상황에서도 훈련을 열심히 해주었지만 사실 이 경기가 성사되기까지 얼마나 우여곡절이 많았는지 모른다오. 재일체육회 사람들도 드나들고 여기 있는 이유형 감독도 역할을 해주었지. 정말 많은 사람이 합심해 성사시킨 한일전이라네."

선수들은 숙연해졌다.

"온 국민이 이 경기를, 우리 대표 선수들을 지켜보고 있는 건 모두 잘 알 걸세. 각하께서 경기를 승인하면서도 고민하시는 건 단 하나네. 바로 승리일세. 만일 패한다면 우리 국민이 느낄 실망감은 이루 말할 수 없을 것이네."

장택상은 선수들 정면으로 걸어가 단호한 어투로 말을 맺었다.

"만일 일본한테 지면 건너오다가 현해탄에 모두 몸을 던져 고기밥이 되어야 할 것입니다. 자, 이제 경무대로 가 대통령께 인사드리도록 하세."[2]

'경기에 진다고 현해탄에 빠져 죽으라니.' 그 말에 무거운 공기가 흐르고 선수들의 마음도 덜컥 내려앉았다. 이유형도 선수들을 지켜보며 힘줘 말했다.

"다들, 알겠나?"

"네. 명심하겠습니다."

정신을 차린 선수들은 장택상의 자택에서 나와 다시 차에 몸을 싣고 경무대로 향했다. 이제 누구도 차 안에서 입을 열지 않았다. 그것은 이유형도 마찬가지였다.

경무대에 도착했다는 말이 떨어지기 무섭게 선수들은 일사분란하게 차에서 내려 줄을 섰다. 선수단 단장을 맡은 정상희부터 국제심판 자격으로 함께 가는 김덕준, 주무를 맡은 이창석, 보도를 맡은 경향신문 이지찬 기자까지 모두 모였다.[3] 경무대 직원은 선수단을 안쪽으로 안내했고 곧이어 이승만이 보였다. 선수단은 일렬로 죽 서서 단체로 허리를 숙여 인사했다.

이승만도 장택상과 비슷했다. 훈련하느라 수고했다, 꼭 이겨야 한다는 말이었다.

"자네들이 꼭 일본을 이겨야 하네. 국민이 힘을 낼 수 있게 한 발 더 뛰고 힘차게 공을 차길 바라네. 거기 동포들이 많은 도움을 주었으니 그들이 일본에서 어깨 펴고 살 수 있게 자네들이 자긍심과 용기를 북돋아주고 와야 하네."

이유형은 석 달여 전인 1953년 12월 경무대에서 이기붕, 신희 등과 함께 일본 원정 승인을 받을 때 이승만이 했던 말이 떠올랐다. 바로 전 장택상이 옮긴 그 말이었다.

'일본에 가도 좋네만 만약에 패한다면 현해탄에 몸을 던지게.'

이유형이 지체 없이 이승만 앞으로 가 큰 목소리로 외쳤다.

"각하, 만약 저희가 경기에 진다면 현해탄을 건널 때 이 몸을 바닷속에 던지겠습니다."[4]

이승만이 그 말을 다시 꺼낼 것임을 직감했기에 선수단의 의지를 전하려고 선수를 친 것이다. 깜짝 놀란 것 같던 이승만이 곧 허허 웃었다.

"좋네, 좋아. 그런 각오로 싸워주게나."

눈치를 보던 선수들도 일제히 외쳤다.

"꼭 이기고 돌아오겠습니다."

이승만은 전의를 불태우는 선수들 곁으로 가서 한 명씩 악수

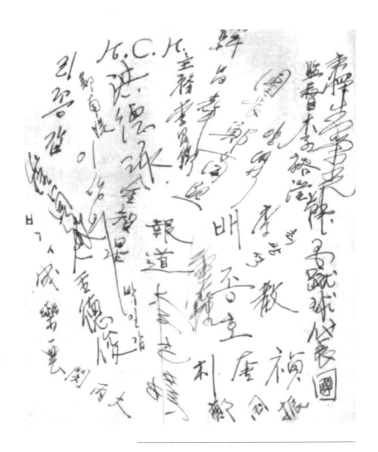

선수들은 이승만 앞에서 '일본을 꺾지 못하면 현해
탄에 빠지겠다'고 서약하고 모두 자필 서명했다. 사
진 이재형

를 하며 힘을 내달라고 당부했다. 함께 자리한 장택상이 갑자기
무슨 생각이 났는지 비서에게 부탁해 커다란 종이를 갖고 왔다.

"우리가 이렇게 결의를 다진 만큼 여기에 한 명 한 명 이름을
적고 맹세를 굳게 다져봅시다."

173

이승만은 그 모습을 바라보며 "축구가 사고만 치는 줄 알았는데 이번에 단단히 준비를 한 모양이야"라고 말했다. 단장 정상희를 시작으로 선수단 24명 모두 필승 의지를 다지며 한글이나 한자로 빼곡히 서명했다.

결전의 날이 다가올수록 선수들은 광복이 되었건만 항일 투쟁이 아직 끝나지 않은 심정이 되었다. 국민의 염원에 보답해야 한다는 생각도 의식을 압박해왔다.

출발 인사

최근에는 찾아보기 힘들지만 10여 년 전인 2010년만 해도 중앙 일간지에 '본사 내방'이라는 코너가 있었다. 영향력 있는 인사나 화제 인물이 해당 신문사를 방문하면 신문 한 귀퉁이에 그 내용을 싣는 것이다. 더러 방문하는 모습을 찍은 사진도 함께 실었다.

1954년에도 본사 내방이 있었다. 축구대표팀 역시 출국하기 전 주요 신문사를 돌며 '인사'를 했다. 조선일보는 그해 3월 1일자 1면 하단에 축구대표팀이 신문사를 찾았다는 소식을 실었다. 부산행 열차를 타기 전날인 2월 27일에 언론사를 방문한 것으로 보인다. 방문자는 정상희 단장, 이유형 감독, 이창석 주무, 배종호 코치 4명으로 '일본 원정 출발 인사차래사'라 적으면서 이들이 2월 28일 오전 7시 10분 서울역발 열차로 부산으로 내려간다는 소식을 알렸다.

14

삼일절에 오른 장도

1954년 3월 1일

아직 해도 뜨지 않아 어둑어둑한 2월 28일 아침 6시. 선수단
은 차를 타고 이동을 시작했다. 행선지는 서울역이었다. 덜컹거
리는 차 안은 긴장감이 감돌고 다들 정면을 응시할 뿐 말이 없었
다. 아침 미명에 서울역에 내린 선수단을 반긴 이는 국무총리 이
기붕 대한체육회장을 비롯한 일부 정부 요인과 대한체육회 주요
인사들이었다.[1] 이기붕은 일렬로 늘어선 선수들 앞에서 격려의
말을 했다.

"모두 굳은 각오를 갖고 이곳을 떠날 것이라 믿습니다. 여러분
뒤에는 삼천만 국민이 있다는 사실을 늘 가슴속에 새기고 경기
에 임해주기 바랍니다."

"네. 알겠습니다."

이기붕은 한마디를 덧붙였다.

"그리고 이것 하나를 명심해야 합니다. 잘 들으시오, 이건 각하의 뜻이기도 합니다. 아무리 상대가 철천지원수인 일본이라고 해도 축구는 축구답게 해야 합니다. 이건 절대 싸움이 아니라는 얘기요. 정정당당히 경기해 이기고 돌아와야 한다는 뜻이오. 명심하시오, 알겠소?"

"네. 알겠습니다."

선수단은 뒤이어 주요 인사들과 차례로 악수했다. '정정당당히 싸워야 하네'라는 당부가 이어졌다. 선수들이 역사 밖으로 나가려고 서두르자 사진기자들이 그때를 놓치지 않고 나섰다. 기념 촬영을 해야 한다며 자세를 잡으라고 했다.

"자자, 2열 종대로. 앞 열은 뒤 열 선수들이 잘 보이도록 앉읍시다."

서로 눈치를 보며 얼추 위치를 잡은 선수들은 옷매무새를 가다듬고 각자 멋들어진 자세를 취했다. 사진을 찍은 뒤 열차를 타려고 움직이는데 이번엔 지나가던 시민들이 놓아주지 않았다.

"일본을 꼭 좀 이겨주시오."

"축구로 본때를 보여주시오."

"일본이 아직도 우리를 얕잡아보고 있으니 꼭 좀 혼내주시오."

선수들은 연신 "알겠다"는 말을 하고 역사를 나가 대기 중인 열차에 올라탔다. 오전 7시 20분, 부산으로 향하는 미군 열차였다. 선수들은 우왕좌왕하다가 아무래도 익숙한 소속 팀 선수들끼리 뭉쳐 자리를 잡았다. 특무대는 특무대끼리 병참단은 병참단끼리. 좌석에 앉아서야 비로소 긴장이 풀어지는 듯했다.

"휴우, 이거이 어제부터 참 고역이구만 기래. 차라리 훈련을 하는 게 낫디 않갔소."

기술도 체력도 탄탄한 최정민이지만 여러 인사를 만나 각오를 다지고 계속 이동하는 일이 만만치 않았다. 주장 주영광은 이유형 감독, 배종호 코치와 잠깐 대화를 나누더니 열차 복도에 서서 선수들에게 얘기를 전했다.

"잘들 들으시라요. 앞으로 일고여덟 시간은 가야 하니 아침에 잠을 못 잔 사람들은 푹 자두기오. 이동이 더욱 힘든 법이디요. 체력 관리는 스스로 잘해야 하고."

덜컹덜컹. 이윽고 열차가 출발했다. 차창 너머로 멀리 초가집들이 빠르게 지나가고 있었다. 그동안 훈련하던 영등포 일대를 지날 때 엄동설한에 뜨거운 숨을 토해내며 공을 차던 기억이 떠올랐다. 꼿꼿하던 자세는 풀어지고 스르르 감기는 눈과 함께 일본에서 축구를 하는 꿈에 빠졌다.

"대한민국 만세, 만세, 만세."

부산 수영비행장은 인파들이 내지르는 환호성으로 가득했다. 지축을 흔드는 함성이라는 표현이 딱 맞았다. 선수단이 출국한다는 사실을 접하고 수많은 사람들이 몰려 나왔다. 때마침 삼일절이라 "대한민국 만세"를 연신 외치며 들고 나온 태극기를 흔들었다. 1919년 일제의 식민 통치에 항거해 독립선언서를 세계만방에 알린 지 35년이 되는 날이었다. 출국 허가 절차를 마치고 비행장에 나선 선수들은 예상치 못한 광경에 한동안 입이 떡 벌어져 다물지 못했다. 정남식과 정국진은 무엇보다 날짜가 맞아떨어진 사실에 놀라워했다.

"자네, 일본 출발이 삼일절인 걸 알고 있었어?"

"거참, 절묘해서 소름이 돋을 지경이라네."

수많은 인파에 긴장해서인지 환영 열기가 너무 뜨거워서인지 쌀쌀한 날씨에도 땀방울이 솟았다. 각계 인사와 체육 관계자들이 선수단과 악수하며 힘을 북돋았다. 주장 주영광을 비롯한 선수들은 건네받은 태극기를 하늘 높이 치켜들어 흔들었다.

취재진이 몰려들어 각오를 묻자 주영광이 태극기를 흔들며 결연히 대답했다.

"오로지 승리만을 생각하는 거이 선수들의 공통된 심정입네다. 정정당당히 일본과 싸우갔습네다."

이유형도 주영광과 비슷한 말로 의지를 다졌다.

"모든 부분에 전력을 기울이고 있지만 이번 경기에서도 정정당당히 싸운다면 절대적으로 승리할 자신이 있습니다."

전술을 담당하는 일본통 배종호 코치는 자신감이 넘쳤다.

"우리 선수단의 기량은 지금 최고조에 달해 있습니다. 일본 축구가 아무리 발전했다고 해도 우리가 필승할 것이라고 믿습니다."

메이지대 출신으로 일본 체육계를 잘 아는 정상희 단장은 상

179

대 팀의 분위기를 전하면서 승리를 다짐했다.

"일본의 각종 스포츠는 상당히 발전해 있습니다. 하지만 이번 축구 경기만은 우리에게 승리가 있을 것입니다."

오후 2시 5분 선수단은 이윽고 은색 노스웨스트 항공기에 하나둘씩 올랐다.[2] 여전히 "대한민국"을 외치며 태극기를 흔드는 시민들에게 선수들은 태극기를 흔들어 화답하고 항공기 안으로 향했다.

일부 선수는 눈앞의 풍경에 울컥했다.

'대중이 바라보는 한일전 경기의 의미가 이토록 거대하다니.'

선수들은 항공기 좌석에 앉아 다시 한 번 마음을 다잡았다. 일생일대의 경기가 될 것임을 모두 직감했다.

오후 6시 40분. 가랑비가 내리는 도쿄 하네다공항 활주로에 선수단을 실은 노스웨스트 항공기가 무사히 착륙했다. 일부 선수들은 얼굴이 파랗게 질리다 못해 창백했다. 처음 타보는 비행기라 긴장한 탓도 있지만 비행 내내 기상 상태가 좋지 않아 항공기가 많이 흔들리면서 멀미까지 한 것이다. 짧지만 부담스러운 여정에 정신과 육체 모두 지칠 대로 지쳤다.[3]

"이건 다시 못 타겠습니다. 비행기가 떨어질까 봐 죽는 줄 알았습니다, 휴."

녹초가 된 선수들은 대충 겉옷을 챙겨 입었다. 눈이 반쯤 풀린 선수들도 있었다. 항공기 문이 열리고 문을 나서려는 순간 이유형 감독은 화들짝 놀랐다.

도쿄 하네다공항에 도착한 선수단이 재일동포들로부터 환영 꽃다발을 받고 나서 기념 촬영을 하고 있다. 사진 이재형

찰칵, 찰칵.

일본 기자들이 몰려들어 플래시를 터뜨리며 사진을 찍어댔다. 어둑해지는 저녁 시간이라 눈앞에서 마치 번개가 치는 듯했다. 이유형 감독은 곧장 뒤쪽의 선수들을 바라보며 소리치듯 얘기했다.

"모두 정신들 똑바로 차리게. 여기는 이제 일본 땅이야. 기자들이 나와 사진을 찍어댈 텐데 절대 흐트러진 모습을 보이지 말게. 당당하고 씩씩한 자세로 걸어 나가야 한다. 알겠나?"

풀어졌던 선수들은 감독의 말에 정신을 바짝 차렸다. 이윽고 선수단이 한 명씩 활주로로 내려와 나란히 서자 김용식 주일 한국대표부 공사가 다가왔다. 재일체육회 직원들도 꽃다발을 들고 와 정상희와 이유형에게 안겼다.

"여기까지 오시느라 고생 많았습니다. 여기 동포들이 기대가 아주 큽니다. 열심히 준비해 싸워주십시오."

"걱정 마십시오. 철저히 준비하고 왔습니다. 여기서 필승 전략을 더욱 가다듬을 것입니다."

정상희와 이유형, 김용식은 차례로 굳게 악수를 나눴다. 동포들도 60여 명이 나와 열렬히 환영했다. 동포들의 환영에 뭉클해진 선수들은 손을 흔들어 답례했다.

그때 정상희 쪽으로 일본축구협회 인사들이 다가와 인사를 나눴다. 뒤이어 일본 취재진이 붙어 각오를 물었다. 정상희는 일본어로 "우리는 동남아 원정을 가서도 좋은 성적을 냈습니다. 해방 이후 일본 축구팀을 보지 못했지만 최선을 다해 이기고 싶습니다"라고 말했다. 옆에서 정상희의 인터뷰를 듣던 일본 측 인사도 취재진으로부터 같은 질문을 받고 "우리도 오랜 시간 훈련해왔으니 승리를 속단할 수는 없을 것"이라고 말하며 보이지 않는 신경전을 벌였다.[4]

김용식 공사 곁에서 인사를 나누던 이유형의 시야에 낯익은 얼굴이 다가오고 있었다.

'다케노코시.'

선수 시절 일본 축구대표팀에서 함께 뛰던 다케노코시 시게마루 일본 대표팀 감독이었다. 그가 마중을 나올 줄 몰랐기에 뜻

밖이었다. 이유형은 한 걸음 다가가 다케노코시와 악수했다.[5] 자연스레 일본어가 나왔다.

"이게 얼마입니까?"

"1940년 전후이니까 10년이 훌쩍 넘었군. 저기 배종호와 박규정, 민병대도 보이는군. 모두 오랜만이네. 다들 잘 지냈는가?"

"그렇습니다. 그나저나 훈련은 잘 진행했습니까?"

"선수 선발하고 한 달 넘게 한 것 같소. 이유형 감독만큼 잘하는 선수는 없지 않을까?"

이유형은 살짝 미소를 지으며 얘기를 이어갔다.

"서로 준비한 게 많을 테니 후회 없는 경기를 해보지요."

"좋소. 필요한 게 있다면 주저 말고 연락하시오."

다케노코시는 옛 동료 이유형과 맞잡았던 손을 놓고 정상희와도 악수를 나눴다. 그리고 유유히 사람들 틈으로 빠져나갔다. 이유형은 그 모습을 보고 착잡한 감정에 휩싸였다. 그것도 잠시, 이번엔 기자들이 들이닥쳐 질문 세례를 퍼부었다.

"한국에서 연습은 얼마나 했습니까?" "일본을 상대로 어떤 작전으로 나설 것입니까?" "과거와 달리 연습 방법을 어떻게 바꾸었습니까?" "일본 대표팀을 어떻게 생각하고 있습니까?"

이유형은 진정하라고 손짓한 뒤 대답했다.

"일본 축구를 못 본 지 10여 년이 넘어서 평가할 수가 없습니다. 작전에 대해서도 말할 수 있는 게 없습니다. 당장 내일부터 훈련을 시작할 테니 훈련장에 나와 직접 보고 물어보시오. 그러고 나서 여러분께 비판도 받아보겠소이다."

183

이유형이 이렇게 말하고 등을 돌려 선수들 쪽으로 향하자 일본 기자들은 "한국이 비밀을 숨긴다"며 웅성거렸다.[6] 이유형에게 이번엔 반가운 사람이 다가왔다. 재일체육회의 신희 부회장이었다. 끊어질 뻔한 한일전을 기어이 연결해 성사시킨 주역 중의 한 명이었다.

"잘 계셨소? 이번엔 내가 일본에 와 보게 되는군요."

"여기까지 오느라 고생이 많으셨소. 여기서 선수단을 보게 되니 감개가 무량합니다. 자세한 얘기는 저희가 마련한 숙소에 가 하십시다."

"그럽시다, 허허."

이유형이 볼 일을 다 본 듯 움직이자 배종호 코치가 곧바로 선수들에게 지시를 내렸다.

"서울역에서 하던 것처럼 두 줄로 서봅시다. 앞줄은 뒷사람들 보이게 앉고. 촬영을 빨리 마치고 어서 쉬러 갑시다."

선수들은 일사분란하게 자리를 잡고 사진 촬영에 응했다. 사진기자들이 또다시 플래시를 터뜨렸다. 이후 선수들은 동포들의 응원을 받으며 마침내 차량에 올랐다. 짧고도 긴 환영 행사였다.

"힘든 비행이었시요. 시간이 저녁 7시가 넘었는데 해외 나가 보면 시차라는 게 있지 않습네까. 지금 일본은 몇 시입네까?"

최정민의 돌발 질문에 일제 때 해군 소속으로 일본에 체류했던 이종갑이 큰 소리로 웃었다.

"예끼, 이 사람. 한국과 일본은 바로 붙어 있어서 시차가 없네. 한국이 7시면 일본도 7시라는 말일세."

예상치 못한 질문과 답변에 차 안은 잠시 웃음꽃이 피었다. 그러나 이내 정적에 빠져들었다. 부산을 떠나올 때 들었던 "대한민국 만세" 음성과 일본에 와 바라본 열렬한 동포들의 환영이 차창에 뒤섞여 다양한 감정을 불러일으켰다. 선수들 모두 단순히 축구 경기를 하러 온 것이 아님을 느끼고 있었다.

한일 간 시차

축구대표팀이 일본으로 향하던 1954년 3월 1일 이승만은 제35회 삼일절 기념사에서 북진 통일을 강조하고 나섰다. 전년 북한과 맺은 휴전협정을 치욕적인 항복이라고 규정하면서 '단독 북진 결의'를 천명했다.

"우리가 바라기는 우리 우방들이 속히 각오해서 자기들의 자유를 보호하기에는 침략자들이 빼앗았던 우리 토지를 점령한 그 침략군을 몰아내고 완전히 성공하기에 있다는 것이다. (중략) 그러나 그이들이 우리와 같이 아니한다면 우리는 혼자라도 할 것이다. (중략) 우리는 친구가 있을 것이요 우리에게는 후원이 있을 것이요 우리의 대의는 성공할 것이다."[7]

반공을 주장하는 이승만이 여러 의도를 품었겠지만 박명림 교수는 대내적 측면에서 북한과의 긴장을 고조시켜 내부 통합을 고취하고 정권의 안정을 꾀하려는 것으로 분석한다.[8] 다분히 민족주의가 중첩되는데 반공을 중심으로 각인 효과가 생겨 시민들이 결집하지 않았을까 짐작된다.

일본에서는 정상희 선수단장이 신문 인터뷰와 한일전 브로슈어(책자)를 통해 지속적으로 국민과 동포의 정서를 결집시켰다.

"우리는 조국의 남북 분단과 3년 넘게 동란이 일어나면서 많은 동료 선수를 잃어 무엇보다도 고통스럽게 느끼고 있습니다. 하지만 우리는 한국에 있는 모든 선수들과 열심히 훈련해 조국 동포의 환호의 목소리로 듣고서 일본에 왔습니다. 도착해서는 스포츠맨십을 충분히 발휘해 동포 여러분의 기대에 부응하도록 온 힘을 다해 실현할 생각입니다. 끝으로 친애하는 재일 60만 동포 여러분의 건투를 기원합니다."

그 무렵 정부는 표준 시간(GMT)을 변경해 일본과 30분 시차를 두는 것을 논의하고 있었다. 일제가 조선 통치를 위해 대한제국의 표준 시간을 30분 늦춘 것을 복구한다는 취지였다. 1954년 3월 12일 국무회의에서 전격 개정해 3월 21일부터 시행하기로 결정했다.[9] 협정 세계시보다 8시간 30분 빠른 시간대(UTC+08:30)인데 이는 1961년 5·16 군사정변을 거쳐 집권한 박정희 정권이 그해 8월 10일 원래대로 환원할 때까지 7년간 이어졌다. 따라서 한국 대표팀이 일본에 도착했을 때 시차가 없었다가 귀국할 즈음에 시차가 30분 새로 생겨난 셈이다.

15

이길 자신 있는가?

1954년 3월 1일

비행 중에 폭풍우를 만나 기진맥진한 선수단은 도쿄 시내로 이동하는 동안 긴장이 풀어져 차 안에서 모두 곯아떨어졌다.

끼익.

차가 서자 선수들이 하나둘씩 기지개를 켜며 깨어났다. 밤 11시 가까운 시간이었다.

"아직도 비가 내리는구먼. 여기가 숙소인가 봐."

선수 중 누군가의 혼잣말에 동승한 재일체육회 직원이 대답했다.

"맞습니다. 여기는 히가시나가노이고 내리시면 여러분이 보름 동안 묵을 숙소가 있습니다. 준비되는 대로 내리시지요."

"또 여관인가?"

막내 최광석은 눈앞에 여관 간판을 보게 되자 다소 실망한 얼굴이었다. 서울에서 묵던 여관과 다른 뭔가 근사한 숙소를 기대한 듯했다. 선수단 숙소는 도쿄 서북쪽 미나도구 히가시나가노에 있는 후쿠야료칸福屋旅館이었다.

이유형은 웅성거리며 서 있는 선수들을 향해 말했다.

"자, 어서들 들어가 쉬어야지."

몇 차례 해외 원정을 나가본 고참 선수들도 내심 호텔을 기대했지만 경기의 중요성을 잘 알고 있던 터라 아무런 내색을 하지 않았다. 반면 해외여행에 들뜬 젊은 선수들의 얼굴엔 못내 아쉬워하는 기색이 드러났다.

차에서 내린 신희가 선수단 분위기를 둘러보고 이야기했다.

"원래 호텔을 잡을 수 있었지만 잘 먹는 것도 중요해서 우리 선수들이 익숙할 만한 곳으로 숙소를 잡았습니다. 저희 동포들이 한식을 직접 만들어 대접할 겁니다. 그리고 이 여관은 다른 손님들을 받지 않고 우리 선수들만 묵을 수 있게 해뒀습니다."[1]

선수들은 그제야 수긍하고 짐을 든 채 여관 대문을 열었다. 마침 그때 이유형의 친동생인 이유철이 찾아왔다.

"형님, 오시는 길은 불편하지 않으셨고요?"

"괜찮고말고. 아우가 여기 신희 부회장님과 이번에 많은 일을 했어. 그 덕분에 우리가 여기 일본까지 오게 된 거야."

"아유, 제가 뭘 했다고. 어서 들어가시지요."

대문을 열고 들어가보니 숙소는 아늑해 보였다. 곧장 숙소 상태와 방 개수를 살핀 배종호가 즉석에서 선수들을 호명해 방 배정을 마쳤다.

"방에 들어가 일단 쉬고 다음 지시를 따르게나."

이유형과 배종호, 신희는 선수들을 들여보내고 마당에 서서 이런저런 얘기를 나눴다. 정상희 단장도 합류했다. 여관 여직원들은 하나둘씩 들어오는 선수들을 살피듯 힐끔힐끔 쳐다봤다. 그중에 한 키 큰 선수가 들어올 때는 흠칫 놀라며 수줍게 일본어로 인사를 건넸다. 그 선수도 미소를 지으며 "안녕하시오. 앞으로 며칠 묵을 텐데 잘 부탁합니다"라고 일본어로 대답했다. 여직원들이 연신 눈을 흘기며 일을 하러 갔다. 훤칠한 키에 이목구비가 뚜렷해 한눈에 봐도 미남인 최정민이었다. 과거 일본에 체류했던 이종갑도 직원들과 반갑게 인사하는 등 이질감이 느껴지지 않는 듯했다.

"어릴 때 배운 일본어가 곧잘 생각나서 대화도 잘 되고. 외국 같다는 생각이 안 듭니다."

"거참, 신기하네. 일본 말을 안 쓴 지 10년이 다 돼가는데 이렇게 또 생각나는구먼."[2]

강창기를 비롯한 다른 선수들도 신기한 듯 오랜만에 일본어로 대화를 나눴다.

화기애애한 분위기가 이어지던 그때 대문이 끼익 하고 열리면서 키 큰 인물이 성큼성큼 들어왔다. 실루엣만 봐도 누구인지 짐작이 가는 인물, 정건영이었다. 이유철이 다가오는 정건영을 형에게 소개했다.

"인사하십시오. 여기는 정건영 재일체육회 부회장입니다. 작년에 한일전 성사시키려 노력할 때 이분과 긴밀히 움직였습니다. 모금도 함께 다녔고."

"안녕하시오. 정건영이라고 하오."

정상희, 이유형, 배종호가 번갈아가며 정건영과 악수를 나눴다.

"정부회장의 공이 크다고 들었소. 큰일을 해줘서 축구인으로서, 대한민국 사람으로서 더없이 감사하게 생각합니다."

"우리 동포들은 항상 조국이 잘되었으면 하는 바람이오. 그래서 선수단이 올 때마다 우리가 이렇게 발 벗고 나서 도움을 드리는 거요. 나라 잃은 설움을 여기 일본에서 너무 뼈저리게 느껴왔습니다."

이렇게 말하던 정건영이 갑자기 다짜고짜 물었다.

"그래서 일본을 이길 자신이 있소?"

한국에서부터 밤낮으로 들어온 소리였다. 이승만부터 이기붕, 장택상에 이르기까지 줄기차게 그 대답을 알고 싶어 했다. 이유형은 망설임이 없었다.

"반드시 이길 수 있고 꼭 그럴 것이오."[3]

정건영은 이유형의 단호한 눈빛을 확인하듯 쳐다보더니 입술을 꽉 깨물며 주머니에서 주섬주섬 뭔가를 꺼냈다. 봉투였다.

"자, 이것 받으십시오. 우리 동포들이 한 푼 두 푼 모은 돈이오. 큰 사업을 하는 분들이 큰돈을 주셨지만 좌판을 해서 번 돈, 식당일 하며 번 돈, 그런 쌈짓돈도 상당하다오. 부디 정성껏 요긴하게 쓰시오."

정건영이 건넨 봉투에는 50만 엔이라는 거액이 들어 있었다. 재일체육회가 일본 전국 각지에 있는 동포들을 찾아가 어렵사리 모은 모금액이었다.[4] 정상희는 큰돈을 보고 놀랐고 그간 사정을 아는 이유형은 가슴이 뭉클했다. 서로 눈빛만으로 그간의 사정을 꿰뚫어볼 수 있는 듯 감정이 오고갔다.

"우리는 한 민족으로 다 같은 식구 아니오. 잠시 쉬었다가 내일부터 시작할 일정과 훈련 계획도 짜봅시다."

이유형이 재일체육회 임원들을 이끌고 여관방 안으로 들어갔다.

선수들은 일본에서의 첫날 밤, 취침에 들기 전 해이해지지 않게 정신 무장을 단단히 했다. 주장 주영광이 잠시 선수들을 모아놓고 결의를 다졌다.

"우리 모두는 한국에서 일절 개인 일정을 하지 않은 채 훈련에 몰두했습마. 중요한 건 여기 일본에서입네다. 여기 와서는 아무래도 여러 유혹도 있을 것이오. 친척과 친구도 있고 여러 초청도 있을 테디만 일절 나서디 않는 게 어떨까 합네다. 경기에만 집중합시다. 어떻습네까?"

선수들은 이미 준비가 돼 있었다. 모두가 토를 달지 않고 동의했다. 그 모습을 지켜본 배종호 코치도 한마디 하겠다고 나섰다.

"일본에서 첫날인데 모두 들뜨지 않아 다행이라고 생각합니다. 주장이 얘기한 것처럼 이제부터가 중요하오. 여기 일본에서는 한국에서보다 더 위계질서를 갖추고 무조건적으로 명령에 복종했으면 하는 바람이오. 어떻소?"

선수들은 이의가 없었다.

"네. 알겠습니다."[5]

"그럼, 해산. 모두 취침에 들도록."

코칭스태프와 재일체육회 임원들은 이때부터가 시작이었다. 훈련 계획과 향후 일정을 협의하고 정보를 공유하느라 쉴 새 없이 이야기가 오갔다. 어느덧 오전 2시를 훌쩍 넘기고 있었다.

"첫날인데 이제 슬슬 쉬어야 하는 것 아니오?"

하품을 하며 기지개를 켜는 신희의 말에 이유형이 고개를 가로저었다.

"당장 아침부터 훈련을 해야 하는데 하나부터 열까지 모든 게 확실해야 하오."

이유형은 동생 이유철이 파악한 일본 대표팀의 전력을 분석하며 공유했다.

"유철이가 일본 선수들 분석을 아주 잘해주었어. 일본 선수들 명단뿐 아니라 선수들의 특징까지 세세히 알게 됐단 말이야. 배종호 코치도 넓은 축구 인맥을 동원해 또 많은 정보를 가져다주었고. 이런 정보가 우리에게 큰 힘이 될 걸세. 우리가 일본 대표팀에서 선수로 뛰었을 때부터 있었던 가와모토 다이조川本泰三, 니노미야 히로카즈二宮洋一 같은 선수들에 대해선 잘 알고 있고. 그런데 일본 쪽은 우리에 대한 정보가 그다지 없을 거야. 예전에

193

일본 대표팀에서 뛰었던 박규정 정도나 알겠지."

배종호는 맞장구치면서도 한 가지를 우려했다. 한국에서 20여 일 훈련하는 동안 한파 때문에 볼 훈련을 제대로 하지 못했던 것이다.

"지금까지 체력 훈련에 치중했는데 이제부터는 볼 훈련을 하며 전술을 맞춰봐야 합니다."

"그렇지. 이제부터 아주 압축적이고 밀도 있게 훈련을 진행해야 해. 노장과 신참들의 특징을 잘 파악해 조화를 이루게 해야 하네."[6]

"맞습니다. 일단 우리가 힘과 주력이 좋은 편이라 그 점을 적극 활용하는 전술을 준비 중입니다. 치고 달리기, '킥 앤 러시'가 주효할 것 같습니다."

이유형은 그다음으로 이유철에게 훈련장을 어떻게 섭외했는지 물었다. 흡족한 답이 돌아왔다.

"훈련은 내일, 아니, 자정을 넘겼으니 오늘이군요, 도쿄대 부속중학교 운동장에서 하게 됩니다. 일본 축구계가 아주 협조를 잘해줘 운동장을 쉽게 잡았어요."

"다행이군. 내일 비가 조금 그쳐주면 더없이 좋겠네."

얼추 훈련 계획의 얼개가 갖춰진 것을 확인하고 모두가 하품을 했다. 이유형은 그만 쉬자며 각자 방으로 돌아가자고 했다. 오전 3시쯤이었다. 기나긴 하루였지만 정작 중요한 것은 일본에서의 첫 훈련이라 피곤함도 잊었던 것이다. 마지막 불꽃을 태울 시간이 점점 다가오고 있었다.

후쿠야료칸

거액을 모금한 재일체육회가 안락한 호텔이 아닌 여관을 선택한 데에는 여러 이유가 있었겠지만 돈을 아끼려는 게 아니라 선수단에 편안한 숙식을 제공하기 위한 것으로 보인다. 〈한국축구인물사 1〉에 정건영이 "(일본에) 무조건 이긴다"는 이유형의 말을 듣고 즉석에서 50만 엔을 주더니 크고 넓은 고급 호텔로 옮겨줬다고 나오는데 이는 과장된 내용 같다.

〈日韓キックオフ伝説〉에 따르면 이 여관을 잡은 이는 재일체육회의 김세기다. 학창 시절 자신이 시험공부를 하던 곳이라 잘 알았는데 무엇보다 여관 주인 부부와 관계가 돈독했다. 그 덕분에 여관 전체를 한국 선수단이 사용하게 배려를 받을 수 있었다. 선수들은 여관 내에서 외부인 눈치를 보지 않고 자유롭게 다닐 수 있었을 것이다.

여관 주인인 사카 유우코坂優子 씨는 재일부인회에 조리장도 개방하면서 사용할 수 있게 허용했다. 사카씨는 "재일부인회가 매일 오는 것을 볼 수 있었는데 배추김치나 고기를 두드려 만들고 마늘 등 여러 가지를 넣어 음식을 만들었다. 선수들이 마늘을 먹고 힘을 낸 게 원동력이 아닌가 하는 생각이 들었다"고 회고했다.[7]

재일부인회는 결혼한 재일동포 여성들의 모임으로 민단 지부마다 결성됐다. 회원 간 친목을 도모하는 한편 자원 봉사로 나서 민단의 대외 활동을 적극 지원했는데[8] 축구 선수단의 식사를 위해 매일같이 한국 음식을 제공했다. 선수들 입장에선 몸만 도쿄에 있을 뿐 고국과 다를 바 없는 환경에서 생활한다는 느낌을 받았을 것이다.

이유형은 한 인터뷰에서 "(동포) 부인네들이 깍두기, 김치, 고추장, 과실을 갖다 주고 심지어 북해도에서도 일부러 와 위로해주었다. 어떤 부인네는 자기 아들이 일본 학교에 다니는데 이제 어깨를 펴고 다니게 되었다고 하고, 우리 한국군(선수단)이 이렇게 우수한 경기를 해서 그 학교에서 소위 인기가 좋다는 얘기를 하였다"고 말했다.[9]

여관은 여러모로 최상의 선택이었던 것으로 보인다. 훗날 이종갑은 "여관에서 정말 친절히 대해줘서 아직도 잊을 수가 없다"고 돌아봤다.[10] 사카씨 역시 한국 선수들이 무척 예의가 발랐으며 일본어도 능숙하게 했다고 회상했다.

여관 사람들이 한국 문화도 알고 있었는지 일본과 경기를 치르러 나가는 날 액운을 막는다며 한국 선수들에게 소금을 뿌려줬다고 한다. 또 여관에 여직원들이 꽤 있었던 모양으로 최정민이 절대적인 인기를 얻었다는 묘사도 나온다. 그만큼 선수들이 한국처럼, 아니 그 이상으로 편안히 생활할 환경이었던 것 같다.

16

하늘은 우리 편이 아닌가

1954년 3월 2일

코칭스태프는 전날 한밤중에 도착해 여장을 푼 선수들을 위해 늦잠을 허락했다. 충분한 휴식을 취하는 것이 중요했다. 하지만 여관 마당은 아침 일찍부터 북적거렸다.

"푹 쉬라고 해놓고 또 밖에서 난리를 치는 건 뭐람."

시끄러운 소리에 잠이 깬 정남식이 웅얼거리더니 다시 귀를 막고 돌아누웠다. 정국진은 자리를 박차고 일어나 부스스한 머리를 긁적이며 밖으로 나왔다. 어디서 온 여성들인지 옹기종기 모여 음식을 만드느라 분주했다. 여성들은 몸을 돌려 정국진을 바라보며 밝은 표정으로 인사를 건넸다.

"한국에서 온 축구 선수들이시죠. 잠은 푹 주무셨어요? 저희는 재일부인회 회원들입니다."

정국진은 일본어를 쓰려다가 한국어로 고쳐 말했다.

"재일, 재일부인회요?"

"일본 축구를 이기려면 우선 잘 먹어야 할 것 아닙니까. 그래서 저희가 김치도 만들고 마늘 팍팍 넣어 불고기도 만들고 있습니다."

"아, 그렇습네까."

정국진의 입꼬리가 절로 올라갔다. 이국땅에서 맡는 음식 냄새는 색다르고 좋았다. 정국진은 자신이 허름한 잠옷 차림이라는 걸 깨닫고 슬그머니 방으로 돌아갔다. 한 부인회 여성이 일본인 여관 주인에게 김치를 건넸지만 주인은 냄새를 맡고 손사래를 치며 물러났다.[1]

새벽이 가까워 잠자리에 든 이유형 감독과 배종호 코치도 그때쯤 일어나 정신을 차리고 있었다. 그때 "8시에는 식사를 하시지요"라는 한 여성의 큰 목소리가 여관에 울러 퍼졌다.

곧이어 방문이 하나씩 열리고 까치머리를 한 선수들이 하나둘씩 나와 화장실로 향했다. 일을 보는 선수, 씻는 선수, 먼저 마당에 나와 몸을 이리저리 돌리며 잠든 근육을 깨우는 선수 등 각양각색이었다. 그중에서도 큰 키에 근육질인 미남 최정민이 나타나자 부인회 여성들이 웅성거리며 힐끔힐끔 쳐다봤다.

재일부인회에서 정성스레 내놓은 음식은 꿀맛이었다.

"한국에서 먹던 것보다 맛이 더 좋소."

"매일 이렇게 먹을 수 있단 말이오."

숟가락과 젓가락, 그릇이 부딪치는 소리가 요란하게 나더니 이내 조용해졌다.

"아침 참 잘 먹었네."

"벌써 점심이 기다려지는군."

부인회 여성들은 그 말을 이 사람 저 사람에게 귓속말로 옮기며 뿌듯해했다. 배종호가 입가를 닦고 이유형과 무슨 이야기를 나누더니 일어서 말했다.

"점심까지 각자 개인 정비를 충실히 하고 점심 식사 후 오후 2시에 운동장으로 출발해 일본에서의 첫 훈련을 진행하겠다. 주장은 선수들을 점검하고 이상 유무를 알리시오."

선수들은 산책을 나가거나 차를 마시며 모처럼 망중한을 즐겼다. 날이 개지는 않았지만 아침에 펼쳐진 도쿄의 세상은 환했다. 휴전한 지 반년이 조금 넘어 여전히 쑥대밭인 처참한 한국의 모습과 너무나 대조적이었다. 여럿이 함께 거닐던 강창기가 이곳저곳 둘러보며 말했다.

"우리는 먹을 것조차 구하기 힘들고 집 같은 집 하나 없는데 일본은 세련된 건물에 현대적이고 참 대단하군요."

이종갑이 그런 강창기를 툭 치며 얘기했다.

"우리가 전쟁 났을 때 일본이 군수 물자를 많이 팔아 특수를 누리지 않았는가. 일본이 예전에 식민 지배를 했을 때와 비교하면 지금 우리가 여기서 자유롭게 거니는 게 격세지감이 드네."

옆에 있던 박규정이 행여나 감정이 격해질까 봐 서둘러 제지했다.

"야, 기카디 말라. 기런 얘기를 하기 시작하면 여기 있는 내내 일본 사람들을 대하기 불편하디 않갔어."

"형님은 우리가 또 뭘 잘못한다고, 알겠수다."

일본인들이 운동복 차림의 선수들을 힐끔 쳐다보며 지나갔다. 선수들은 저도 모르게 주위를 두리번거리다가 얼마 지나지 않아 여관으로 돌아왔다. 이들이 산책을 다녀올 때 여관 바로 옆 찻집에는 홍덕영이 앉아 현지인들을 바라보며 옛 생각에 잠겼다.

'불과 10년 전만 해도 일본 사람들과 저렇게 대화했었는데 세상이 많이 바뀌었어.'[2]

"다들 서둘러 차에 타세. 일사분란하게 움직이도록, 늦지 않게."

선수들은 첫 훈련을 위해 유니폼으로 갈아입고 차량에 올라탔다. 전날 여독이 있기는 했지만 오전에 충분한 휴식을 취한 터라 움직일 만했다.

"그나저나 비나 그쳤으면 좋겠는데 다시 추적추적 내리누나."

정남식의 말을 정국진이 받았다.

"기래, 첫 훈련부터 하늘이 도와주디 않는다."

곧이어 차량이 시끄러운 소리를 내며 출발했다. 선수들은 차창을 보며 다시 한 번 한국과 너무 다른 여유로운 도쿄 시내를 감상했다. 얼마 지나지 않아 차는 도쿄대 부속중학교 앞에 멈춰 섰다.

"저기, 도착했다."

한국 대표팀이 도착하는 걸 본 일본 기자들이 우르르 뛰어왔다.

배종호 코치가 선수들에게 외쳤다.

"당당하고 씩씩한 모습으로 활기차게 훈련해야 한다. 알겠나?"

"네."

기자들이 차에서 내리는 선수들에게 달려들어 플래시를 연신 터뜨렸다. 멀리서 재일동포들이 "대한민국 만세"를 외치며 응원하고 있었다. 훈련하는 모습을 바라보기 위해 나온 동포들은 족히 100명은 돼 보였다.

선수들이 일본과의 경기에 입을 유니폼(붉은색 상의, 검은색 하의) 차림으로 나왔다. 운동장에 모여 뛰기 시작하는 모습을 보고 동포들은 더욱 큰 목소리로 응원했다. 그 소리가 선수들에게 큰 힘이 되어주었다. 기자들이 근접해 따라다니며 취재에 열을 올려도 선수들은 귀찮아하는 내색조차 하지 않았다. 배종호는 선수들에게 간단히 몸을 풀게 한 뒤 간단히 킥과 슈팅 훈련을 시켰다.

훈련을 지켜보던 이유형은 자기 대신 배종호에게 기자들의 질문에 답하게 했다.

"자, 어서 물어보시오."

"한국에서 훈련을 어떻게 했으며 한국 팀의 강점은 무엇이라고 보십니까?"

배종호는 잠시 생각을 하더니 유창한 일본어로 답변했다.

"서울에서 합숙하는 동안 비가 자주 오고 기온이 영하 12도까지 떨어지는 바람에 체력을 키우는 데 집중했소. 우리는 3월 7일 열릴 일본과의 1차전까지 닷새 동안 모든 마무리를 하려고 합니다. 그 후에 경기에 나설 선수들과 작전을 정해야 하니 지금으로선 백지 상태요. 우리 팀이라고 하면 스피드를 강점으로 하는 공격적인 팀이라고 해둡시다. 우리가 걱정하는 건 언급했듯이 연습이 모자라 일본에 지는 것은 아닐까 하는 것이오."[3]

한국 선수단 훈련을 지켜보고 배종호의 말까지 들은 기자들은 일본 쪽의 우세를 점치는 모습이었다. 요미우리신문의 스즈키鈴木 기자는 "한국은 작년 11월부터 2월까지 날씨가 추워 훈련을 거의 못 했을 거야. 그래서 1차전은 일본이 유리하지 않을까"라고 말했다.[4] 닛칸스포츠의 기자는 "한국의 훈련 부족이 눈에 띄는군. 일본은 합숙 훈련을 격렬히 했는데 말이지. 일본이 7대 3 정도로 우세할 것 같네"라고 했다.[5] 아사히신문 기자는 "한국은 스피드와 체력이 좋아서 일본과 팽팽한 경기를 할 것" 같다며 신중한 태도를 보였다.[6]

다만 일본 기자들은 한국 선수들의 몸을 보고 고개를 끄덕였다.

"체력 훈련을 많이 하고 와서 그런지 허벅지가 크고 단단하군. 킥도 주력도 좋아."[7]

기자들과 시민 등 많은 사람이 지켜보는 가운데 신이 나 의욕적으로 슈팅을 하던 선수들은 얼마 안 있어 훈련을 중단해야 했다. 부슬부슬 내리던 비가 소나기로 바뀌어 도저히 훈련을 진행할 수 없었다.

삐익, 삑.

"훈련 종료. 모두 짐을 챙겨 차로 이동하도록."

선수들은 서둘러 차 안으로 들어와 젖은 몸을 닦았다. 몸에서 김이 모락모락 피어올랐다.

"첫날부터 하늘이 왜 이런담. 내일은 날씨가 좋아야 할 텐데."

하지만 날씨는 한국의 편이 아닌 듯 소나기가 더욱 거세게 쏟아졌다.

한일전 신문 보도

한일전 당시 양국 신문의 관련 기사들을 보면 보도 형태와 길이 면에서 큰 차이를 보인다. 한국의 종합 일간지들은 경기 안내나 분석 같은 프리뷰보다 사실 전달 위주로 보도하는 약간 긴 단신 기사를 내보냈다. 예컨대 동아일보는 당일 경기 개최 사실을 짤막하게 전했다.

"8·15 해방 후 처음으로 개최되는 한일축구전은 금 7일 하오 2시부터 도쿄 메이지신궁 외원경기장에서 개막하게 되었다. 그리고 제2전은 일주일 후인 14일에 거행될 것이라고 하는데, 금번 대회에서 승리한 팀은 세계축구선수권대회에 극동지구 대표로 출전하게 되는 것이다. 당시의 축구계에서는 한국선수들의 체력이 매우 우수한 편이라고 말하는 동시에 그 실력을 높이 평가하고 있다."[8]

'해방 후 처음으로 개최되는'이라는 도입부처럼 경기의 의미 또한 간단히 다뤘다. 국내 다른 신문들도 대동소이했다. 당시 일간지 면수가 최대 4면에 불과했으므로 사회 전 분야를 다루려면 어쩔 수 없는 조치였다. 지금처럼 분야별 섹션으로 나뉘어 있지 않은 시절이었다.

반면 일본 신문들의 기사는 길이가 훨씬 길고 내용도 상대적으로 풍부했다. 아사히신문은 '예상할 수 없는 승부, 일본과 한국의 실력 호각'이라는 분석 기사를 실었다.

일본 신문들은 한국 선수단의 방일 소식을 알리면서 한일 간 축구를 비교했다. 일본은 기술이, 한국은 체력이 우수하다고 분석한 1954년 3월 2일 요미우리신문

"오는 6월 스위스에서 열리는 본 대회에 나설 일본의 첫 경기가 된다. 이 대회에는 예선을 통과한 16개국이 참가하는 대회에 참가한다. 한국은 홍콩 원정에서 경기를 패하고 돌아왔지만 일본은 달랐기 때문에 일본과 한국의 실력은 호각이라고 볼 수 있다. (중략) 한국은 일본보다 강한 속도와 체력을 갖춰 일본은 방어를 잘해야 한다. (중략) 일본은 1차전 공격진에 가와모토 다이조, 가노 다카시加納孝 등 베테랑이 출전할 것 같다."[9]

현재와 비교해봐도 기본을 충실히 지킨 스포츠 기사다. 당시 일본 신문들도 대개 4~6면이었지만 별도 스포츠면을 갖춰 다양한 스포츠를 취재해 다루고 있었다.

한국 언론이 다소 감정에 호소하는 민족주의적 성격을 띠는 기사 제목과 내용을 보인 것과 달리 일본 언론은 비교적 차분한 어조로 양측 상황을 설명하며 관전 포인트 등 정보 전달에 초점을 맞추었다. 그런데 김지선과 김인형('국가대항전에 대한 한일 언론 보도 프레임 비교 연구: 2015 프리미어12를 중심으로', 2018)의 연구에 따르면 이러한 한일전 보도 경향은 2022년 현재에도 크게 달라지지 않은 것 같다.

1927년 동아일보, 조선일보, 매일신보, 중외일보 등 서울 시내 4대 신문사의 운동기자들이 서울 시내 한 음식점에서 '운동기자단'을 결성해 활발하게 활동했지만 1940년 일부 신문들이 폐간돼 5년여 공백기를 거치면서 선수 육성이 중단됐던 축구 선수들처럼 스포츠 언론계도 비슷한 상황에 놓였다. 1954년 그때는 '대한체육기자회'가 있어 올림픽 등 주요 국제 경기를 취재할 때 쿼터를 협의했다. 한일전 당시 파견된 경향신문 이지찬 기자는 선수단을 밀접 취재하면서 관련 소식을 상세히 전했다.

17

축구 대신 농구 훈련

다음 날 아침 일어나자마자 여관 마당으로 뛰쳐나온 이유형은 인상부터 찌푸렸다. 드르륵 미닫이 방문을 열고 따라 나온 배종호도 하늘을 한 번 쳐다보고 혀를 쳤다.

"우리가 훈련을 못 하게 하늘에 구멍이라도 낸 것인가. 계속 비가 내리는군."

"며칠째 내렸으니 이제 그치겠죠."

"오늘은 그래도 체력 훈련을 하고 나서 공을 갖고 '킥 앤 러시' 훈련을 해보세. 적진 깊숙이 긴 패스를 찔러놓고 주력이 좋은 선수들이 달려가 득점을 하는 훈련 말일세. 그 전술이 일본에 통할 것 같아."

"네. 몇 가지 패스 상황을 계획해놨습니다. 선수들의 체력을 많이 끌어올려놓은 상태라 전술을 잘 짜면 문제없을 겁니다."

다다음 날인 3월 4일에도 비는 그치지 않았다. 아침에 눈을 뜨면 가장 먼저 하늘 상태부터 확인해야 하는 상황이 왔다. 여전히 우천이었다. 3월 1일 일본에 도착해서부터 비가 내려 제대로 훈련을 소화하지 못한 선수들은 조급해졌다.

"감독님, 아무래도 다른 방안을 찾아봐야겠습니다. 선수들의 건강도 걱정되니 비를 맞고 훈련할 수도 없는 노릇이고요."

이유형은 배종호의 말에 태연한 척했지만 속이 타들어가는 건 어쩔 수 없었다. 경기가 사흘 앞으로 다가왔는데 훈련조차 못하고 있으니 평온을 유지하는 게 이상했다. 이유형은 동생 이유철을 숙소로 불렀다.

"도쿄대 축구부 매니저 오카노 이치로岡野俊一郎 씨가 우리 운동장을 알아봐줬다고 했지?"

"네. 형님."

"운동장에 나가보니 그 옆에 실내체육관이 하나 있던데 오카노씨에게 우리가 오늘 거기서 훈련할 수 있는지 좀 알아보게."

"저희에게 아주 협조적이라 도와줄 겁니다. 바로 연락해보고 오겠습니다."

이유철이 부리나케 여관 문을 나섰다. 이유형은 배종호와 다시 일정을 짰다.

"실내체육관을 사용해도 된다고 하면 오늘은 거기서 훈련하세."

"네? 체육관에서 무엇을 할 수 있을까요?"

"가보면 알겠지."

시간이 흘러 밖에 나갔던 이유철이 돌아왔다.

"오카노씨가 체육관을 쓸 수 있게 조치를 취해놓겠답니다."

"잘됐네, 잘됐어. 아주 고마운 사람이군."

이유형와 배종호는 선수들에게 운동화를 챙기라고 지시한 뒤 이들을 이끌고 체육관으로 이동했다.

막상 도착해보니 체육관은 마루가 깔린 전형적인 농구장이었다. 못처럼 뾰족한 스터드가 달린 축구화를 신으면 마룻바닥이 상할 수 있으므로 선수들은 준비해 온 운동화를 신었다.

이유형과 배종호는 팔짱을 긴 채 한동안 여러 이야기를 나눴다. 선수들은 공을 트래핑하면서 시간을 보내고 있었다. 이윽고 이유형이 선수들 쪽으로 와 설명을 시작했다.

"여러분도 알다시피 밖에 비가 며칠째 내리고 있어 정상 훈련을 할 수가 없네. 모두 몸도 찌뿌둥하고 분위기도 가라앉은 것 같은데, 오늘은 농구장에 왔으니 축구 말고 농구를 하세."

선수들은 서로 쳐다보며 이게 무슨 말인지 의아해했다. 그런 가운데 정남식이 손을 들었다.

"재작년 헬싱키 올림픽 때 농구가 훼방을 놓는 바람에 축구가 올림픽에 못 나가지 않았습니까. 그때부터 농구공을 쳐다보지도 않고 살았습니다."

정국진도 거들었다.

"농구 하면 아주 치가 떨립니다. 그때 올림픽에 출전하려고 준비를 다 해놓았는데 그놈의 농구 때문에….."

이유형은 옅은 미소를 지으면서 두 손으로 잠자코 있어보라는 손짓을 했다.

"나도 기억하네만 지금은 그런 감정을 따질 때가 아니지. 체력도 기르고 많이 뛰면서 움직임도 익혀야 하지 않겠나. 농구를 축구처럼 해보자. 자, 시작해보세."

이유형의 말이 떨어지기 무섭게 배종호는 선수들을 몇 개 팀으로 나눠 농구를 시작했다. 처음엔 쭈뼛쭈뼛하던 선수들도 점차 웃음을 띠었다. 코트를 왔다 갔다 하며 왕복 달리기를 하다 보니 숨이 차 주저앉기도 했다. 축구처럼 큰 골대가 아닌 농구의 작은 바스켓에 넣어야 했으므로 자연히 집중력도 높아졌다. 선수들 사이에서 웃음소리가 새나왔다.

"아니, 천하의 골잡이 최정민이 골대 바로 아래 혼자 있는데 그렇게 쉬운 슛도 못 넣는가."

"남식이 형님도 못 넣긴 마찬가지 아닙네까."

"덕영이는 골키퍼라 손을 잘 써서 그런지 농구도 잘하네. 이참에 농구 선수로 전직하지?"

나중에는 농구장을 축구장 삼아 배종호의 지도 아래 '킥 앤 러시' 전술도 코트에서 연습했다. 서로 눈빛을 교환하고 나서 공격수들이 적진으로 뛰어 들어가면 패스를 전달해 마무리하는 방식이었다. 이런 식으로 전술 훈련을 한 뒤 상대 팀 선수들에 대한 개별 분석도 진행했다.

"기무라 아라와木村現는 오른쪽 측면 공격수로 100미터를 11초에 뛰는 일본에서 가장 빠른 선수다. 게다가 체격도 좋아서 이 종갑이든 누구든 출전하게 되면 각자 자리를 잘 지켜야 한다."[1]

체육관에서 알찬 훈련을 해서인지 선수들은 마음의 안정을 되찾았다. 그렇게 홀가분한 마음으로 체육관을 나서는데 이내 모두 말문이 막혔다. 비가 이제 눈으로 바뀌었다. 그것도 폭설이 내리고 있었다.

"우리래 일본과 싸우는 게 아니라 하늘과 싸우는 것 같습네다."

최고참 박규정은 살다 살다 이렇게 날씨 때문에 꼬이기는 처음이라며 허탈하게 웃었다. 선수들은 폭설 때문에 도로가 막힐까 봐 서둘러 차에 올라 숙소로 향했다.

차 안에서 대화를 나누는 두 코칭스태프의 얼굴에 근심이 가득했다.

"눈이 이 정도 온다면 내일도 꼼짝없이 체육관에서 훈련하는 수밖에 없겠습니다. 경기 사흘 전인데 여기 운동장은 물론 경기가 열리는 메이지진구 경기장도 눈이 쌓여 훈련할 수 없을 텐데."

"내일 상황을 지켜봐야지. 우리가 어떻게 할 수 없는 노릇이니 이제 모든 건 하늘에 맡기세. 정신을 차리고 우리 할 일만 제대로 하면 걱정하지 않아도 될 걸세. 상황은 일본 팀도 비슷하지 않겠나."

차창 밖으로 눈보라가 휘몰아치고 사람들이 손을 흔들며 택시를 잡으려고 안간힘을 쓰는 모습이 보였다.[2] 이유형은 애써 침착함을 가장했지만 배종호는 한숨을 내쉬었다.

3월 5일도, 6일도 기상 상황은 달라지지 않았다. 꼼짝없이 운동장에서 축구 훈련을 하지 못한 채 경기를 맞이해야 할 형편이었다.

"이럴 거면 한국에서 훈련이나 더하고 올 걸 그랬습니다. 이제 날도 풀리고 있을 텐데."

선수들은 허무하게 하루하루 지나가는 것을 보고만 있었다. 그래도 배종호는 열심히 선수들을 다잡았다.

"오늘도 체육관 훈련이다. 준비하도록."

물론 속은 말하지 않아도 새까맣게 타들어갔다.

'경기가 바로 내일인데 제대로 훈련 한 번 못 해보다니. 내 축구 인생에 이런 경기는 처음이야.'

선수들은 또다시 체육관에서 축구가 아니라 농구로 일본전을 준비했다. 뛰고 또 뛰었다. 그래도 따뜻한 실내여서 운동 효과가 났고 체력 훈련에도 도움이 됐다. 문제는 역시 실전 감각이었다. 넓은 축구장에서 전술 훈련과 공 훈련을 병행해야 감각이 돌아오는 법이다. 실전 감각은 그야말로 경기 당일, 경기를 하며 찾는 수밖에 없었다.

쉬는 시간이 되자 주장 주영광이 배종호 곁으로 다가왔다.

"요 상태로 축구를 한다는 건 비정상 아닙네까. 선수들도 시방 경기를 하는 게 가능할까 반신반의하고 있시요. 내일도 마찬가지로 비나 눈이 온다면 말할 것도 없습네다. 일본도 비슷한 상황일 텐데 경기를 연기해야 하디 않갔습네까. 어케 생각하십네까?"

배종호는 주영광을 타일렀다.

"일본이 봐줄 리가 있나. 자기들이 유리한 상황인데 누구 좋으라고 경기를 연기해주겠나. 내일 경기는 틀림없으니까 선수들을 다독이고 훈련도 잘 이끌어주게."

한국 선수단은 그렇게 막막한 심정이 되어 경기 전 마지막 날을 보냈다. 날씨는 과연 누구 편일까?

축구 민족주의

한국은 역사적 경험, 즉 식민 지배를 받은 입장에서 반드시 일본을 꺾어야 한다는 각오가 대단했다. 지난날 일본 대표팀에서 함께 뛴 일본인 동료도 상대해야 했지만 이제 국가대 국가로 싸우는 만큼 필승의 결의를 보였다. 당시 신문들 역시 한국 팀이 아니라 한국 군軍으로 표현하기도 했다. 읽는 독자로서는 경기를 다분히 '총성 없는 전쟁'으로 체감할 여지가 있었다. 사상 첫 축구 한일전은 스포츠 민족주의 또는 축구 민족주의로 흘러가는 계기 중 하나였다.

일본은 정반대의 태도를 보였다. 얼핏 보면 식민 지배국의 여유로 느껴질 수 있지만 자료에 따르면 한국 대표팀에 배려와 지원을 아끼지 않았다. 다케노코시 시게마루 감독이 하네다공항에 직접 한국 선수단을 마중 나오는 장면이 대표적이다. 구체적 사례를 특정하지 않았지만 재일체육회가 "일본축구협회 임원들인 노즈 유즈루野津謙, 다케노코시, 오노 다쿠야小野卓弥 상무이사, 오카노 슌이치로 씨 등의 배려와 절대적인 협조가 있었음을 남기지 않을 수 없다"고 특기한 데는 이유가 있다.[3]

특히 오카노씨는 한국 대표팀이 원활히 훈련할 수 있게 운동장을 섭외하는 등 실질적인 도움을 줬다. 그는 그때 일본 대표팀에 선발되지 못했지만 전년에 일본 대표팀에 뽑혀 서독에서 열린 국제학생스포츠주간 (유니버시아드)에 다녀오는 등 두각을 나타내고 있었다. 훗날 일본 대표팀 감독(1970년), 일본 IOC 위원(1990년), 일본축구협회장(1998년)을 역임했다. 2003년에는 2002년 한일 월드컵을 성공적으로 개최한 공로를 인정받아 한국 정부로부터 체육훈장 중 최고 등급인 청룡장을 받았다. 일본인 최초다. 축구인으로서 젊은 시절부터 한국에 인정을 베푼 결과로 볼 수 있다.

물론 일본이 축구 한일전에 앞서 그해 1월 삿포로에서 열린 세계빙상속도선수권에 참가한 한국 선수단에 냉담한 반응을 보이면서 나중에 아사히신문 등 일본 신문에 이와 관련한 항의 투고가 이어졌다는 점도 감안할 필요가 있다.[4]

어찌됐든 승부는 승부. 경기에 돌입한 일본은 한국과 버금가거나 때로 그 이상으로 거친 플레이를 했다. 결과론적으로 그런 모습을 보인 일본 축구가 한국 국민에게 악인 이미지로 낙인찍히면서 당시 한국에서 축구 민족주의가 형성되는 데 영향을 끼쳤다.

18

"고베일중 출신은 한국을 요리할 줄 알지"

다케노코시는 일본 선수들을 불러 모았다.

"여러분을 스위스 취리히에 데려다주고 싶다. 스위스의 산을 보여주고 싶다는 것이다. 그러려면 한국을 꼭 이겨야 하니 최선을 다해달라."

선수들은 감독의 짧고 굵은 연설에 필승 의지를 다졌다. 다케노코시가 취리히를 언급한 데는 이유가 있었다. 한국을 꺾고 세계축구선수권에 참가하면 첫 경기가 국제축구연맹 본부가 있는 취리히에서 열린다는 사실을 이미 알고 있었다. 그만큼 일본의 정보력은 한국보다 월등했다.[1]

하지만 선수들 일부는 대회 인식에 한계가 있었다. 최고의 축구 대회, 더 나아가 최고의 스포츠 대회는 올림픽이라고 생각했다. 나가누마 겐長沼健은 선수들과 이런 이야기를 나눴다.

"5월에 필리핀에서 아시안게임이 열리는데 그 대회가 더 중요하지 않나 싶네. 그 대회 준비도 해야 하는데 말이야."[2]

일본 내 종합 대회인 메이지신궁대회처럼 국제 대회 역시 아시안게임이나 올림픽 같은 종합 대회가 더 가치가 높다고 여겼다.

다케노코시는 교토에서 2월 7일부터 8일간 합숙 훈련을 실시했다. 한국보다 기상이 온화한 교토에서 선수들을 뽑아 훈련을 이어왔다. 최적의 장소에서 훈련하고 한국이 일본으로 원정 올 때 느낀 피로도 없었던 셈이다. 홈 이점이었다.

일본은 한국과의 양자 대결이 확정된 순간부터 전력을 끌어올리려고 해외 팀과 부단히 대결을 가졌다. 한마디로 한국과의 경기를 위해 1년간 달려온 것이다. 9개월 전인 1953년 6월엔 서독 팀 키커스 오펜바흐 팀을 초청했다. 일본 축구가 0-9로 대패했다. 일본은 각 연령별로 팀을 섞어 두 경기를 더 진행해 전력을 점검했는데 모두 졌다. 총 3경기 3전 전패. 기술도 기술이었지만 체력 차가 너무 컸다. 특히 후반에 맥없이 와르르 무너졌다. 일본 축구의 단면을 보여주는 장면이었다.[3]

그해 11월엔 스웨덴의 유르고르덴을 초청해 두 경기를 가졌다. 이번에도 1-5, 1-9로 대패했다. 별도로 관동 대표들이 치른 경기에서 스웨덴 팀에 졌다. 세계와의 실력 차를 절감했다. 이번에도 후반에 무더기로 실점하는 양상이 반복됐다. 두 차례 유럽

팀을 초청해 경기한 결과 나타난 문제는 크게 두 가지로 요약됐다.

약한 체력과 후반 대량 실점. 일본이 세계축구선수권 본선에 진출하려면 이 문제를 해결하는 게 급선무였다. 문제의 근본 원인은 세대교체 실패에 있었다. 1940년을 전후해 일으킨 태평양전쟁 탓에 축구뿐 아니라 선수 육성도 할 수 없었다. 한국과 비슷한 대목이다. 그래서 흔히 전전파와 전후파로 선수 세대가 나뉘는데 전후파 선수층이 엷었다. 즉 조선 축구와 대등한 기량을 갖춘 전전파는 노쇠했고 전후파는 아직 기술이 부족했다. 이런 단점이 두 차례 유럽 팀을 초청해 가진 경기에서 체력 저하와 후반 집중력 부족, 대량 실점으로 나타났다. 전전파와 전후파의 신구 조화를 꾀하는 게 숙제였다.[4]

전후파 '일본 최고의 날개'라 불린 기무라 아라와는 한국 축구에 대한 정보가 없으면서도 막연한 자신감을 보였다.

"지금까지 상대한 적도 본 적도 없지만 한국을 의식하지 않는다. 선배들에게 '한국 축구는 강하다'는 말을 들었다."[5]

다케노코시는 이 문제에 대해 아사히스포츠와의 인터뷰에서 고충을 토로했다.

"28세 이상 선수가 다수인 현재 일본 국가대표팀은 확실히 에너지면에서 문제가 있다. 유감스럽게도 젊은 선수들이 아직 충분히 전술을 이해하는 눈이나 기술의 폭을 갖고 있지 않아 교대로 뛰어야 하는 상황이다."[6]

일본 축구는 이런 상황을 인지하고 1953년 8월부터 두 달에 걸쳐 장기간 유럽 원정에 나섰다. 서독에서 8월 개막하는 국제학생스포츠주간에 참가한 뒤 곧이어 유럽 8개국과 경기를 갖기로 한 것이다. 선발팀을 학생들 위주로 구성하되 전력의 한계를 고려해 베테랑 중에서 그나마 젊은 편을 합류시켰다.

일본축구협회 역시 재정이 부족하기는 마찬가지여서 대부분 선수가 자비로 원정 비용을 댔다. 선배 선수가 후배들 몫까지 부담하는 경우도 많았다. 선수단은 현지에서 입장권을 팔아 원정 비용을 충당하기도 했다. 다케노코시는 "일본의 전후 축구를 키우기 위한 수학여행 같은 것이었다. 장래 일본 축구를 위해 보낸 것이었다"고 말했다.[7]

그렇게 일본 축구는 1년간 선수층을 살찌우기 위해 고군분투한 끝에 한일전에 나설 25명을 엄선했다. 가와모토 다이조와 니노미야 히로카즈는 한국의 박규정, 민병대 등과 일본 대표팀에서 함께 호흡을 맞춘 적이 있는 백전노장들이었다. 28세 이상이 12명, 27세 이하가 13명이었다. 다케노코시는 그동안 드러난 문제를 해결하는 한편 일본 축구의 미래를 위해 신구 조화를 이루는 명단을 결정했다.

여기에 한 가지 눈에 띄는 점이 있다. 1940년 전후로 메이지신궁대회 중학부에서 조선 팀을 연파하고 최강 자리에 오른 고베일중神戸一中 출신 선수들이 25명 최종 명단 중 9명이나 대거 포함됐다. 오카다 요시오岡田吉夫, 미야타 고지宮田孝治, 스기모토 시게오杉本茂雄, 야마지 오사무山路修, 이노우에 다케시井上健, 도키타 마사노리鴇田正憲, 가가와 다로賀川太郎, 니노미야 히로카즈, 이와타

니 도시오岩谷俊夫.[8]

고베일중은 메이지신궁대회 중학부에 출전해 1939년, 1941년, 1942년 마지막 대회에서 우승하며 조선 축구에 대항할 팀으로 자리매김했다. 앞서 1938년 전국고등학교축구선수권에서는 조선의 평양 숭인상업을 꺾었다. 일반부만 해도 1939년부터 함흥과 평양 팀들이 일본 팀들을 꺾고 연달아 우승하던 시절이라 중학부에서 고베일중의 성장은 조선 축구에 대항할 일본 축구의 희망이었다고 해도 과언이 아니었다.

오카다 요시오는 자신만만했다.

"우리는 고베일중 출신이니까 한국에 질 리 없다. 다른 선수들은 몰라도 우리는 한국에 대한 콤플렉스가 없다."

고베일중 출신으로 산케이신문의 스포츠기자이자 일본 대표팀 가가와 다로의 동생인 가가와 히로시賀川浩도 "조선 팀을 이길 수 있는 중학교는 고베일중뿐이었다"고 말했다. 그만큼 고베일중 출신들의 축구에 대한 자부심 또는 자긍심은 대단했다.[9]

다만 이들의 한계는 한국의 전력을 파악하지 못했다는 데 있었다. 반대로 이유형 감독과 배종호 코치는 과거 일본 대표팀에서 활약했던 까닭에 일본 선수들의 특징을 잘 알고 있었다. 특히 배종호는 와세다대 축구부 주장을 한 터라 일본 내 네트워크를 통해 일본 선수단을 속속들이 파악할 수 있었다. 여기에 재일체육회 인사들의 도움까지 받아 일본 선수들에 대한 정보가 상당했다.

한국은 육상계에 몸담고 있는 정상희 단장까지 입국할 때 취

일본 축구는 1953년 서독을 시작으로 유럽을 돌면서 전력 강화에 나섰다. 앞줄 오른쪽 세 번째가 다케노코시 감독. 사진 일본축구협회

재진에 일본 전력을 언급할 정도로 정보전에서 앞서가고 있었다.

"전후의 일본 팀 전력은 잘 모르지만 옛 친구인 니노미야 히로카즈와 가노 다카시 씨가 출전하는 것 같아서 상당히 경계하고 있다."

다케노코시는 한국 선수단에 대한 정보 부족을 시인했다.

"한국의 전력이 어느 정도인지 전혀 모르기 때문에 우리로선 분위기를 만들고 선수들을 최상의 컨디션으로 유지하는 것 외에 할 수 있는 게 없다. (일본 대표팀에서 함께했던) 박규정의 얼굴이 보이지만 이들 노장이 중심이 되는지, 아니면 젊은 선수들이 활약하는지 알지 못한다. 한국 선수 특유의 개인기 측면에선 우리보다 우수하다고 보는 게 틀림없을 것 같다. 우리는 그동안 주력해온 슈팅과 패스를 더욱 잘 유지해야 할 것 같다."[10]

슈팅과 패스는 일본의 장기였다. 특유의 짧은 패스로 지공을 구사해 상대를 옥죄는 축구를 펼쳤다.[11] '킥 앤 러시'로 대표되는 한국의 속공과는 스타일이 완전히 달랐다.

이처럼 일본은 한국에 대한 정보는 없었지만 그들 나름대로 신구 조화를 꾀하면서 철두철미한 계획하에 선수단을 선발해 일전을 기다렸다. 다케노코시는 한국과 달리 만반의 준비를 마쳤는지 경기 전날 메이지진구 경기장에서 한국에서 파견된 경향신문 이지찬 기자와 대화할 때 자신감을 비쳤다.

"일본의 핸디캡은 어느 정도인가?"

"핸디캡이라기보다 꼭 두세 골을 넣을 자신이 있다."[12]

이제 준비가 끝났고 주사위를 던질 시간이 다가오고 있었다.

대표팀 선수가 된 기자들

일본 대표팀 선수 중 두 명은 특이한 직업을 갖고 있었다. 공격수 이와타니 도시오와 골키퍼 무라오카 히로토村岡博人는 현직 스포츠기자였다. 고베일중을 나온 이와타니는 와세다대를 졸업하고 1948년 교도통신에 이어 마이니치신문에 입사해 운동부 기자로 활약하던 중에 1951년 일본 대표에 발탁됐다. 1954년 2월 교토에서 진행된 대표 선발 합숙 훈련에 참가한 그는 실제로 다음과 같은 기사를 신문에 송고했다고 〈日韓キックオフ伝説〉는 전한다.

"이번 합숙은 굉장히 주의해야 한다. (중략) 금주, 금연 조항이 있는 것은 아니지만, 적당히 얼버무리는 플레이에서 벗어나려는 마음가짐은 그런 금지령을 필요로 하지 않았다."[13]

한일전 직전에도 대표팀에서 뛰며 기사를 송고했다.

"플레이는 한국이 좀 더 앞서, 위압적인 힘을 앞세울 것으로 보여 (일본이) 계속 밀릴 것 같다. 이 기세를 일본 팀이 냉정히 받아 어떻게 공을 돌려 갈지. 날카로운 역습을 반복해 올 듯한 한국과의 치열한 경합이 꽤 흥미롭게 이어질 것 같은데. 팽팽한 시점에 누가 문전에서 꽃을 피울까. (양 팀은) 그 정도의 힘과 기술 차이밖에 없는 것 같다.(I)"[14]

기사 끝 괄호 속에 적은 기자명 'I'는 이와타니의 영문 이니셜로 보

2015년 1월 스위스 취리히에서 열린 '2014 FIFA 시상식'
에서 92세 나이에 FIFA 회장상을 수상한 가가와 히로시.
사진 일본축구협회

인다.

이와타니의 6년 후배인 무라오카는 1950년 도쿄교육대에 입학하고 나서 1953년 교도통신에 입사했고 그해 8월 서독에서 개막한 국제 학생스포츠주간에 일본 대표로 참가했다. 그리고 1954년 곧바로 한일전 멤버로 선발돼 1차전에서 주전 골키퍼로 일본 골문을 지켰다. 그가 국가대표로 선발된 것은 이때가 마지막이었고 이후 1991년 정년퇴직할 때까지 교도통신에서 운동부와 사회부, 정치부 기자를 지냈다.

일본에서는 스포츠 언론 초창기에 운동선수가 충분한 소양과 자질을 갖췄다면 언론사 운동부에 입사하는 게 오히려 수월했던 것으로 보인다. 현장의 전문성을 십분 발휘할 수 있다는 장점이 있었을 것이다.

이와타니의 1년 선배인 고베일중 축구부 출신의 가가와 히로시 기자는 스웨덴 팀 방문에 맞춰 언론사에 글을 쓴 게 계기가 되어 1952년 산케이신문 운동부 기자가 되기도 했다. 가가와는 이후 1975년부터

10년간 산케이 스포츠 편집국장(오사카 지부)을 지냈고 월드컵을 10회 취재하는 등 명성을 떨쳐 2015년 FIFA 회장상을 수상하는 영예를 안았다.

가가와는 후배인 이와타니와 고베일중 축구부 출신의 6년 선배로 아사히신문에 재직하던 오타니 시로大谷四郎 기자의 영향을 받아 언론사에 입사하게 됐다고 밝혔다. 가가와가 산케이신문에 입사했을 때 운동부장이 1928년 암스테르담 올림픽에 일본 수영 대표로 참가했던 기무라 쇼라이木村象雷였는데 스포츠기자 초년병 때 그를 부장으로 만난 건 행운이었다고 훗날 털어놓았다.

19

"고국에 계신 동포 여러분"

1954년 3월 4일

한국에서는 신문에서 연일 축구 소식을 전하며 분위기를 고조시켰다. 시민들은 모였다 하면 온통 축구 얘기뿐이었다.

"축구하면 한국이지. 일본이 상대가 되겠어?"

"이번에 본때를 보여줬으면 좋겠네."

"선수단이 동경에 도착했을 때 찍은 사진 봤는가? 늠름하더라고."

신문을 스크랩해 다니면서 사람들 앞에서 떠드는 시민도 있었다.

"일본 신문이 뭐라고 하는지, 한국 축구를 어떻게 평가하는지 한번 보시요. 아사히, '한국은 전에 듣던 바보다도 공격력이 강하

일본축구협회가 제작한 경기 공식 포스터. 좌석별로
가격이 다르다. 자국보다 상대방 한국을 먼저 표기
한 게 눈에 띈다.

다. 그리고 그 경기 태도는 일본과 비슷하고, 작년에 일본을 방문
한 구라파 선수단과 조금도 다를 바 없다.' 다음 요미우리, '한국
은 체력이 일본보다도 강하다. 한국은 그 공격력에 있어 일본보
다도 강하다. 일본은 방위기술로써 이에 대항해야 할 것이다. 전
반전에서는 일본이 우세할 것이나 후반전에서는 이기지 못할 것
이다.' 마지막으로 마이니치, '일본은 수세를 취할 것이며 3-2로
한국이 우세할 것이다.'"[1]

　주변에 있던 시민들 모두 박수를 쳤다.

　"일본인들도 겁을 먹었네, 겁을 먹었어."

　"축구 실력이 안 된다는 걸 안 거지."

한국 선수단이 도쿄에 도착해 얼마나 열악한 환경에서 훈련하고 있는지 세세히 알 길이 없는 시민들로선 당연한 반응이었다. 한국 신문이 일본 현지의 반응을 확대 해석한 측면도 있었다. 한 시민이 불쑥 다른 화제를 꺼냈다.

"그런데 말이오. 이번 선수단장이 서울역에서 출발할 때 이랬다지요. 일본에 빨리 갔더라면 현지에서 충분히 연습할 기회가 있었는데 여권 발급을 이유로 미뤄지게 된 것이 유감이라고. 당국은 뭘 하는 것인지 원."[2]

그러던 와중에 한 시민이 갑자기 목소리를 높였다.

"아니, 어느 신문에서 며칠 전에 보도하기를 일본전이 3월 17일과 18일 양일에 걸쳐 열린다는 겁니다. 어떻게 양일 동안 축구를 합니까. 다른 신문엔 3월 7일과 14일 이렇게 한다고 나왔는데. 그래서 신문사에 전화를 걸어 항의를 좀 했지요."[3]

"그런데 말이오. 경기 소식은 어떻게 들어야 하는 거요? 다음 날 신문으로 봐야 하는 건가요?"

"라디오로 중계를 한다고 하지 않소. 세상에 이렇게 중요한 경기는 국가가 나서 국민에게 전해줘야 마땅하지 않겠소."

"그럼, 라디오는 어디서 들을 수 있는 거요?"

"글쎄, 시내에서 중간중간 틀어주지 않겠소. 내일 여기저기 돌아봐야겠구먼."

실제로 서울방송국에서 실황중계를 준비하고 있었다.

"일본과의 축구 경기를 실황 중계해야 할 텐데 누구를 보내야

재일동포들이 직접 제작한 경기 브로슈어. 선수 모습을 그려 넣은 앞면 표지가 이채롭다. 뒷면에는 선수들 프로필을 자세하게 적었는데 신장과 체중은 척과 관 단위로 표기했다. 하단에는 후원한 한국 업체와 식당 광고를 넣었다. 사진 이재형

하나?"

"축구 하면 양대석이죠."

"양대석이?"

"네. 전쟁 터지기 전까지 축구 중계를 곧잘 했잖습니까."

"그렇지, 기억나는군. 그럼, 양대석이 빨리 도쿄로 보내. 전 국민의 관심이 쏠린 행사니까 각별히 신경 쓰라고 일러주게."

서울방송국은 양대석 아나운서를 도쿄에 파견하기로 했다. 한국에서 해외 중계를 하는 건 이번이 세 번째였다. 1948년 런던 올림픽 중계가 처음이었고 1952년 헬싱키 올림픽 중계가 두 번째였다. 단일 경기로는 이번이 처음이었다. 한일 관계라는 특수성뿐 아니라 경기의 중요성을 감안한 대응이었다.[4]

특기할 만한 건 기술원, 즉 엔지니어가 처음으로 아나운서와 함께 해외에 파견된 일이었다. 정경순 기술원이 양대석과 함께 일본으로 건너가기로 했다. 그 전까지는 아나운서 한 명만 파견했다. 중계진은 일본 NHK 단파기를 사용했다.[5] 서울방송국에서는 중계진 파견에 대해 다양한 의견이 오갔다.

"중계는 일본에 있는 유엔군 방송국을 이용하면 되겠습니까?"

"전쟁 때문에 방송 시설이 다 망가졌으니 거기 신세를 져야겠지."

"관심이 많은 경기니까 오후 2시 실황 중계를 추진해보자고."

"도쿄 상황에 따라 실황이 어려워질 경우도 대비해야겠지요?"

"그렇지. 녹음을 해둔 걸 넉넉히 오후 6시에 방송에 내보낼 수 있게 합시다."[6]

시간 여유가 있음을 확인한 아나운서들 사이에서 많은 이야기가 나왔다.

"해방 이후 우리 첫 해외 중계가 런던 올림픽 때였지. 1948년."

"그렇지요. 민재호 아나운서가 파견 갔었죠."

"유명했지. 중계 첫 멘트가 '고국에 계신 동포 여러분, 안녕하십니까'였지. 동네 꼬마 녀석들이 그걸 많이 따라 하고."

"그때는 시차도 장비도 맞지 않아서 밤 11시 45분에 15분 동안 녹음 중계를 했었어. 음질도 좋지 않았고."

"그렇게나마 방송이 나갈 수 있는 게 다행이었지요. 부족한 장비에 기술원도 없이 혼자 갔으니 고생 많이 했을 테지요."

"2년 전 헬싱키 올림픽 때는 서명석 아나운서가 갔었지. 그때도 혼자 갔잖아."

"헬싱키 때는 첫 멘트가 '조국에 계신 동포 여러분'이었죠."

"맞아. 그런데 아주 큰 실수를 해서 아직도 회자되고 있지 않나. 혼자 너무 많은 일을 하다 보니 정신이 없었던 거지. '여기는 헬싱키의 수도 핀란드입니다' 이랬을 때 정말 눈앞이 캄캄했어. 이번에는 양대석이 별일 없이 중계하고 돌아오기를 바라자고. 아무튼 출근하는 대로 출장 준비를 해서 보고하라고 하게. 서두르라고 해."[7]

서울 시내 곳곳에 외제 라디오와 커다란 스피커, 앰프 등이 있었는데 경기 시각에 맞춰 볼륨을 높여 대중이 들을 수 있게 하겠다는 계획이 나왔다.

비슷한 시각 일본 도쿄에서는 재일체육회 직원들이 브로슈어를 들고 분주히 움직였다. 그 와중에 김세기는 한 장을 들고 들여다보며 만족해했다.

"잘 나왔네. 그림도 잘 그렸고."

마침 사무실 문을 열고 들어오던 신희가 미소를 지으며 김세기에게 물었다.

"잘 나온 것 같나. 수고 많았네. 빨리 사람들한테 나눠줘 경기장에 많은 동포가 올 수 있게 해야지."

"도쿄 시내에 나가 많은 사람에게 뿌려야지요."

재일체육회가 직접 만든 한일전 경기 브로슈어였다. 표지에는 FIFA 로고가 선명히 들어갔고 그 아래 왼발 슛을 하는 축구 선수를 그려 넣었다. 한국은 ROK, 일본은 JAP로 각각 표기했다. 옆쪽엔 정상희 선수단장이 재일동포에게 전하는 말을 넣었다.

"뜻깊은 3월 1일, 우리 선수단을 기꺼이 맞이해주신, 재일동포 및 일본 국민 여러분께 진심으로 깊은 감사의 말을 전합니다. 한국과 일본과의 경기는 이제 시작이지만, 이 경기야말로 양국 친선의 새로운 유대가 될 것입니다. 특히 축구는 우리나라의 국기이기 때문에 이것으로 우호의 시작을 알립니다."

뒷면에는 '대한민국 대표 멤버'라는 제목하에 24명 선수들의 얼굴 사진과 나이, 출신 학교 등을 넣었다. 선수단 소개 아래엔 이번 모금에 물심양면 도움을 준 동포들의 업체를 광고 형태로 배치했다. 선박 회사, 야키니쿠 식당, 한식집 등 넉넉지 않은 형편에도 조국의 축구를 위해 기꺼이 힘을 보탠 업체들이었다.

"우리가 해줄 게 있으면 뭐든 더 해주고 싶은 심정이네. 어려운 살림살이에도 성심성의껏 기부한 분들 아닌가."

며칠간 한국 선수단을 죽 지켜봐온 신희는 여러 감정이 교차했다. 기대 반 걱정 반이었다.

"이제 우리 선수단이 결과로 보여줘야 할 차례네. 이유형 감독과 배종호 코치도 선수들한테 동기 부여와 사명감을 강조하고 있네. 기량이야 우리가 월등하지만 실전 감각이 떨어져 있단 말이야. 제대로 볼을 찰 수 있을지 걱정이야."

정건영도 한마디를 거들었다.

"수단과 방법을 가리지 말고 이겨야 합니다. 내용이 어떻든 결과로 보여줘야 동포들도 한풀이를 할 수 있을 것이오."

신희는 고개를 가로저었다.

"이번 경기는 내용에서도 이겨야 하네. 우리가 죽기 살기로 덤벼 일본을 이긴다면 그 승리가 퇴색될 수 있을 것이라. 이것은 고국에서도 같은 바람이고 이유형 감독도 같은 생각이라 선수들에게 그 점을 강조하고 있네."

정건영은 신희의 말에 동조하는 듯 더 이상 말하지 않았다.

"그나저나 경기장에 우리 관중이 얼마나 올 것 같나?"

신희의 물음에 김세기가 밝은 표정으로 대답했다.

"동포들이 경기 입장권을 꽤 많이 사고 있다고 들었습니다. 예상하건대 우리 선수들이 일본 관중의 함성에 놀라 기를 펴지 못하는 일은 없을 것으로 보입니다."

"그것 참 다행이네."

희망찬 얘기를 하던 중 정건영이 창밖을 바라보다 한숨을 내쉬었다.

"지난 1년간 힘들게 준비해왔고 이제 경기를 목전에 뒀는데 하필 하늘이 돕지 않을 줄이야. 아직도 눈비가 내리고 있군요. 일본 선수단만 쾌재를 부를 것 같소. 아무래도 우리보다 훈련을 많이 했지 않았겠소."

신희도 따라 깊은 한숨을 내쉬었다.

"이유형 감독도 내심 경기 연기를 원하는 눈치이지만 듣자 하니 다케노코시 감독이 예정대로 하자고 밀어붙인다는군."

재일체육회 사무실 내 모두가 어느새 말없이 창밖을 보고 있었다. 눈이 이제 그만 그치기를 바라면서.

이석의

    지금껏 알려지지 않은 사실인데 남북한 출신 선수들로 이뤄진 축구 대표팀에는 재일동포 선수도 합류해 있었다. 마지막 순간에 선수단은 주오대 축구부에서 뛰던 재일동포 이석의李錫儀 선수를 급히 발탁해 대표팀 정식 멤버로 등록했다.[8] 대표팀 명단을 살펴보면 이석의가 풀백 포지션에 올라 있다.

    이유형의 동생인 이유철은 〈재일본대한체육회 60년사〉에서 자신의 공적으로 '재일 축구 선수인 이석의를 한국 대표 선수로 편입시킨 일'을 꼽을 정도였다. 같은 책의 '재일동포선수·임원 국제 대회 참가 기록'에도 이석의가 '월드컵 극동지역 예선'에 참가했다고 적혀 있다.[9]

    하지만 대한축구협회가 펴낸 〈한국축구 100년사〉 등 각종 자료에는 당시 대표팀 명단에 이석의라는 이름이 보이지 않는다. 재일체육회가 한일전을 위해 제작한 브로슈어에도 이석의에 대한 소개는 없다. 재일체육회의 의견대로 그를 대표팀 정식 선수로 등록했는데 대한축구협회가 누락했는지, 아니면 애초부터 훈련 선수로만 인정해 공식 선수 명단에서는 제외했는지 알 길이 없다.

    이석의의 당시 자격에 따라 한국 축구의 기록이 달라질 수 있으므로 사실 확인 작업이 필요해 보인다. 지금까지 한국 축구대표팀에 선발된

'재일동포 1호' 선수는 2000년 5월 발탁된 일본 효고현 출생의 재일동포 3세 박강조였다.

이석의는 1956년 멜버른 올림픽 예선전에서 태극 마크를 달고 대표팀으로 뛰었다. 이석의로 추정되는 사진(오른쪽 두번째). 사진 〈재일본대한체육회 60년사〉

당시 재일체육회 전무이사로 대한축구협회에 이석의를 추천했다고 알려진 김동춘은 "이석의 군은 줄곧 도쿄에 있었기 때문에 능력이 되어도 (대표팀에) 선발되지 않은 것이다. 양쪽 임원도 이군의 실력을 인정했다. 그래서 적절한 절차를 거쳐야 한다고 한국에서 두 차례 심사회를 열어 논의한 뒤 정식 절차를 거쳐 대표 선수로 인정받은 것이다"고 말했다.[10]

이석의가 대표팀에 언제 합류했는지도 불분명하다. 대표팀이 도쿄에 도착한 뒤 합류했을 것으로 보이지만 한일전 1차전 이전인지 이후인지 확실치 않다. 〈日韓キックオフ伝説〉에 따르면 이석의가 갑작스레 합류했을 때 대표팀 내에 저항도 있었다고 한다. 어찌됐든 이석의는 당시 한국과 재일동포 사회를 잇는 상징적인 선수라 할 수 있다.

이석의는 어떤 선수였을까. 당시 주오대 동료로 일본 대표팀에 소속됐던 나가누마 겐(일본축구협회장으로 2002년 한일 월드컵 공동 개최에 기여함)은 그에 대해 "드리블을 잘하고 하반신이 튼튼한 선수"라고 설명했다.[11] 이석의는 아쉽게도 젊은 나이에 세상을 떠났다.

20

역사적인 한일전 휘슬

드디어 결전의 날이 밝았다. 아침 6시 거의 뜬눈으로 밤을 새운 이유형이 여관 마당으로 나왔다. 아니나 다를까 눈이 소복이 쌓여 있었다. 발목 높이까지 올라오는 눈을 보니 씁쓸하다 못해 참담한 기분마저 들었다. 이번엔 온도계를 봤다. 영하 0.9도. 오후 2시 경기이므로 그때는 기온이 오를지도 모른다. 어쩌면 기상 상황이 더욱 악화될지 가늠할 수 없었다. 마당으로 나온 선수들도 저마다 쌓인 눈을 보고 표정이 굳었다.

선수들은 조금 일찍 점심 식사를 시작했다. 숟가락이 그릇에 부딪치는 소리만 이따금씩 들릴 뿐 다들 말이 없었다. 배종호 코치가 정적을 깨며 입을 열었다.

"30분 뒤 경기장으로 출발할 테니 모두 개인 장비를 빠짐없이 챙기도록."

선수들은 재일부인회가 말끔히 세탁해준 유니폼 상하의와 양말 그리고 도쿄에 와 얼마 신지도 못한 축구화를 챙겼다. 대표팀에 두 차례 소집된 이북 출신의 최정민은 유니폼 가슴에 새겨진 태극기를 한참 바라보더니 다시 주섬주섬 챙겨 넣었다. 막내 최광석도 태극기를 뚫어져라 보고 유니폼을 조심스레 가방에 담았다.

이윽고 선수단이 여관 문을 나설 때 여관 직원들이 따라 나와 선수들에게 소금을 뿌렸다.

"액운을 털고 맑은 정신과 육체로 경기에 나서 원하는 바를 이루기 바랍니다."

직원들도 어느덧 선수들과 정이 든 모양이었다. 재일부인회 여성들도 힘껏 응원했다.

"다치지 말고 경기하고 오십시오. 저희도 경기장에 가서 힘껏 응원하겠습니다."

굳은 표정이었던 선수들은 그제야 저마다 한마디씩 했다.

"감사합니다. 꼭 이기고 돌아오겠습니다."

이유형은 메이지진구 경기장에 도착해 운동장을 살펴보고 고개를 가로저었다. 일본축구협회 측에서 많은 인원을 투입해 운동장에 15센티미터나 쌓인 눈을 밖으로 밀어냈지만 잔량이 남아 있어 여전히 그라운드가 보이지 않았다. 깃발이 흩날릴 정도로

1차전 당일 경기장에 쌓인 눈이 당시 적설량을 짐작
케 한다. 관중석에 대형 태극기가 등장했고 세일러
복을 입은 한국 해군은 소형 태극기를 흔들었다. 사
진 이재형

시속 4미터 바람이 부는 가운데 일본축구협회 임직원들이 큰 목소리로 소통하며 여기저기 뛰어다니느라 분주했다.

"눈을 다 밀어냈지만 얇게 눌린 눈은 더 이상 못 치울 것 같습니다."

"못 치우는 게 어디 있어. 다 녹여버리는 게 좋겠다."

"눈을 어떻게 녹입니까?"

"휘발유를 부은 다음 불을 붙여 다 녹여버리지."

"불을 붙이라는 말씀입니까?"

"그렇다. 빨리 실시하라."

여러 사람이 눈이 얇게 깔린 운동장에 휘발유를 뿌리고 불을 지르는 모습이 연출됐다. 이유형은 할 말을 잃었다. 때마침 다케노코시 감독이 운동장 쪽으로 나오는 것을 보고 다가가 얘기했다.

"이런 상태에서는 서로 실력을 다하는 좋은 경기를 할 수 없습니다. 연기하시지요."

운동장 상황을 심각하게 바라보던 영국 출신 경기 주심 존 하란J. J. Haran도 다가와 얼굴을 찌푸리며 얘기했다.

"이런 날씨에 축구를 하면 (선수들) 건강에 좋지 않으니 경기를 취소해도 좋습니다."[1]

다케노코시가 잠시 뜸을 들이고 나서 대답했다.

"나도 그렇게 생각하네만 경기 일정이 정해진 이상 경기를 진행할 수밖에 없지 않은가."[2]

이유형은 다케노코시가 경기하려고 작심한 것을 알고 더 이상 설득하지 않았다. 준비해온 대로 경기하는 수밖에 없었다. 한국이 현지에 도착해 제대로 훈련하지 못한 것을 아는 일본으로서 그 약점을 놓아줄 리 없었다.

그런데 이게 웬걸, 곧이어 비가 조금씩 내리기 시작했다. 일제 때부터 조선에선 비가 오면 축구를 중단하는 게 관행처럼 돼 있었다. 운동장은 이제 눈이 녹은 데다 비까지 내려 진흙탕으로 변해가고 있었다. 이유형이 다케노코시에게 다가가 다시 한 번 물었다.

"비까지 내리고 그라운드가 저런 상태인데 정말로 축구를 할 것입니까?"

"이 정도 비로는 축구하는 데 지장이 없지 않은가."

이유형은 단념하고 돌아섰다. 우천 경기는 기정사실화됐다.

경기장 안의 상황과 달리 밖에서는 재일동포들이 태극기를 흔들며 삼삼오오 모여들고 있었다. 도쿄 시내에서 걸어오는 내내 들뜬 표정이었다.[3]

"10년 전만 해도 도쿄에서 태극기를 흔든다는 건 상상도 못할 일이었는데. 세상이 이렇게나 바뀌었네."

국적상 한국도 일본도 아닌 경계에 놓여 눈치를 보고 살았던 동포들에게 일본에 터를 잡은 지 수십 년 동안 이때만큼 진짜 자유를 만끽하는 순간은 없었다. 경기장에 다다를수록 수천 동포들이 하나둘씩 모여 축구에 대한 얘기로 이야기꽃을 피우는 모습이 보였다. 재일체육회로부터 받은 브로슈어를 보며 오늘 점수는 어떻게 될지, 득점은 누가 할지, 전후반 경기 양상은 어떻게 될지, 과거 메이지신궁대회에 출전한 조선 축구가 어땠는지 등 애기를 하며 시간이 가는 줄 몰랐다.

그때 멀리서 머리를 짧게 자른 군인들 한 무리가 다가오고 있었다. 세일러복 차림을 한 것이 해군이었다. 사람들이 놀라서 웅성거렸다.

"일본 군인은 아닌 것 같은데 한국군인가? 한국군이 맞나?"

해군들이 동포들 근처로 와 반갑게 한국어로 인사했다.

"안녕하십니까. 반갑습니다."

동포들은 어안이 벙벙했다.

"저희도 응원하려고 이렇게 멀리서 왔습니다. 대한민국 만세입니다."

도쿄만과 인접한 가나가와현 요코스카항에 훈련차 정박해 있던 대한민국 군함의 해군 장병들이 한일전 소식을 듣고 한걸음에 도쿄까지 온 것이다. 젊은 장병들은 태극기를 흔들며 흥을 더했다.[4]

"여기가 한국인지 일본인지 분간이 안 가는구나."

해군까지 합세하자 경기장 밖의 열기는 날씨를 극복하고도 남았다. 벌써 응원 열기가 후끈했다.

"자, 우리 모두 어서 경기장에 입장해 안에서 응원합시다."

"들어갑시다."

만면에 미소를 띤 동포들이 물밀 듯이 메이지진구 경기장으로 들어갔다. 일제 때 제국 체육의 심장이라 불리던 곳. 일본 팀을 꺾고 운동장으로 뛰쳐나가 "만세"를 불렀다가 집단 징계를 받을 뻔한 회한이 서린 곳. 이제 세상이 달라졌다.

경기 시간이 코앞으로 다가오면서 경기장 내 분위기는 점점 달아올랐다.[5] 총 8000여 명 관중 중 절반가량이 재일동포 등 한국 측이었다. 북한 계열의 조총련 사람들도 여럿 목격됐다.[6] 한일전을 앞에 두고 이념과 체제를 따질 수 없었다. 동포 일부는 이런 광경을 보고 경기가 시작하기도 전에 눈시울을 붉혔다.

한국 해군들이 조직적으로 움직이며 응원을 진두지휘했다. 손마다 태극기를 들고 우렁찬 목소리로 민요를 불러 동포들은 물론 경기를 준비하는 선수단에도 밝은 기운을 불어넣었다.[7]

"아리랑, 아리랑, 아라리요. 아리랑 고개로 넘어간다. 나를 버리고 가시는 임은 십 리도 못 가서 발병 난다."

"도라지, 도라지, 백도라지. 심심산천에 백도라지. 한두 뿌리만 캐어도 대바구니 처얼처얼처얼 다 넘는다."

해군 장병들이 주도하고 동포들이 따라 부르며 모처럼 감상에 젖어 흥을 냈다. 동포들에겐 이런 모습 하나하나가 생경할 뿐이었다. 어느새 옆자리에 앉은 사람에게 스스럼없이 말을 걸었다.

"안녕하십니까. 누구랑 오셨습니까?"

"저는 처와 함께 왔습니다. 여기 옆에 있습니다."

손에 태극기를 든 남편 옆에서 아내가 일본어로 인사했다.

"아, 아내 분이 일본 분이십니까?"

"네. 그렇습니다. 생활하면서 한국 사람이라는 티를 안 내는데 오늘 같은 날엔 상관없는 것이지요. 그래서 아내와 함께 오게 됐습니다. 저 말고도 여기 우리 부부 같은 분들이 많이 온 걸로 알고 있지요."[8]

그렇게 축제 같은 시간이 지나고 경기 시작이 10분 앞으로 다가왔다. 서울에서 파견 온 양대석 아나운서도 본부석 인근에 정경순 기술원과 함께 중계 책상에 자리 잡고 모든 준비를 마쳤다.

"전쟁 이전에 축구 중계를 많이 했지만 이번처럼 긴장되기는 처음입니다."

"현장 분위기를 잘 전달해주면 되지요. 우리 모두 힘냅시다."

그 순간 장내 아나운서가 일본어로 안내 방송을 시작했다.

"세계축구선수권 예선 13조 경기. 일본과 한국, 한국과 일본 간의 1차전 경기가 곧 열리겠습니다. 그에 앞서 이제 양 팀 선수들이 입장하겠습니다. 선수단 입장."

붉은색 상의와 검은색 하의 유니폼을 입은 한국 축구대표팀이 푸른색 상의와 흰색 하의 유니폼을 입은 일본 대표팀과 나란히 서서 일렬로 경기장에 입장했다. 한국 해군 장병들이 관중석에서 일제히 "와와" 함성과 함께 "대한민국 만세"를 외쳤다. 힘을 듬뿍 받은 선수들이 관중석을 바라보며 자신감 있게 한 걸음씩 내디뎠다.[9] 이유형과 배종호도 한결 가벼운 걸음으로 선수들을 뒤따라 나와 벤치 쪽에 섰다.

양 팀 선수들은 그라운드로 나가 양쪽으로 길게 늘어섰다. 뒤이어 양국의 국가가 차례로 연주됐다. 마침내 애국가가 울려 퍼지자 한국 선수들은 우렁찬 목소리로 따라 불렀다.

"동해물과 백두산이 마르고 닳도록 하느님이 보우하사 우리나라 만세."

결기를 다지는 한편 일본의 기를 꺾으려는 의도로 목청껏 불렀다. 선수들뿐만이 아니었다. 재일동포들도 감격에 젖어 눈시울이 붉어진 채 힘차게 애국가를 불렀다. 경기장은 잠시 애국가로 메아리쳤다. 애국가가 울리는 가운데 경기장 본부석 맞은편 관중석 뒤쪽에 태극기가 게양됐다.[10] 선수들은 차오르는 벅찬 감정을 꾹꾹 눌렀다.

일제 때부터 여러 번 찾은 경기장이지만 이곳에 처음으로 걸린 태극기를 보며 이유형은 감회가 새로웠다.

'우리나라가 드디어 독립했구나.'[11]

뒤이어 기미가요가 연주되고 일장기가 게양됐다. 이렇게 해서 FIFA기를 중심으로 왼쪽에는 태극기, 오른쪽에는 일장기가 나란히 펄럭였다. 과거 지배국과 피지배국이 동일 선상에 선 것이다. 해방 이후 처음 벌어진 사건이었다. 운동장의 코칭스태프와 선수들, 관중석의 동포와 군인들은 금방이라도 터질 것 같은 울음을 참으려고 안간힘을 썼다.

잠시 정적이 흐르고 곧이어 장내 방송이 이어졌다.

"다음으로는 노즈 유즈루 일본축구협회장의 개회사, 김용식 주일 한국대표부 공사의 치사가 있겠습니다."

두 인사가 차례로 나와 선수들에게 선전을 당부하고 우호를 강조했다. 뒤이어 일본 측에서 원정을 온 이유형 감독에게 꽃다발을 전달했다. 그리고 나선 양 팀 주장이 앞으로 나와 기념 페넌

트를 교환하고 악수를 했다. 끝으로 양 팀 선수단이 모두 모여 이미 진흙탕이 되어버린 운동장 위에서 기념 촬영을 했다. 촬영을 마치고 걸음을 뗄 때 선수들의 축구화는 이미 만신창이가 되어 있었다.

한국 선수들은 친분이 있는 일본 선수와 대화도 나누고 악수도 하는 등 적대시하지 않고 반갑게 맞았다. 어디까지나 칼을 품은 마음을 들키지 않게 감춘 채. 주위는 태풍의 눈처럼 고요했지만 이제 곧 폭풍우처럼 격렬한 플레이가 몰려올 참이었다.

다케노코시의 경기 강행

경기가 시작되기도 전에 그라운드가 진흙탕이 되어버렸는데 다케노코시 일본 대표팀 감독이 경기를 강행한 건 도무지 이해가 되지 않는 대목이고 미스터리다. 두 가지 설이 있다.

먼저, 이유형이 경기 연기를 요청하자 한국이 꼬리를 내린 것으로 알고 경기를 밀어붙이려 했다는 설이다. 당시 수비수였던 야마지 오사무는 다케노코시의 기질을 들어 이 상황을 설명했다.

"다케노코시는 메이지 태생으로 사무라이의 후예라는 느낌을 주는 사람이었다. 야마토의 혼이라고 할까. '도망친 놈은 용기가 없다'라는 기풍이 있었다. 한국 측이 연기를 신청하자 '치는 건 지금이 기회야'라고 했다고 한다."

한국 측이 경기를 연기하자고 제안했다는 소식을 들은 일본 선수들도 "다행이다. 한국의 기가 꺾였다. 그러니까 경기를 하자"는 얘기를 했다고 한다.

그다음, 순전히 일정 문제 때문이었다는 설이다. 도키타 마사노리는 "잘 모르겠지만, 경기를 일주일 미루면 비용이 엄청 든다. 일본축구협회는 돈이 없었다"고 회고했다. 공격수 기무라 아라와는 "이미 경기 티켓을 팔았기 때문에 구매한 분들에게 미안함이 있었던 걸까"라고 했다.[12] 대표팀 감독이자 동시에 일본축구협회 상무이사였던 다케노코시가 종합적인 판단을 내렸다는 해석이다.

필자는 이에 대해 가가와 히로시와의 인터뷰에서 직접 물었다. 그는 "다케노코시 감독은 기본적으로 축구는 비가 와도 눈이 와도 해야 한다는 생각이었다. 그리고 경기를 연기한다

다케노코시 시게마루 일본 축구대표팀 감독. 사진 일본축구협회

면 한국 선수의 체제 경비 등도 늘어날 것을 우려해 신경 써준 것으로 알고 있다"고 설명했다.

무슨 이유였든 다케노코시는 경기를 강행했는데 여기서 치명적 실수를 저질렀다고 일본에서는 분석한다. 당시 경기장 그라운드는 질퍽질퍽한 관동 지역 흙이었는데 다케노코시는 선발 명단에 관동 토질에 익숙한 관동 지역 선수를 둘(무라오카 히로토, 가노 다카시)밖에 포함시키지 않았다. 그런데 관동과 관서 지역은 토질의 차이가 커 거기에 적응하다 보니 두 지역의 축구 스타일까지 달라질 정도였다. 다케노코시는 이점을 간과하고 관서 지역 선수들을 대거 투입해 이들이 그라운드 적응에 크게 애를 먹었다는 지적이다. 일본 축구에서 기술과 전술의 대가로 유명한 그가 당시 미세함을 놓쳤다는 말이다.

가가와 히로시 기자에 따르면 훗날 다케노코시는 "경기를 연기했어야 했다. 나의 실패였다"고 말했다고 한다.[13]

21

뭉치면 살고 흩어지면 죽는다

경기장에 나가기 전 선수들은 정신 무장을 단단히 했다. 마치 전투에 나서는 돌격대 같았다. 서로 등을 치며 "힘내자"고 외치고 각자 두 손으로 자신의 볼을 치며 "집중하자"는 말도 했다. 이유형은 선수들을 모아놓고 간결한 메시지를 전했다.

"무엇보다도 정신에서 지면 안 된다. 그리고 연습한 대로 하자. 그 이상을 하려고 하지 마라. 잘하려고 하면 실패할 것이다. 우리의 실력만 보여주면 반드시 이긴다."[1]

선수들은 다 함께 "네" 하고 큰 목소리로 대답했다. 밖에서 경기를 준비하던 직원들이 깜짝 놀랄 정도의 기합 소리였다. 다음으로 그동안 선수들의 훈련을 맡아 전술과 전략을 짜온 배종호

역사적인 한일전 첫 경기에 앞서 양국 선수들이 기념 촬영을 하는 모습. 사진 이재형

가 나섰다.

"운동장이 진흙탕이 됐다고 낙담할 필요가 없다. 감독님 말씀대로 우리가 준비해온 것만 하면 된다. 이런 날은 딱 한가지다. 킥 앤 러시. 패스하면 뛰어서 돌진하는 거다. 체력 훈련을 많이 해서 뛰는 데도 문제없을 것이다. 명심해야 한다, 킥 앤 러시. 알겠나?"[2]

"네."

고함을 치며 스스로에게 주문을 거는 선수들을 이유형이 마지막으로 불러 세웠다.

"경기에 들어가면 경기는 오롯이 여러분들이 하는 것이다. 알아서 해야 한다는 것이다. 이것 하나를 명심하고 경기하자. 뭉치면 살고 흩어지면 죽는다. 돌격 정신으로 쓰러질 때까지 싸워주리라 믿는다. 알겠나?"

"네."

양 팀 선수들은 경기장에 들어가기 전에 복도에서 만났다. 복도도 바깥처럼 냉기가 가득했다. 외부 기온이 많이 오르기는 했지만 여전히 영상 5도였다. 게다가 가랑비가 내리고 바람까지 불어 체감 온도는 영하에 가까웠다. 반팔 상의를 입은 일본 선수들은 팔짱을 낀 채 떨고 있었다.

그런데 한국 선수 일부가 앉아서 양말 속에 무언가를 집어넣고 있었다. 유심히 보던 일본 선수들이 깜짝 놀랐다. 붉은 고춧가루였다. 놀란 일본 선수들에게 주장 주영광이 능청스럽게 얘기했다.

"시방 밖이 추운데 고조 고춧가루를 뿌리면 열이 나 발이 따뜻해디다. 자네들도 넣어보라우."[3]

일본 선수들은 얼굴을 찡그리며 사양했다. 주영광으로선 일종의 기 싸움을 벌인 셈인데 상대방이 당황한 기색을 보이자 소기의 성과를 거뒀다는 듯 동료들을 보고 씨익 웃었다. 가슴에 태극기를 부착한 선수들은 당당한 자세로 일본 선수들과 나란히 섰고 입장 안내에 따라 성큼성큼 운동장을 향해 나섰다.

"이제 양 팀 선수들이 입장하겠습니다. 선수단 입장."

한일 양국 선수들은 여러 행사를 마치고 드디어 운동장 그라운드 안에 들어섰다. 조 편성 발표가 나오고 1년 동안 벼려온 결전의 순간이었다. 원래 오후 2시에 시작하기로 돼 있었지만 식전 행사가 길어지면서 4분가량 킥오프 휘슬이 지연됐다. 일본의 선축이 결정되어 한국 선수들이 센터서클 밖에서부터 골대까지 수비 진영을 갖추었다.

"자, 당당하게, 강하게 밀어붙이자."

관중석의 동포들은 숨죽이며 이 상황을 지켜보고 있었다. 응원을 이끌던 해군 장병들도 이 순간만큼은 태극기만 흔들 뿐 어떤 노래나 구호도 하지 않고 운동장을 주시했다. 동포들은 일행의 손을 잡거나 홀로 기도하듯 두 손을 모으고 선수들을 바라봤다. 재일체육회 사람들도 크게 숨을 들이마시고 초조한 눈빛으로 한국 선수들을 바라봤다.

"반드시 이겨라, 꼭 이겨라."

서울 시내 거리와 다방, 신문사, 통신사 앞엔 시민들이 운집해 라디오에 귀를 기울이고 있었다. 라디오와 연결된 대형 스피커가 있는 곳이라면 인파가 몰렸다. 뒤쪽에 있는 사람들이 이따금씩 "소리를 좀 더 키워달라"며 누군가에게 도움을 요청하거나 "안 들리니 조용히 하라"며 항의하기도 했다. 그런 자잘한 소동

1954년 3월 7일

외에 아나운서의 음성 하나하나 놓칠 수 없다는 듯 집중했다. 한 순간 주변은 한 사람의 음성을 빼고 고요해졌다.

"고국에 계신 동포 여러분, 한국과 일본의 세계축구선수권 예선 1차전 경기가 이제 잠시 후 시작되겠습니다. 하란 주심의 긴 휘슬 소리와 함께 일본의 선축으로 시작됐습니다."

일본 선수가 센터서클에서 자기 진영으로 공을 차자 경기장은 정적을 깨는 함성으로 가득 찼다.

"와와~."

비바람이 불어 체감 기온이 영하에 가까운 날씨에 일본 선수들은 시작과 함께 특유의 짧은 패스로 경기를 풀어나갔다. 한국 선수들은 단단한 조직력으로 일사분란하게 방어에 들어갔다. 초반 분위기는 차분히 흘렀다.

공은 진흙 범벅이 되어 굴러가면서 금방 새까매졌다. 그라운드가 질퍽하고 울퉁불퉁해 공이 덜컹거리며 굴러갔다. 공이 패스를 받는 선수에게 제대로 도달하지 않거나 이리저리 튀었지만 일본 선수들은 아랑곳하지 않고 자신들의 방식대로 열심히 패스하며 한국의 허점을 노렸다.

일본은 열악한 그라운드 사정에도 실전 감각과 경기력이 살아 있어 경기를 주도했다. 초반부터 연달아 슈팅을 때리며 한국의 골문을 위협했다. 한국은 조직력을 유지하며 일본을 틀어막고 있었다.

일제 때 일본 대표팀에서 호흡을 맞췄던 한국의 수비수 박규정과 일본의 공격수 니노미야 히로카즈, 수비수 민병대와 측면 공격수 가노 다카시는 서로를 뚫고 막아야 하는 기구한 운명을 맞았다. 시간이 지났어도 서로를 잘 알기에 공방전이 펼쳐졌다.

그런 양 팀의 균형이 깨진 건 전반 15분이었다. 박규정이 백패스를 한 것을 일본의 나가누마 겐이 잽싸게 빼앗아 골키퍼 홍덕영의 키를 넘기는 재치 있는 슛으로 한국의 골망을 흔들었다. 머리 위로 날아가는 공을 홍덕영은 바라봐야 했다. 한국의 실수였다.

1-0 첫 득점에 일본 선수들은 주먹을 불끈 쥐며 나가누마에게 달려가 포옹했다. 관중석도 벤치도 난리가 났다. 다케노코시 감독과 코치, 주무 등도 얼싸안고 기쁨을 만끽했다.

"일본 축구가 얼마나 뛰어난지 보여주자."

경기를 지켜보던 양대석 아나운서가 마이크를 잡고 담담히 상황을 전했다.

"아, 일본이 먼저 득점에 성공했습니다. 득점자는 나가누마 선수. 우리 선수가 실수한 것을 가로채 슈팅했습니다."

서울 시내 거리마다 라디오에 가만히 귀를 기울이던 시민들 사이에서 탄식이 절로 나왔다.

"집중해야지, 집중."

"아직 시간이 많이 남았으니 잠자코 들어봅시다."

한국 벤치도 침울한 기색을 나타냈다. 우위를 점하리라는 예상과 달리 끌려다니다 실점했으니 당장 앞이 보이지 않았다. 한국 선수들은 여전히 실전 감각을 찾는 중이라 시간이 필요했다. 선수들은 생각한 것처럼 경기가 풀리지 않자 허리를 굽히고 연신 가쁜 숨을 내쉬었다.

이때 김용식 공사가 벤치 쪽으로 내려와 엄중한 목소리로 이유형에게 말했다.

"경무대에서 비상한 관심을 갖고 있으니 잘 싸워주시오."

김공사뿐 아니었다. 어느새 정건영도 옆에 와 초조하게 물었다.

"어떻게 된 거요?"

이유형도 답답했지만 포커페이스를 유지하며 침착하게 대답했다.

"시작한 지 얼마 되지 않았습니다. 지금은 조금도 걱정하지 않아도 됩니다."[4]

이들은 걱정하면서도 이유형이 동요하지 않는 걸 보고 말없이 제자리로 돌아갔다. 이유형은 이대로 계속하면 끌려갈 뿐이라고 생각했다. 뭔가 변화가 필요했다. 골똘히 생각하다 배종호와 얘기를 나눴다. 배종호가 곧장 의견을 냈고 이유형도 그렇게 하라는 고갯짓을 했다.

"자, 이제부터 적극적으로 공격하라. 연습한 대로 하라, 연습한 대로."

배종호의 외침에 주장 주영광이 선수들을 바라보며 힘내라고 독려했다. 선수들도 짧게 박수를 치며 큰 소리를 내질렀다.

"정신 차리자. 우리 하던 대로 그대로 하면 된다."

한국 선수들은 정신을 가다듬어 차근차근 패스를 통해 공격을 펴나갔다. 선제골을 넣은 일본 선수들도 한층 자신감이 붙었는지 적극적인 플레이로 맞섰다. 특히 수비수 야마지 오사무는 한국 선수가 공을 잡자 몸을 넘어뜨리며 과감히 태클을 걸었다. 그런데 이게 화근이 됐다. 야마지는 그 순간 온몸에 진흙을 뒤집어썼고 유니폼이 그대로 흠뻑 젖었다. 쌀쌀한 날씨에 곧바로 몸이 얼어붙는 느낌을 받았다. 경기 전 코치한테 "오늘은 추우니까 미끄러지면 안 돼"라는 얘기를 듣고 염두에 뒀지만 이미 엎지른 물이었다. 야마지뿐 아니라 오카다 요시오, 미야타 고지 등 다른 일본 수비수들도 날씨 탓에 몸과 생각이 굳어 눈에 띄게 집중력을 잃어갔다. 일본 선수들에겐 한겨울이나 다를 바 없었다. 거기에 반소매 차림이었다.

반면 한국 선수들은 공을 잡는 시간이 많아지면서 몸도 감각도 풀리기 시작했다. 서울에서 영하 10도 날씨에 훈련한 것에 비하면 이 정도는 추위도 아니었다. 한국 선수들에겐 그야말로 봄날씨였다. 긴 소매를 입은 것도 한몫했다.

호랑이 눈으로 경기를 지켜보던 배종호가 이때다 싶어 공격진에게 날카롭게 주문했다.

"측면에 가서 골대 쪽으로 길게 패스를 올려."

선제골을 내준 지 7분, 전반 22분이었다. 선수들은 잘 알아듣고 박일갑에게 공을 전달했다. 박일갑이 터치라인을 따라 뛰다가 일본 문전으로 크로스를 올렸다. 일본 골키퍼 무라오카 히로토가 제대로 쳐내지 못해 공이 문전으로 떨어졌고 골 냄새를 맡

정상적인 그라운드라고 할 수 없는 진흙탕 속에서 진행된 1차전 당시 한국이 득점하는 장면. 왼쪽부터 최정민, 정남식, 성낙운으로 추정된다. 사진 대한축구협회

은 정남식이 달려들어 미끄러지면서 골문에 밀어 넣었다. 그렇게 기다리고 기다리던 한국의 1-1 동점골이자 첫 득점이었다.

"와와~."

자신들이 선수가 돼 공을 차듯 몸을 이리저리 돌리며 지켜보던 한국 측 관중이 일제히 일어서 소리를 질렀다. 박수와 함성은 우레와 같았고 발 구르는 소리는 지축을 흔드는 듯했다. 동포들은 서로 손을 마주잡고 감격과 기쁨의 눈물을 흘렸다. 벤치에서 이유형과 배종호가 손을 맞잡고 속삭였다.

"됐다. 일본이 얼었어. 움직이지 못해. 더 밀어붙여야겠어."

같은 시각 서울 시내 곳곳의 라디오에서 갑자기 물 끓는 소리가 들렸다. 여러 소리가 섞인 거친 현장음이었다. 그것은 정남식의 득점 소식에 현장에 있던 동포와 장병들이 내지르는 기쁨의 함성이었다. 뒤이어 흥분한 아나운서의 말이 튀어나왔다.

"대한민국 삼천만 동포 여러분, 우리 선수가 동점골을 넣었습니다. 일본을 상대로 득점에 성공했습니다. 득점자는 정남식 선수입니다."

숨죽이던 시민들이 만세를 부르며 덩실덩실 춤을 췄다. 밀착한 옆 사람을 껴안고 "넣었어, 넣었어"를 연발했다. 현장의 함성만큼이나 격렬한 흥분이 시내를 뻗어나갔다.[5]

이렇게 넘어온 분위기는 계속 이어졌다. 한국은 12분 뒤인 전반 34분에 또다시 결정적 기회를 잡았다. 수비수 민병대가 일본 진영으로 긴 패스를 했고 정남식과 야마지가 경합을 벌이는 사이 공이 문전 쪽에 떨어졌다. 뛰어간 최광석이 공을 잡아 그대로 침착하게 슈팅, 2-1 역전골을 터뜨렸다. 큰 경기에 출전한 경험이 없지만 힘과 순발력이 좋은 막내 최광석이 일을 낸 것이다. 경기장은 또다시 열광의 도가니에 빠졌다.

라디오에서 또다시 물 끓는 소리가 났다. 한 시민이 "어? 어?" 하며 기대감을 드러냈고 곧바로 이전보다 더 흥분된 아나운서의 목소리가 나왔다.

"대한민국 삼천만 동포 여러분, 한국이 역전골을 넣었습니다.

1차전 전반 막판 역전골을 넣는 최광석의 모습. 사진 월간 축구

일본을 상대로 역전골을 넣었습니다. 최광석, 우리 최광석 선수가 기어이 역전골을 만들어냈습니다.”

라디오 앞에 몰려 있던 시민들이 무아지경에 빠져 춤을 췄다. 서울 시내는 물론 전국 각지에서 환호성이 울려 퍼졌다.

일본 선수들은 추위에 몸도 플레이도 모두 얼어붙었다. 특히 일본이 ‘필승 병기’로 내세운 고베일중 출신 수비수 5명이 점차 ‘구멍’이 되고 있었다. 고베는 추위가 심한 곳이 아니라서 이런 기상 조건이 낯선 선수들은 제 기량을 발휘하기 힘들었다. 다케노코시의 판단 착오였다.[6]

또 공격수 니노미야는 옛 동료인 민병대의 수비에 꼼짝없이 묶여 공격을 풀지 못하고 있었다. 진퇴양난이었다. 그렇다고 규정상 선수 교체도 할 수 없었다. 선발 선수가 끝까지 뛰어야 했다. 무심한 줄 알았던 하늘이 뚜껑을 열고 보니 한국 편이었던 것이다.

그라운드도 관중석도 한국의 잔치 분위기로 흘러가고 있었다. 한국 선수들은 관중석에서 부르는 아리랑, 도라지타령에 맞춰 춤을 추듯 자유자재로 플레이를 펼쳤다. 한국은 그렇게 초반 실점을 딛고 역전골까지 뽑아내 주도권을 잡은 상황에서 전반을 마쳤다.

팔짱을 끼고 몸을 웅크린 일본 선수들이 건물 안 라커룸으로 황급히 뛰어 들어갔다. 라커룸에 들어서자마자 외쳤다.

"매니저, 뜨거운 물을 주십시오. 뜨거운 물."

매니저가 급히 양동이에 온수를 담아 가져오자 선수들이 얼음장처럼 차디찬 발을 녹이려고 축구화도 벗지 않은 채 그대로 담갔다.

"휴우, 이제 발에 감각이 돌아오는 느낌이다."

"유니폼이 다 젖었는데 이건 어떡하지? 지금 세탁할 수도 없고. 너무 춥단 말이오."

그래도 소용없었다. 여분 유니폼이 없었다. 단벌이었다. 선수들은 고통스러워했다.

한국 선수단도 사정은 크게 다르지 않았다. 추위를 참고 견디는 힘이 상대적으로 강했을 뿐이다. 하프타임이 돼 각성 효과가

양국 선수들이 1차전 진흙탕에서 혈투를 벌이는 모습이 적나라하다. 사진 국제축구연맹

떨어지면서 참았던 추위가 급격히 밀려왔다. 온몸을 오들오들 떨기는 마찬가지였다.[7]

"진흙투성이 유니폼을 도저히 다시 입을 수가 없네. 여벌도 없고."

"샤워실이 있던데 거기서 따뜻한 물로 유니폼을 빨아 입는 게 어떻습니까?"

"그거 좋네. 어서 가세."

한국 선수들은 곧바로 온수에 유니폼을 빨아서 입었다. 따뜻한 기운에 몸이 스르르 녹는 것 같았다.[8] 양 팀의 사정이 이러하니 별다른 작전 지시도 필요 없었다. 선수들 몸을 녹이는 것, 그게 바로 작전이고 전술이었다.

짧은 하프타임이 끝나고 양 팀 선수들이 다시 쌀쌀한 기운이 감도는 운동장으로 걸어 나왔다. 비바람 속에서 선수들은 자신

1차전에서 진흙을 뒤집어 쓴 양국 선수들이 공중 볼을 다투고 있다. 사진 이재형

들이 최악의 상황에 직면했음을 알아챘다. 하프타임에 채운 온기가 순식간에 냉기로 변하고 있었다. 양동이에 담갔다 뺀 일본 선수들의 축구화가 다시 얼어붙고 빨아 입은 한국 선수들의 유니폼에 냉기가 감돌았다. 잠깐 추위를 피하려다 더 큰 화를 부른 셈이었다. 상대편이 아니라 추위와 싸워야 했다.

후반전이 시작됐지만 그라운드에 이제 몸 상태마저 엉망이라 정상적인 플레이가 이뤄지지 않았다. 10분간 이렇다 할 상황도 없이 소강상태로 접어들었다. 다만 상대적으로 추위에 강한 한국 선수들이 넘어져도 바로 일어서 공을 쫓았다. 정신력과 체력이 점차 차이를 벌리고 있었다. 경기 상황을 지켜보던 배종호가 다시 한 번 직감적으로 지시를 내렸다.

"측면을 돌파해서 공을 띄워."

후반 20분 배종호의 지시를 알아들은 선수들이 다시 맹렬한 기세로 일본을 몰아붙였다. 그러다 역전골을 넣은 최광석이 일본 문전으로 코너킥을 올렸다. 뛰어들던 최정민이 그 공을 힘차게 머리로 받아 넣었다. 공은 일본 골망을 뒤흔들었다. 한국의 세 번째 득점이었다. 3-1.

킥 앤 러시로 선 굵은 축구를 구사하는 한국을 일본 수비진은 막아내지 못했다. 몸과 마음이 따로 놀며 연신 흔들렸다. 득점을 올린 공격수 최정민이 계속해 기세를 올렸다. 후반 38분 민병대로부터 패스를 받은 최정민이 페널티 지역에 있던 정남식에게 지체 없이 패스했다. 정남식이 강슛을 때려 다시 한 번 4-1 득점에 성공했다.

불과 4분 뒤인 후반 42분에 최정민이 또다시 득점해 스코어를 5-1로 벌어졌다. 22분간 무려 2득점과 1도움을 올리는 최정민의 맹활약에 일본은 전의를 완전히 상실했다.[9]

"최정민, 최정민!"

장내에서 득점자를 안내하는 방송이 나올 즈음 관중들은 이미 일본 진영을 휘젓는 최정민의 이름을 연호하고 있었다. 일본 선수들이 도저히 안 되겠다는 듯 고개를 떨궜고 벤치의 코칭스태프도 침묵했다.

경기 막판에야 몸이 녹은 일본 선수들은 후반이 끝나기 직전

페널티킥을 얻어내며 분위기를 살리는 듯했다. 하지만 가노가 때린 킥이 골키퍼 홍덕영의 선방에 막혀 일본은 결국 고개를 숙였다.

하란 주심이 경기 종료를 알리는 휘슬이 불었을 때 점수판에 한국의 5-1 승리를 알리는 점수가 더욱 선명히 보였다. 코칭스태프가 모두 뛰어나오고 그라운드의 선수들도 서로 얼싸 안았다. 관중석에 있던 수천 명 동포 역시 감격스러운 순간을 나누기 위해 서로 포옹했다.

라디오에서 경기 종료를 알리는 말이 나오자 서울 시내에서는 축제가 벌어졌다.

"주심이 휘슬을 불었습니다. 경기 종료. 한국이 일본을 5-1로 꺾고 세계축구선수권 예선 1차전에서 승리를 거뒀습니다. 해방 이후 처음 맞붙은 한국과 일본의 대결에서 한국이 5-1로 이겼습니다, 대한민국 삼천만 동포 여러분."

시민들은 전쟁의 참화를 잊고 환하게 웃었다. 박수를 치며 노래도 부르고 춤도 췄다.

"이게 얼마 만의 기쁨입니까. 광복 때 이런 기분이었지요. 아니, 광복보다 오늘이 더 좋은 것 같습니다."

말 그대로 축제였다.

경기가 끝나고 만면에 미소를 머금은 김용식 공사와 정상희 단장, 정건영 등이 모두 벤치로 내려와 이유형, 배종호와 힘차게 악수했다.

"고생 많으셨소, 우리가 해냈소. 배코치도 정말 수고했소."

"감사합니다. 다 여러분 덕분입니다. 아직 끝난 게 아닌데…."

이유형이 채 대답을 마치기도 전에 기자들이 들이닥쳤다.

"오늘 승리 소감 좀 밝혀주시지요?"

이유형은 뜸을 들이다가 크게 숨을 내쉬고 답변했다.

"처음부터 승리를 자신하고 있었습니다. 그러나 경기장이 최악의 상태였기 때문에 예상 이외의 득점을 얻은 것은 단합의 결과라고 생각합니다. 그리고 앞으로 2차전을 위해 온 힘을 다할 것입니다. 이상입니다. 감사합니다."

이유형은 김용식에게 소감 인터뷰를 맡기고 배종호와 함께 승리한 선수들에게로 다가갔다. 추운 날씨라 선수들을 빨리 안으로 들여보내야 했다. 뒤이어 기자들의 질문이 김용식에게 향했다.

"우리 선수단이 끝까지 스포츠맨십을 발휘해 대승한 것을 기쁘게 생각합니다. 2차전에서도 대승하려면 동포 여러분의 후원이 필요합니다."

"단장님도 한 말씀 하시지요?"

정상희도 선수단을 대표해 한마디 했다.

"5-1이라는 스코어를 보더라도 한국 축구의 힘을 알 수 있습니다. 3월 14일 거행되는 2차전에서도 필승할 것을 확신하는 바입니다. 이상입니다."

기자들은 이번엔 패장인 다케노코시 감독에게 갔다.

"경기장 컨디션이 좋지 못해 패스가 통하지 않으면서 예상 밖으로 대패했습니다. 한국 공격진의 공격이 상당히 강했으며 센터포워드와 양 윙의 활약도 놀라웠습니다. 그러나 수비진은 뚫을 수 있을 것 같습니다. 2차전에서는 경기장 상태만 좋으면 회복할 수 있겠지만 2점 이상 선취하지 않고는 승리하지 못할 것 같습니다."[10]

일본은 날씨 등을 자신들에게 유리한 상황이라 판단해 1차전을 강행했으나 세밀한 조건을 살펴 대응하지 못하면서 결국 지고 말았다. 패착을 거듭했기에 2차전에서 대규모 변화가 불가피했다.

한편 냉기를 피해 서둘러 라커룸으로 들어온 선수단은 짧게 환호성을 지르며 승리를 만끽했다. 하지만 몸이 모두 얼음장 같아서 2차전을 준비하려면 빨리 휴식부터 취해야 했다. 몸에 이상이 온 선수도 있어 회복하려면 서둘러야 했다.

이유형은 수고한 선수들에게 감사와 축하의 말을 건넸다.

"오늘 기상과 운동장 상황이 좋지 않았는데도 모두 하나가 되어 정말 잘해주었다. 우리 국민과 여기 동포들도 무척 감격했을 것이다. 빨리 회복해 2차전도 오늘처럼 일본을 꺾도록 하자."

배종호의 지휘 아래 선수들은 빠르게 짐을 챙겨 밖으로 나갔다. 동포들은 "고맙습니다"를 연발하며 숙소로 돌아가는 선수단 차량이 보이지 않을 때까지 손을 흔들며 축하했다.

일본 선수단을 지켜보던 일본 시민들은 인상을 찌푸리며 답답한 속을 토로했다.

"우리 대표팀은 작년에 많은 돈을 들여 유럽 팀까지 초청해 경기하지 않았소. 오늘 이렇게 참패하고 보니 그 돈이 아깝다, 아까워."[11]

역사적인 한일 간의 축구 1차전은 2차전을 기약하며 이렇게 막을 내렸다.

1차전 득점자

축구대표팀은 한일전 1차전에서 예상 밖으로 5-1 대승을 거뒀지만 아직까지 득점자가 명확히 밝혀지지 않고 있다. 대한축구협회는 홈페이지에 당시 경기 득점자로 전반 22분 정남식, 전반 34분 최광석, 후반 23분 최정민, 후반 38분 정남식, 후반 42분 최정민이라고 밝히고 있지만(정남식 2골, 최광석 1골, 최정민 2골) 당시 한일 양국 언론은 조금씩 다르게 파악했다. 한국의 전반 2골 득점자와 순서는 모든 언론사가 동일하게 적었지만 후반 3골 득점자와 순서는 차이가 났다.

대한축구협회는 경기 기록지가 없다 보니 훗날 신문 자료를 통해 득점자를 정리했다고 하는데 여기서 오류 가능성이 존재한다. 한일 양국의 신문 자료를 살펴보자. 먼저 당시 현장에 파견된 이지찬 기자가 작성한 경향신문 기사를 보자.

"후반전에 들어가 양 팀 선수는 흙투성이가 되어 피아 공방전이 지렬한 가운데, 한국팀의 최광석 군의 신속한 슛이 꼴인되어 3대 1로 한국팀의 득점은 증가되어 우리축구단은 용기백배 맹호같이 일본측 꼴로 시종 쇄도하였다. 그리하여 후반전도 이미 시간이 반이상 지나게 되니 일본팀은 기진맥진하고 있는 순간 한국팀 최정민군이 정면으로 잡은 뽈을 그대로 슛하여 네 번째의 득점을 하게 되었다. 그리고 연이어 최군의 두 번째의 슛은 경기가 끝날 2분전 한국선수의 묘기를 보여주어다 꼴되어 5대1로 다었고.”[12]

경향신문이 기록한 후반전 득점자와 순서는 ‘최광석, 최정민, 최정민’이다. 대한축구협회가 공인한 후반전 득점자와 순서 ‘최정민, 정남식, 최정민’과

다르다. 다음으로 조선일보 기사를 보자.

“RW 최광석 군의 문전에 센터링한 것을 RI 성낙운 군 헤딩으로 꼴인시켜 3대1 스코어가 벌어져 더욱 기세를 올렸고, 37분에는 CF 최정민 군에게 좋은 찬스가 나서 단독으로 닷슈(대시)하다가 강슛 한 것이 꼴인 되어 4대1로 계속해서 40분 RW 최광석 군의 정민군이 따라 들어가면서 슛한 것이 또한 꼴인 되어 5대1의 결정적 스코어로 벌어졌다.”[13]

조선일보가 기록한 후반 득점자와 순서는 ‘성낙운, 최정민, 최정민’이다. 동아일보는 어떨까.

“(후반) 23분만에 한국측 코너킥을 얻어 RW 최광석군 킥한 것을 CF 최정민군 쌈푸헤딩으로 보기좋게 꼴인. 이어 38분 CH 민병대군의 패스를 CF 최정민군 받아가지고 다시 LI 정남식군에 패스한 것을 정군 페날틱에리아 부근에서 강슛 꼴인으로 한국군 4대1로 일본군을 리드하고 자신만만하게 계속. 다시 42분에 정남식군의 패스를 CF 최정민군

숏팅한 것이 성공하여 5대1로 일본군을 압도하였다."[14]

동아일보는 후반전 득점자와 순서를 '최정민, 정남식, 최정민'으로 적었다. 따라서 대한축구협회는 동아일보 기사만을 참고해 공식 기록으로 남긴 것으로 보인다. 특이하게도 조선일보는 한국의 세 번째 득점자가 성낙운이라고 적었는데 경향신문과 동아일보에서는 나타나지 않는 이름이다.

그런데 당시 일본 스포츠 신문인 닛칸스포츠도 성낙운을 한국의 세 번째 득점자로 적었다. 닛칸스포츠 기사를 보면 한국의 후반 득점자와 순서는 '성낙운, 최광석, 정남식'이다.[15] 요미우리신문은 후반 득점자로 '최정민, 최광석, 정남식' 순서로 썼다.[16] 아사히신문은 후반전 득점자를 기록하지 않았다.

이렇게 기록들이 일치하지 않으니 애초 경향신문과 동아일보 등이 득점자로 언급하지 않은 성낙운의 이름이 지금도 득점자로 오르내리고 있다. 스포츠조선(2005.8.4.), 베스트일레븐(2011.1.25.), 풋볼리스트(2014.9.27.), 동아일보(2015.4.18.), 한국일보(2018.6.8.) 기사에 계속 등장한다. 좀 더 면밀한 확인 작업이 필요해 보인다.

한편 한국 축구의 사상 첫 A매치(국가 대항전)는 1948년 8월 2일 런던 올림픽 멕시코전(5-3 승)인데 정남식은 이 경기에서도 득점하는 등 역사적인 경기마다 의미 있는 골을 기록했다.

22

"일본쯤이야 눈 감고도 이기지"

"이보, 정남식이, 괜찮네?"

정국진이 정남식의 뺨을 톡톡 치며 상태를 살폈다. 숙소 여관에 도착한 선수들은 우선 따뜻한 방에서 몸을 녹이며 휴식을 취했다. 거의 혼절하듯 자지러졌던 정남식이 가까스로 눈을 떴다.

"여기가 어디인가?

"오디긴 오디야, 우리래 숙소디. 괜찮네?"

동점골의 주인공 정남식은 하프타임 때 온수로 유니폼을 빨아 입고 후반전에 나섰다가 유니폼이 거의 얼어버리는 바람에 낭패를 봤다. 후반 내내 배가 뒤틀리는 고통을 참고 플레이를 했는데 경기 후 땀까지 식은 상태에서 인터뷰를 하다 그만 위경련

을 일으키며 쓰러졌다.[1]

"골까지 넣은 자네가 마지막에 기케 쓰러디면 어떡하니. 같이 기뻐해야 했는데."

"너무 추웠네. 그런 고통은 살면서 처음이었어."

정남식은 며칠 회복에 전념해야 할 정도로 기진맥진했다. 이유형도 방에 들어와 아픈 몸을 살폈다.

"깨어났다니 다행이네. 다들 얼마나 걱정했는지 몰라. 나이도 있고 하니 며칠간 푹 쉬게."

이유형은 선수들 방을 지나갈 때 배종호와 마주쳤다.

"정남식 외에 다른 선수들은 몸 상태는 어떤가?"

"최정민하고 최광석이는 살갗이 떨어져 나가서 병원에 다녀와야 할 것 같습니다."[2]

"그래, 치료를 잘하라고 일러두게."

이유형은 복도를 지나가다가 선수들이 1차전 경기 내용에 대해 하는 얘기를 우연히 듣게 됐다.

"첫 골을 먹었을 때 '아, 이거 안 되겠는데' 싶었습니다. 그런데 곧바로 일본이 얼어붙듯 굳어버리는 게 아닙니까. 일본 수비가 굼뜨고 허술해지면서 득점하기 좋았지요. 시간이 좀 더 있었다면 골을 더 넣었을 겁니다."

"나는 일본 실력이 그 정도인 줄 모르고 속으로 긴장을 조금 했었어. 뚜껑을 열고 보니 우리가 여러모로 윗물이더라고."

방 안의 이야기를 가만히 듣고 보니 2차전을 앞두고 정신력이 해이해질 우려가 있었다. 하지만 오늘만큼은 풀어줘야 했다. 힘든 경기에서 이겼으니 정신과 육체 모두 휴식이 필요했다. 자칫 몰아붙였다가 스트레스가 쌓일 수도 있었다.

그때 정건영이 대문을 통해 들어오는 게 보였다. 신희도 함께 들어섰다.

"이 시간에 어쩐 일이오? 축하는 아까 경기장에서 다 했는데. 무슨 볼일이라도?"

정건영은 이유형을 보고 활짝 웃으며 얘기했다.

"일본을 그렇게 박살 냈는데, 이겼으면 축배를 들어야지 여기서 뭐 하는 것이오. 내가 대접하리다. 옷 입으시오. 어서 나갑시다."

마침 배종호가 나와 이유형 곁으로 왔다. 망설이는 이유형을 보고 배종호가 외출하고 싶은 마음을 슬쩍 내비치며 적절하게 상황 논리를 폈다.

"감독님, 우리가 합숙 기간 금주하기로 서로 약속했지만 이렇게 축하연을 위해 찾아온 분들을 그냥 보내는 것도 예의가 아닌 것 같습니다. 여러모로 도와주신 분들의 호의를 거절해서야…."

이유형은 난처한 듯 머뭇거리다 금방 생각을 정리했다.

"그럼, 자네도 가고 단장님도 모시고 가세. 고참 선수 일부하고. 그렇게 나가세. 휴식을 취하고 싶은 선수도 있을 테니."

"네. 제가 몇 명 데리고 오겠습니다."

정건영은 씨익 웃으며 호주머니에서 담배를 꺼냈다. 그날 밤 선수단 수뇌부와 고참 선수 일부는 정건영의 안내를 받으며 긴자로 나가 회포를 풀었다. 이 술집, 저 술집 닥치는 대로 들어가

먹고 마셨다.[3]

신희는 술자리가 무르익을 무렵 이유형에게 한 가지 제안을 했다.

"감독님, 축구 하면 역시 조선 축구요. 일본을 이길 수 있는 게 역시 축구란 말이오. 내 생각이 맞았소. 우리 동포 사회가 덕분에 아주 활력을 찾았습니다."

이유형도 맞장구를 치며 잔을 들어 부딪쳤다. 신희는 술잔을 죽 들이켜고 나서 얘기를 이어갔다.

"1차전을 5-1로 크게 이겼으니 2차전도 쉽게 이길 수 있지 않겠습니까?"

"물론 그럴 것이라 생각합니다."

이유형의 답을 들은 신희가 빈 잔에 술을 따르며 뜻밖의 제안을 했다.

"어차피 2차전도 이길 것 같다면 동포 선수 한 명을 선수단에 넣어주면 안 되겠소? 동포 사회가 이번 승리로 말미암아 엄청 고무되어 있는데 말이오. 경기에 출전하지 못해도 선수단과 함께 훈련만 해도 괜찮을 것 같은데. 그렇게만 돼도 동포들의 자부심이 크게 올라갈 것 같소만."

마음 놓고 흥겨워하던 정상희와 이유형은 그 얘기에 잔을 내려놓고 고민에 빠졌다. 선수단에 갑자기 다른 선수를 포함시키는 게 그리 간단한 문제가 아니었다. 기존 선수들 사이에 위화감이 생길 수도 있고 대한축구협회와 대한체육회의 승인도 필요했다. 감독이 먼저 나서 가타부타 얘기할 일도 아니었다. 좌중에 잠시 어색한 침묵이 흘렀다. 이때 정건영이 끼어들었다.

"우리 동포 사회가 지난 1년간 이 경기를 성사시키기 위해 얼마나 노력했는지 다 알지 않소. 동포 선수가 2차전까지 선수들과 함께 훈련하는 것 정도는 해줄 수 있는 것 아니오."

감독으로서 섣불리 나설 수 없는 이유형은 계속 침묵을 지켰다. 결국 정상희가 결심한 듯 술잔을 들이켜더니 자신이 총대를 메고 해결하겠다며 나섰다. 얼마큼 취기가 오른 상태이기도 했다.

"선수단 단장인 내가 해결하겠소. 여러분이 지금껏 대한민국에 베푼 노력에 비하면 사실 이까짓 것 아무것도 아니오. 내일 내가 한국에 연락해 해결하겠소. 걱정 마시오."

이유형과 배종호도 동포들의 호의에 대한 마음의 빚을 갚을 기회라고 봤다. 게다가 술자리가 깊어 판단력도 흐릿해질 무렵이었다. 이들은 또다시 붓고 마셨다.

다음 날 아침 공지된 대로 선수들은 자유 시간을 얻었다. 긴장을 풀고 마음껏 늘어졌다. 지난밤 신희와 정건영을 따라 밤늦도록 술을 마신 이들도 늦잠을 잤다. 그렇게 괴롭히던 날씨도 1차전이 끝나자 언제 그랬느냐는 듯 화창하게 갰다. 공기도 분위기도 1차전을 기점으로 모든 게 변했다.

이유형은 방 밖에서 떠드는 말소리에 눈을 떴다. 속이 메슥거리고 머리도 아팠다. 외출하지 않은 선수들이 식사를 마치고 마당에 나와 담소를 나누고 있었다.

"최정민이, 2골이나 넣었는데 2차전엔 몇 골 넣을 수 있겠나?"

"해봐야디요. 어제처럼만 하면 1골은 넣을 수 있디 않갔시요?"

어제 경기 전만 해도 선수단 전체에 드리웠던 불안감은 온 데 간 데 없이 사라졌다. 지난밤 술자리에 나온 고참 선수들도 자신감이 충만해 있었다.

'일본 축구는 이제 한국에 안된다.'

이유형은 천천히 몸을 일으켜 정남식의 방으로 갔다. 정남식은 여전히 고통이 사라지지 않아 자리에 누워 있는 중이었다. 정남식은 골잡이여서 감독으로서 각별히 챙길 수밖에 없었다.

그러던 차에 신희가 여관 대문을 열고 들어왔다.

"감독님, 잠은 잘 주무셨소?"

"네. 부회장님도 잘 주무셨지요?"

신희는 간밤에 협의한 일을 상기시켰다. 동포 선수를 선수단에 추가하는 건이었다.

"단장님이 본국에 얘기해놓겠다고 했으니 동포 선수를 훈련에 넣어주는 것은 문제없겠지요?"

이미 엎지른 물이었다. 이유형은 단장이 해결하는 대로 따르겠다고 했다. 마침 방에서 나온 정상희에게 신희는 재차 다짐을 받았다. 정상희는 당장 해결하겠노라고 호쾌하게 대답했다. 오늘 중으로 한국으로 연락해 동포 선수를 훈련에 참여시키는 조건으로 승인을 받겠다고 했다.

이유형은 다음 날부터 훈련이 재개되니 합류할 동포 선수를 데려오라고 했다.

"선수는 결정되었소?"

"물론이오. 사실 재일체육회 내에서는 이미 선수를 선발해놓고 한국 대표팀의 결정을 기다리고 있었소. 내일 훈련에 데리고 가리다. 고맙소."

이유형은 한국 선수들과 동포 선수 모두가 위화감을 갖지 않게 서로 노력해야 한다는 점을 당부했다.

"선수 명단이 이미 일본축구협회에 제출되었으니 어차피 정식 경기에 나설 수 없는 것은 알 것입니다. 선수도 그 점을 주지하고 또 훈련에 지장을 주지 않게 노력해야 한다고 알려주시오. 그것이면 됩니다."

"알겠소."

이렇게 해서 동포 선수가 한국 대표팀에 합류하는 일이 전격적으로 결정됐다. 그날 저녁이 되자 소식을 들은 정건영이 또다시 이유형을 찾아와 나가자고 꼬드겼다. 정건영은 "동포 사회가 어제 승리로 분위기가 아주 좋습니다"며 계속 부추겼다. 이유형은 거절하지 못하고 결국 정건영의 손에 이끌려 전날처럼 배종호 및 선수 일부와 함께 다시 긴자 시내로 나섰다. 애초 결연한 의지를 다졌던 대오가 조금씩 흐트러지고 있었다.

3월 9일 다케노코시 일본 대표팀 감독으로부터 전갈이 왔다. 한일 간에 합동 훈련을 하자는 내용이었다.

'경쟁도 경쟁이지만 양국 간, 축구 선수 간 우호도 필요하지 않겠나. 이참에 기왕이면 양국 선수단이 합동으로 훈련해보는

것은 어떨까 싶네.'

이유형은 제안을 따져봤다.

'3월 12일이면 경기 이틀 전에 같이 훈련을 하자는 건데 우리 팀의 전력을 파악하려는 속셈이 아닐까?'

이유형은 잠시 고민을 하다 순수하게 받아들이자는 생각에 일본 측에 메시지를 전달했다. 합동 훈련에 찬성한다는 내용이었다. 보통 경기를 앞두고 상대와 같이 훈련한다는 것은 상식적이지 않지만 이번 경기는 특수성이 있었다. 자칫 긴장감이 너무 떨어질 위험도 있지만 한국은 1차전 대승으로 자신감이 넘치는 상황이었다. 더구나 경기 장소인 메이지진구 경기장에서 훈련해보는 것도 득이 될 수 있었다.

선수들은 훈련하면서 재일체육회가 추천한 선수와 처음 마주했다. 일본 주오대에서 뛰는 이석의라는 선수였다. 1차전에서 선제골을 넣은 나가누마 겐의 주오대 동료였다. 배종호가 사전에 선수들에게 충분히 설명해놓은 터라 배경을 알고 있던 선수들이 박수를 치며 환영했다.[4]

"이석의라고 합니다. 잘 부탁드리며 최선을 다해 조국을 돕겠습니다."

물론 이석의를 냉랭한 시선으로 바라보는 선수도 있었다. 실력이 검증되지 않은 처음 본 선수가 느닷없이 대표팀에 합류하니 당연한 반응이기도 했다.[5] 이석의는 그런 시선을 이미 예상했기에 선수들과 융화되기 위해 열심히 뛰었다. 비록 경기에 나서기 힘든 여건이었지만 한국과 동포 사회, 일본을 잇는 상징적인 선수였다. 한국 선수단은 어느덧 남한과 북한, 재일동포를 합친 팀, 말하자면 '코리아 유나이티드'가 돼가고 있었다.

3월 12일 메이지진구 경기장에 도착하자마자 선수단은 유니폼으로 갈아입고 운동장에 나섰다. 며칠 전만 해도 진흙투성이였던 양 팀 선수들이 깨끗하고 단정한 모습으로 재회했다. 1차전에서 팽팽한 긴장감에 말 한마디 섞어보지 못한 양국 지도자와 선수들이 비로소 친근한 눈빛을 주고받았다.

와세다대 축구부 주장 출신으로 자부심이 대단한 배종호 코치가 대학 후배 가노 다카시에게 다가가 악수를 청했다.

"이게 얼마만인가. 자네, 정말 실력이 아주 많이 늘었어. 드리블에 스피드까지. 우리가 자네 때문에 애를 먹었어."

"오랜만입니다, 선배님. 1차전은 그라운드 컨디션이 좋지 않아 패했지만 2차전은 그런 일이 없을 겁니다."

과거 일본 대표팀에서 한솥밥을 먹은 박규정과 민병대도 다케노코시 감독과 악수하고 옛일을 회상했다. 이유형과 다케노코시는 나란히 서서 자기 팀 상황을 설명했다. 1차전 직전 이유형의 경기 연기 제안을 다케노코시가 수용했다면 상황이 달라질수 있었으나 이미 지나간 얘기였다.

"일본 선수들은 경기 끝나고 괜찮았습니까, 너무 추웠는데?"

"젊은 선수들은 괜찮았는데 고참 선수들은 후유증이 있어 하루 쉬게 해줬네. 한국 선수들은 어떤가?"

"저희도 비슷합니다. 정남식이는 위경련이 나 며칠 쉬고 최광석이는 근육이 조금 찢어져서 병원에 가 있습니다."[5]

다케노코시가 다음 경기를 준비하려고 이것저것 물은 것인지 모르겠지만 양국 선수들은 몸을 풀며 함께 뛰는 등 잠시 경쟁을 잊었다. 훈련이 끝난 뒤엔 한데 어울려 사진 촬영도 했다.

2차전을 하루 앞둔 3월 13일 아침은 화창했다. 이유형은 배종호와 하늘을 바라보았다.

"내일은 최고의 그라운드에서 맞붙을 수 있을 것 같네."

"어제 경기장을 보니까 일본이 짧은 패스 축구를 구사하기에 최적의 조건이 된 것 같았습니다. 대비해야 하지 않겠습니까. 안 그래도 1차전에서 졌으니 죽기 살기로 덤비겠죠."

"맞네. 그 점에 대비해 전술과 전략을 짜보게."

그때 정상희 단장이 어디를 다녀오는지 여관 대문을 열고 들어왔다.

"이감독, 배코치. 최선수는 지금 어디 있는가?"

"어디 있긴요, 방에 있겠죠."

"데리고 나오게."

마당에 나와 있던 주장 주영광이 영문도 모른 채 선수가 묵는 방으로 들어갔다.

"최정민이, 방에 있습네다."

"아니, 최정민이 말고, 최광석이."

최정민이 자기 이름이 불리자 빼꼼히 얼굴을 내밀었다. 주영광이 부리나케 최광석의 방을 다녀왔다.

"아, 광석이는 시방 방에 없습네다."

"이거, 정말 큰일이군. 이감독, 대체 선수단 관리를 어떻게 하는 거요?"

"무슨 말씀이십니까, 그게?"

정상희는 숨을 고른 다음 얘기했다.

"지금 서울과 연락하다가 들은 얘긴데 최광석이를 부산에서 봤다는 사람이 있다는 걸세. 3월 12일 정오 부산 신탁은행 앞에서 최광석이를 본 사람이 있다는 말일세."

"최광석이는 그 시간에 1차전 때 다친 다리 피부를 치료하러 도쿄대 병원에 갔었습니다."

"병원에 간 걸 직접 본 것은 아니잖은가."

그 순간 누가 대문을 열고 들어오는데 최광석이었다.

"광석이, 아침부터 어디를 다녀오나?"

"병원에 다녀왔습니다만. 무슨 일 있습니까?"

모두가 정상희를 바라봤다. 정상희는 자신의 행동이 멋쩍은지 어쩔 줄 몰라 했다.

"거참, 낭설이었나 보구먼. 나는 잠깐 나갔다 오겠네."

어리둥절해하던 최광석이 자초지종을 듣고 나서 한마디 했다.

"저는 일생을 축구에 바친 사람입니다. 선수단이 외출 금지를 결의했는데 제가 어떻게 귀국할 수 있겠습니까. 사실이 아니지만 한국에 그런 소문이 돈다니 억울합니다."[6]

이유형은 경기를 하루 앞두고 해괴한 소문을 듣게 되자 심각한 표정을 지었다. 선수들의 부상, 정건영의 대접에 따라나선 밤 나들이, 일본과의 합동 훈련, 최광석의 귀국설까지 돌아보며 1차전이 끝난 뒤 자신부터 해이해졌다는 생각에 정신이 번쩍 들었다. 분위기를 다잡아야 했다.

"배코치, 선수들 지금 다 불러 모아보게."

"네. 알겠습니다."

분위기가 달라졌음을 감지한 선수들이 웅성거렸다. 굳은 표정을 한 이유형이 입을 뗐다.

"모두 모이라고 한 건 내일 경기를 앞두고 걱정이 돼서네. 1차전에서 너무 크게 이겨 감독인 나부터 풀어진 게 아닌가 반성도 되네. 우리가 일본을 너무 쉽게 보는 건 아닌지 걱정되는군. 지금도 많은 생각이 들고."

이유형은 과거를 떠올렸다.

"1948년 런던 올림픽 때였네. 그때도 일본을 거쳐 갔는데 동포들의 도움을 받아 런던에 갈 수 있었지. 런던에 가서 1회전에서 멕시코라는 팀을 상대로 5-3으로 이겼네. 그러고 나서 별일이 다 있었지. 우리가 축구로는 세계 최고인 줄 알고 자만해서 밤새 술을 마셨고 지금 생각해보면 난리도 아니었네. 그다음 2회전이 어떻게 되었는지 여러분도 다 알 걸세. 스웨덴에 0-12로 박살이 났네. 지금 우리 선수단 돌아가는 사정을 보니 그때가 딱 떠오르는군. 우리 모두 각성해야 하는 시점이네. 고국에서 국민이 우리가 생각하는 것 이상으로 기대하고 응원하고 있다네."[7]

잠자코 듣고 있던 정남식도 첨언했다. 위경련으로 고생하는 그는 흰죽만 먹으며 회복하고 있었다.

"런던 올림픽 때는 가기 전부터 선수단 사이에서 말다툼도 있고 정말 하나도 되는 게 없었습니다. 다행히 멕시코를 첫판에서 이긴 건 다행이라 생각하는데 그 후 상황은 감독님이 말씀하신 대로입니다. 스웨덴에 참패한 건 지금도 잊히지 않습니다. 우리의 민낯을 다 보여준 것이었지요. 이번에 하나로 똘똘 뭉쳐야 일본을 2차전에서도 이길 수 있습니다. 우리가 해이해져 일본을 얕잡아보면 스웨덴전과 같은 결과가 나오지 말라는 법도 없습니다. 우리 모두 1차전 이전으로 돌아가야 합니다."[8]

선수단 모두가 한국에서의 훈련과 일본으로 오기까지의 과정, 궂은 날씨에 훈련을 하지 못해 조바심을 치던 일, 1차전 당시의 열악한 환경을 스스로 돌아보고 있었다. 그렇게 각자 시간을 갖고 자기 내면에 침잠했다.

배종호가 어렵게 말문을 열었다.

"내일 2차전에 모든 것을 걸어야 한다. 일본이 공격적으로, 죽기 살기로 나올 건 기정사실이다. 어제 모두가 확인했다시피 경기장 그라운드 사정이 이제 아주 좋아져서 일본 축구로선 최상의 상황이다. 2차전에서 만약에 지게 되면 어떻게 되는가. 양 팀이 1승 1패가 되므로 3차전으로 가야 한다. 그런 힘든 상황이 나와선 결코 안 된다. 일본이 아니라 우리 대한민국이 죽기 살기로 해야 하는 상황이다. 우리만의 축구, 우리가 잘하는 축구로 내일 경기에 임할 것이다. 모두 알겠나?"

"네. 알겠습니다."

1차전과 2차전 사이에 경기 준비가 다소 느슨해진 감이 있었지만 선수단은 다시 고삐를 바짝 조였다.

선수 교체 규정

한일전 1차전에 출전한 한국 선수는 다음과 같다.

GK 홍덕영, RB 박규정, LB 이종갑, RH 이상의, CH 민병대, LH 강창기, RI 성낙운, LI 정남식, RW 최광석, CF 최정민, LW 박일갑.

현재처럼 표현하자면 2-3-2-3 포메이션에 해당한다. 기본적으로 뒤 5명은 수비수, 앞 5명은 공격수다(세부 전술에 따라 2명은 수비수, 5명은 미드필더, 3명은 공격수로 운용될 수 있다). 선수들이 배치된 모양에 빗대 WW 포메이션, 즉 메토도 포메이션Metodo Formation으로 불리는데 1934년, 1938년 월드컵을 연달아 제패한 이탈리아 대표팀의 비토리오 포초Vittorio Pozzo 감독이 고안했다. 포지션 이름을 보면 현재 사용하는 CB(중앙수비수), MF(미드필더) 등과 차이가 있음을 알 수 있다.

11명의 평균 나이는 만 30.5세였다. 골키퍼부터 하프백(미드필더) 6명의 평균 나이는 32.3세로 높았는데 경험 많은 노련한 고참 선수들을 배치한 결과였다.

공격진 5명의 평균은 28.4세였다. 수비 쪽보다 젊은 선수들을 배치해 킥 앤 러시 전술로 일본 진영을 휘젓기 위한 구성이었다. 공격진은 정남식(37세), 최정민(27세), 최광석(22세) 등이 득점하는 등 골고루 제몫을 했다.

한국은 1차전에서 5-1 대승을 거둔 까닭에 2차전 선발 명단을 크게 바꿀 필요가 없었다. 레프트하프백에 강창기 대신 김지성을 투입해 최소한의 변화에 그쳤다. 김지성이 강창기보다 여섯 살 많아 출전 선수의 평균 연령은 더 올라갔다.

2차전에서 한 가지가 중요한 변수로 떠올랐다. 당시 축구 경기 규칙에 따르면 경기 도중 선수 교체를 하지 못했다. 현재 한 경기에 3명 한도 내에서 선수를 교체할 수 있는 점과 확연히 비교되는 부분이다. 그래서 경기 중간에 선수가 부상을 당해도 교체할 수가 없었다. 부상자가 빠지면 선수가 부족한 대로 경기해야 했다.

1958년에야 경기 도중 선수 교체를 할 수 있게 됐다. 관련 내용은 국제축구연맹이 정리한 '게임 규칙의 역사'(History of the Laws of the Game)에 나온다. 물론 예외가 있기는 했다. 1954년 스위스 월드컵 예선 때 독일의 호르스트 에켈Horst Eckel이 사정이 생겨 경기 중에 교체된 바 있다.

하지만 예외는 한일전 당시에 적용되지 않았다. 다음 장에서 다루겠지만 한국은 2차전 때 이 규칙에 걸려 큰 어려움을 겪었다. 경기 중에 부상한 선수는 제 기량을 발휘하기 어렵거나 아예 경기에서 빠질 수밖에 없었다. 그때만 해도 보완되지 않아 악용될 여지가 많은 규칙이었다. 이후 선수 교체 규칙은 공식적으로 1958년 '1명 교체'→1988년 '5명 교체 명단 중 2명 교체'→1994년 '2+1명(골키퍼 포함) 교체'→1995년 '3명 교체'로 변경돼왔다.

승점 방식도 그때는 지금과 달랐다. 승리 팀이 승점 2점, 무승부시 승점 1점을 획득하는 방식이었다. 하지만 승리팀 '승점 2점제'가 수비적인 축구를 양산한다는 비판이 일어 1981년 영국 풋볼리그는 승리하면 1점을 더 부여하는 '승점 3점제'를 고안해 전격 도입했다. 이후 여러 국가의 리그가 점차 이를 채택했고 국제축구연맹도 1994년 미국 월드컵 때부터 승점 3점제를 적용해 현재에 이르고 있다.

현재 흔히 쓰이는 '원정 다득점 우선 원칙'(The away goals rule)도 당시엔 존재하지 않아 단순히 1승 1패를 기록하면 최종 3차전까지 치러야 했다.

23

최후의 일전

    2차전을 손꼽아 기다리는 서울에서는 원활한 중계방송을 해 달라는 요구가 빗발쳤다. 경전(경성전기)은 국민적 행사를 위해 통 큰 결단을 내렸다. 2차전 중계방송을 위해 경기 시작 30분 전부터 3시간 30분 동안 각 가정에 특별 송전을 하기로 결정했다. 안정적으로 전기를 공급하겠으니 집에서 라디오 중계를 들으라는 얘기였다.[1]

    그래도 거리에는 응원하겠다는 시민들이 넘쳐났다. 이른 시간부터 라디오와 연결된 대형 스피커의 앞쪽 자리를 차지하려고 신경전도 벌어졌다. 1차전 학습 효과였다.

시민들은 한일전이 열린 날에는 라디오 실황중계 청취를 위해 대형 스피커가 설치된 서울 시내 곳곳에 모였다. 경향신문(위)/조선일보 1954년 3월 16일

"와와~."

같은 시각 경기장은 시작 전부터 후끈 달아올랐다. 날씨는 일본에 온 이래 가장 맑고 화창했다. 축구하기에 더 없이 좋은 날씨였다. 관중석은 꽉 찼다. 1차전 8000명을 훌쩍 뛰어넘는 1만 3000여 명이 들어찼다. 한국 측 응원단이 거의 절반에 달했다. 동포들뿐 아니라 유학생들도 많이 왔다. 1차전 때 조직적인 응원으로 선수단의 사기를 높인 해군 장병 200여 명이 또다시 세일러복을 입고 자리했다. 이번에도 아리랑과 도라지타령, 노들강변을 부르며 분위기를 띄웠다.[2]

"에헤요, 봄 버들도 못 믿으리로다. 푸르른 저기 저 물만 흘러 흘러 가노라."

한국 선수단이 한 명 한 명 차에서 내려 경기장으로 들어서고 있었다. 1차전 경기 도중 살갗이 찢겨나간 최정민과 최광석은 다리에 커다란 고약을 붙이고 절뚝이면서 내렸다. 1차전에서 득점한 이들을 알아보고 동포 여러 명이 달려들었다.

"이래서 어떻게 경기를 뜁니까?"

"두 선수가 골을 넣어야 하는데."

이들이 거의 울부짖듯이 안타까워하자 최정민은 "괜찮다"며 일으켜 돌려보냈다. 주변의 동포들은 박수를 치며 힘을 북돋았다.

이유형은 최정민과 최광석이 다쳤어도 뼈나 근육에 문제가 있는 것이 아니라고 판단해 모두 2차전에 출전시키기로 했다. 선발 11명 중에 1차전과 비교해 단 1명만 변화를 줬다. 강창기 대신 김지성을 넣기로 했다. 일본을 5-1로 크게 이긴 멤버들이라 일주일간 휴식도 충분히 취했겠다 굳이 변화를 줄 필요가 없었다. 정남식은 위경련 때문에 출전할 상황이 아니었지만 득점할 선수가 필요하다는 배종호의 설득에 출전시키기로 결정했다.

반면 일본은 무려 8명이나 대거 교체했다. 공격의 가노 다카시와 가가와 다로, 수비의 오카다 요시오 셋만 남기고 싹 바꿨다. 나머지는 모두 기동력이 뛰어나고 공격에도 능한 선수들이었다. 2차전을 무조건 이기고 3차전까지 끌고 가야 하는 일본으로선 큰 폭의 변화가 불가피했다.

이유형은 경기가 시작되기 전에 선수단을 불러 마지막 주문을 내렸다.

"1차전에서 이겼다고 안심해서는 안 된다. 각오를 새롭게 하라."

"네. 알겠습니다."

이렇게 양 팀 선수들은 그라운드로 나와 마주하고 인사를 했다. 1차전과 마찬가지로 양국 국가를 제창하고 국기를 게양하는 순서가 이어졌다.

이윽고 오후 2시 이번에도 하란 주심이 킥오프 휘슬을 길게 불었다.

삐익.

경기는 1차전과 비슷한 양상으로 흘러갔다. 일본이 먼저 짧은 패스를 연결시키며 주도권을 잡았다. 그라운드 상태가 온전하니 일본이 원하는 대로 경기가 흘러갔다. 일본은 초반부터 연달아 슈팅을 때려 한국 선수들의 간담을 서늘하게 했다. 반대로 1차전이 끝나고 여러 문제를 겪은 한국 선수들은 몸이 너무 무거웠다.

두드리면 결국 열리는 법. 일본은 전반 16분 가가와 가노, 이와타니 도시오가 패스를 연달아 연결하더니 마지막으로 공을 받은 이와타니가 침착하게 슈팅을 했다. 공은 골키퍼 홍덕영이 손쓸 틈도 없이 골라인을 통과해 결국 한국 골문을 갈랐다.

1차전과 거의 비슷한 시점에 나온 일본의 1-0 선제골이었다. 일본 관중이 함성을 쏟아냈다. 벼랑 끝에 몰린 일본 선수들은 이제 살아났다는 듯 과장된 몸짓을 하며 분위기를 끌어올렸다.

선제골을 허용한 한국 벤치는 다시금 선수들을 강하게 밀어붙였다.

"집중하라, 집중. 세게 맞붙어야 한다."

한국은 몸이 덜 풀렸지만 차츰 힘을 내기 시작했다. 그동안 쭉 준비해온 킥 앤 러시로 단번에 일본 문전을 위협했다. 그리고 전반 24분 단독 드리블 기회를 잡은 정남식이 회심의 왼발 슈팅을 성공시켜 1-1 동점골을 뽑아냈다.

"와와~."

기세가 오른 한국은 파상 공세를 펼쳤다. 전반 38분에는 아까운 장면도 나왔다. 최광석과 최정민, 성낙운이 연달아 슈팅을 때렸는데 모두 골대를 맞고 나오는 믿기지 않는 상황이 연출됐다. 마지막으로 박일갑이 슈팅했으나 공이 골대를 벗어나고 말았다. 순간적으로 폭풍처럼 밀어붙였지만 모두 무위에 그치자 선수들이나 벤치, 관중 모두 머리를 감싸 쥐었다.

2차전 최정민의 역전 골 슈팅으로 보인다. 사진 이
재형

"낙담할 필요 없어. 분위기는 우리한테 완전히 넘어왔다. 이제
곧 넣을 거다. 모두 집중해, 집중."

배종호의 외침에 다소 힘이 빠졌던 선수들이 다시 기운을 끌
어올렸다. 일진일퇴 공방이라는 표현이 딱 들어맞았다.

전반이 끝나기 2분 전. 엎치락뒤치락하던 경기가 일단락되는
가 싶었지만 이런 상황에서 골 냄새를 기가 막히게 맡는 정남식
과 최정민이 눈빛을 교환했다. 두 선수는 교묘하게 포지션을 맞
바꾸며 패스를 주고받아 일본 수비수 마츠나가 노부오松永信夫를
순식간에 따돌렸다. 단독 기회를 잡은 최정민이 공을 툭 치고 들
어가더니 왼발로 슈팅해 침착하게 2-1 역전골을 터뜨렸다. 스타

탄생을 알리는 최정민의 두 경기 연속 골이었다.

최정민은 그라운드를 뛰며 미친 듯이 환호했다. 1차전 때 일본의 집중 마크로 피부가 벗겨져 쓰라릴 텐데도 절정의 골 감각을 과시했다. 한국 관중도 난리가 났다. 꽹과리를 치며 "한국, 최정민! 한국, 최정민!"을 외쳤다. 태극기를 흔들며 넘실거리는 몸짓으로 입체적인 물결을 일으켰다.

"이겼다, 이겼다!"

이미 승리한 것처럼 외치는 사람들도 있었다. 여러 명이 합세하면서 "이겼다" 구호는 점점 커져갔다.

그 시각 대한민국은 시간이 정지한 듯 고요했다. 정적 속에서 오로지 라디오 중계방송 소리만 흘러나왔다.[3] 서울 시내 대형 스피커에서 또다시 물 끓는 소리가 들렸다. 득점을 직감한 눈치 있는 시민이 정적을 깼다.

"골이다, 역전 골."

뒤이어 여지없이 아나운서의 음성이 흘러나왔다.

"대한민국 삼천만 동포 여러분, 우리 선수가 또 득점을 했습니다. 또 득점. 경기장은 지금 열광의 도가니입니다."

시민들은 환호성을 지르며 껑충껑충 뛰고 박수를 쳤다. 더러는 "대한민국 만세"를 외쳤다.

경기장에선 배종호가 선수들의 마음을 다잡고 있었다.

"흥분하지 마. 침착해. 시간 많이 남았어."

말처럼 쉽지 않았지만 선수들은 전반 남은 시간 일본과 공방을 벌이다가 하란 주심의 긴 휘슬 소리를 들었다. 전반 종료였다. 1차전보다 훨씬 뜨거운 열기였다.

양 팀 선수들 모두 가쁜 숨을 내쉬며 라커룸으로 향했다. 코칭 스태프들은 선수들의 등을 토닥이며 "잘했다"를 연발했다. 관중석에서는 모두 수고했다는 의미로 큰 박수를 쳤다. 마지막 남은 45분 동안 더욱 분발하라는 당부의 박수이기도 했다.

10분여 휴식 시간 동안 재충전한 양 팀이 다시 운동장에 모습을 드러내자 목이 빠지게 기다리던 관중들이 본능적으로 소리를 질러댔다. 선수들은 뛰거나 스트레칭과 점프를 하는 등 각양각색의 모습으로 잠시 굳은 몸을 예열했다.

당당한 걸음으로 그라운드에 들어간 한국 선수들은 동그랗게 원을 그리며 모였다. 수비수 민병대가 눈을 부릅뜨며 동료들에게 파이팅을 불어넣었다.

"딱 45분입니다, 45분. 서로 돕고 힘을 모으면 지켜낼 수 있습니다. 넘어져도 오뚝이처럼 바로 일어서야 합니다. 응원하는 분들을 위해서라도 그렇게 해야 합니다. 알겠습니까?"

"네."

각자 자리로 돌아가는 선수들을 향해 한국 관중들이 열띤 함성으로 기운을 불어넣었다. 경기장 분위기는 이미 한국 쪽으로 기울고 있었다. 응원을 주도하던 해군 장병들이 다시 한 번 도라지타령을 부를 때쯤 후반 시작을 알리는 휘슬이 울렸다.

두 팀은 후반전 초반부터 격렬히 맞붙었다. 일본은 더 이상 물러설 곳이 없었다. 사활을 건 싸움이 벌어졌다. 한국이 간간히 득점 기회를 잡았지만 무위에 그쳤다. 일본이 집요하게 짧은 패스를 통해 한국을 옥죄고 있었다.

그러던 후반 16분 일본이 먼저 환호성을 질렀다. 가노가 가가와에게 패스를 했고 가가와가 이와타니에게 곧바로 공을 전달했다. 선제골을 넣었던 이와타니는 이번에도 지체 없이 슈팅해 굳게 닫힌 한국 골문을 열어젖혔다. 전광판 점수가 2-2로 바뀌고 있었다.

경기 흐름이 1차전과 비슷한 양상으로 흐를 것 같던 분위기에서 일본이 한국의 공격을 막아내고 동점골을 만들어내자 일본 관중들이 "닛폰"을 연호했다. 두 골을 넣은 이와타니는 한국 골망에 떨어진 공을 주워 센터서클로 뛰어갔다. 남은 30분 안에 역전골까지 터뜨리겠다는 의지였다.

"한 골 더 넣자."

주도권이 순식간에 일본 쪽으로 넘어갔다. 한국 선수들은 기운이 빠질 수밖에 없었다. 말없이 서로 바라보거나 힘이 빠졌는지 무릎을 꿇고 깊은 숨을 내쉬었다. 한국 관중들은 쥐죽은 듯 조용했다. 머리를 감싸 쥐거나 긴 한숨을 내뱉었다.

공격 재개를 위해 센터서클에 나와 한국 진영을 바라보던 최정민이 선수들의 당황한 기색을 확인하고 더 이상 이런 분위기를 용납할 수 없다는 듯 버럭 고함쳤다.

"모두 고개 들라우."

그제야 일부는 박수를 치며 기운을 끌어올렸다. 그때 일본 선수들 몇몇이 모여 손짓을 하며 작전을 모의하는 듯했다. 그러고는 짧게 기합을 넣더니 각자 제자리로 돌아갔다. 이 모습을 바라본 최정민은 그들의 눈빛과 표정이 어쩐지 꺼림칙했다.

최정민의 킥으로 경기가 재개된 뒤 모의의 정체가 곧바로 드러났다. 한국 선수가 볼을 잡자 일본 선수들이 아주 강하게 부딪쳐 왔다. 한국에 힘으로 밀리던 이전과 달리 작정하고 힘으로 맞불을 놓겠다는 의도였다. 산전수전 다 겪은 고참 정남식은 낌새를 채고 후배들에게 고래고래 소리 질렀다.

"침착해. 밀리면 안 돼."

정남식의 외침이 잦아들자마자 일본 선수와 공중 볼을 놓고 경합하던 김지성이 악 소리를 내며 쓰러졌다. 일본 선수가 점프를 하면서 팔꿈치로 김지성의 얼굴을 가격한 것이다. 따악 하는 타격음이 관중석까지 전해졌다. 쓰러진 김지성은 얼굴을 움켜쥐고 고통스러워했다. 한국 선수들은 반칙한 일본 선수에게 우르르 달려가 항의했다.

"이거, 너무하는 것 아닌가. 적당히 해라."

심판이 뜯어말리는 사이 김지성의 안면은 피범벅이 되어 있었다. 민병대는 깜짝 놀라 물었다.

"김지성, 괜찮은가?"

"괘, 괜찮슴니다."

자세히 보니 김지성의 앞니 5개가 부러져 있었다. 순간 화가 머리끝까지 치민 민병대는 하란 주심에게 달려가 알아듣지 못할 한국어로 강하게 항의했다. 동료들이 민병대를 제지하는 사이 현장 의무팀이 뛰어 들어와 김지성의 상태를 확인하고 그라운드 밖으로 부축해 나갔다.

　김지성이 부상으로 빠지면서 한국은 10명으로 한 명이 줄어들었다. 이제 수적 열세에 빠진 나머지 실점 위기에 몰렸다.

　라디오에서는 다급한 음성이 흘러나왔다.

　"다친 김지성 선수가 힘겹게 일어서 부축을 받고 그라운드 밖으로 나가고 있습니다. 안타까운 상황입니다. 일본 선수의 가격에 김지성 선수가 쓰러졌습니다."

　거리에 나온 시민들은 육두문자를 쓰며 극도로 흥분했다. 하지만 "라디오 소리가 들리지 않으니 조용히 하라"는 항의에 어쩔 수 없이 진정해야 했다.

　남은 한국 선수들까지 동요해 휘말리면 그라운드에서 말 그대로 전쟁이 벌어질 것이 뻔했다. 이유형은 곧바로 지시를 내렸다.

　"일본에 절대 말려들지 마라. 우리가 해오던 대로. 하나로 뭉쳐 서로 도와야 한다."

　씩씩거리던 한국 선수들은 이내 평온을 찾고 서로 격려했다. 일본은 더욱 거친 플레이로 일관하며 한국을 몰아붙였다.

　겨우 피만 닦아낸 김지성이 경기에 다시 들어가겠다는 손짓을 했다. 이유형은 그 몰골을 보고 아연실색했다.

　"다시 뛸 수 있겠나?"

"네. 문제 업슨니다."

김지성은 정신력을 발휘해 다시 그라운드로 뛰어 들어갔다. 하지만 얼마 되지 않아 또다시 쓰러졌다. 후반 종료 시간이 다가오자 다급해진 일본 선수들이 노골적으로 큰 동작으로 반칙을 저지르고 있었다. 체격이 큰 민병대를 들이받더니 뒤이어 김지성 얼굴을 발로 강타했다. 김지성은 충격을 받고 그라운드에 덜썩 쓰러져 정신까지 잃었다. 잠시 후 정신을 차린 김지성의 왼쪽 볼에 큰 상처가 나 있었다. 부상 정도로 볼 때 김지성은 이제 힘들어 보였다. 한국 선수들은 몹시 화가 나 얼굴빛이 붉으락푸르락 달아올랐다.

라디오에서는 흥분한 아나운서의 목소리가 나오고 있었다.

"일본 선수가 계속 반칙하면서 우리 민병대 선수에 이어 김지성 선수가 또다시 쓰러졌습니다."

시민들의 분노도 극에 달했다. 이제 라디오의 음성이 들리지 않을 정도로 야유를 퍼부었다.

일촉즉발. 선수들은 물론 이제 벤치도 건드리면 터질 것 같은 상태였다. 이유형도 선수단에 마냥 참으라고만 할 수 없었다. 이때 선수들을 진정시킨 건 한국 관중이었다.

"아리랑, 아리랑, 아라리요. 아리랑 고개를 넘어간다. 나를 버리고 가시는 님은 십 리도 못 가서 발병 난다."

해군 장병들이 우렁차게 노래를 부르고 동포들도 따라 부르면서 경기장에 깊고 장대한 음성이 울려 퍼졌다. 심장이 요동치던 한국 선수들은 거짓말처럼 차분해졌다. 혼란스럽던 마음이 일순간 정돈됐다. 그리고 재개된 경기에서 한국 선수들은 수세에 몰리는 중에도 하나의 몸처럼 움직이며 일본의 공격을 막아 냈다. 플레이를 하다가 넘어지면 곧바로 다시 일어서 일본 선수를 죽어라 뒤쫓았다.

라디오에서는 솟구치는 감정을 꾹꾹 눌러 담은 듯한 아나운서의 멘트가 흘러나오고 있었다.

"우리 선수들은 지금 일본에 맞서 페어플레이로, 불굴의 정신력으로 싸우고 있습니다. 우리는 해방 이후 처음 일본과 맞붙고 있습니다. 반드시 갚아줘야 합니다. 반드시 이 점수를 지켜야 합니다. 그러면 우리는 일본을 누르고 스위스에 갈 수 있습니다. 대한민국 삼천만 동포 여러분, 이제 얼마 남지 않았습니다."

시민들은 손을 모아 기도하고 경기 장면이 보이지도 않는 라디오를 뚫어져라 쳐다보며 응원하고 있었다.

김지성이 투혼을 발휘해 그라운드로 돌아왔지만 제 역할을 기대하기 힘든 형편인 데다 쓰러졌던 민병대도 마찬가지여서 한국은 수비에 구멍이 난 것이나 다를 바 없었다. 일본 관중은 고군분투하는 김지성에게 동정의 박수를 보냈다.

자연스레 수비 위주 전술로 바뀔 수밖에 없었다. 섣불리 나섰다가 역전골을 내주면 끝장이었다. 일본의 회심의 슈팅이 나왔지만 골키퍼 홍덕영이 가슴으로 선방해내면서 가까스로 실점 위기를 넘겼다.

후반 40분에 최대 위기를 맞았다. '일본 슈팅의 명인'이라 불리는 가와모토 다이조가 때린 공이 골키퍼 홍덕영의 옆구리로 빠져나가 골문 쪽으로 데굴데굴 굴렀다. 그대로 들어가면 일본의 역전이었다. 그때 이종갑이 번개처럼 달려들어 공을 밖으로 걷어냈다.[4] 벤치의 이유형이나 다케노코시나 똑같이 탄성을 내질렀다. 한쪽은 다행스러워했고 다른 한쪽은 너무나 아쉬워했다.

그것으로 끝이었다. 남은 5분여 동안 공방이 팽팽히 전개됐을 뿐 더 이상 득점이 나오지 않았다.

삐익.

하란 주심의 경기 종료 휘슬이 울리자 벤치에 있던 한국 선수들이 일제히 그라운드로 뛰어 들어가 서로 얼싸안고 포효했다. 이유형은 배종호와 말없이 포옹하고 어깨동무를 한 뒤 그라운드에 들어가 선수 한 명 한 명을 껴안았다.

"모두 수고 많았다. 고생 많았어."

한국은 1차전 승리로 승점 2점, 2차전 무승부로 승점 1점을 각각 얻어 총 승점 3점을 기록했다. 이로써 승점 1점에 그친 일본을 제치고 세계축구선수권 본선 진출권을 획득했다.[5]

이유형의 떨리는 음성에 선수들도 눈가가 촉촉해졌다. 눈물을 참으려고 멀리 관중석을 바라보던 정남식은 특별한 장면을 목격하고 동료들에게 알렸다.

"모두 저기 태극기를 보십시오. 태극기는 펄럭이는데 일장기

2차전 직후 관중에 인사하는 한국 선수단. 사진 맨
왼쪽에 얼굴에 거즈 등을 붙인 선수는 부상 투혼을
펼친 김지성으로 보인다. 사진 대한축구협회

는 줄에 걸려 접혀버렸습니다. 하늘이 우리를 버린 게 아니라 그
동안 우리를 지켜보고 있었던 모양입니다. 저렇게 축하를 보내
는군요."[6]

이유형이나 선수들 모두 그 모습을 보고 그간의 일들이 파노
라마처럼 스쳐 지나가는지 감격해 눈물을 흘렸다. 일본 관중도
아낌없는 박수를 보내고 있었다. 본부석에서 선수들을 바라보던
김용식 공사와 정상희 단장도 눈이 벌겋게 된 채 진한 악수를 나
눴다. 한일전 성사의 보이지 않는 공로자인 신희와 정건영은 나
란히 서서 한국 선수들이 어린 아이처럼 좋아하는 모습을 바라
보며 묵묵히 박수를 쳤다.

한국 측 관중도 하나둘씩 참았던 눈물을 터뜨렸다. 1차전은 한 경기 승리이지만 이번 무승부는 한일 간 대결의 최종 승리라는 걸 잘 알고 있었다. 특히 일본에 억눌려 살아온 재일동포들에게는 그동안 받은 설움을 다시 떠올리게 하는 서러운 승리였다. 동포들은 손에 손을 잡고 "일본에 거주한 이래 처음으로 맛보는 행복입니다"라며 기뻐서 어쩔 줄 몰랐다.[7]

두 경기 연속으로 골을 넣으며 한일전 승리에 크게 기여한 정남식은 취재진의 요청에 나와 소감을 밝혔다. 최악의 컨디션에도 제몫을 해냈지만 승리하지 못한 아쉬움이 역력했다.

"별말씀 드릴 게 없습니다. 2차전에서 비긴 것을 유감으로 생각합니다. 힘껏 싸웠지만 컨디션이 좋지 않아서 발이 말을 듣지 않았습니다."

2차전에서 수난의 주인공이 된 김지성도 취재진이 가만두지 않았다. 최종 승리에 대한 소감을 덤덤히 밝혔다.

"오늘 이 마당에서 일본과 싸워 이겼습니다. 동포 여러분이 충심으로 응원한 덕택입니다. 또 많은 도움을 주셨기에 우리는 우리에게 맡겨진 책임을 다했을 뿐입니다."

선수들 옆에 있던 정상희 단장한테도 질문이 돌아갔다. 정단장은 "기자 선생들도 수고 많았다"며 짧은 소감을 밝혔다.

"삼천만 동포 여러분, 감사합니다. 한결같이 응원해주신 재일동포 분들, 감사합니다."[8]

선수단은 그해 6월 세계축구선수권 첫 경기가 스위스 취리히에서 열릴 것이며 상대가 유럽의 강호 헝가리라는 소식도 접했다. 그때까지는 경황이 없어 헝가리고 뭐고 신경 쓸 겨를이 없었다. 선수단은 이처럼 감격을 누리고 나서 모두 모여 한국 관중석 앞으로 가 감사 인사를 전했다.[9] 그리고 다 같이 애국가를 불렀다. 한국어를 할 줄 모르는 재일동포 2세들도 따라 불렀고 모두가 엉엉 울었다.[10] 더 나올 눈물이 없을 때까지 아리랑도 함께 부르고 "대한민국 만세"도 함께 외쳤다. 동포들의 말마따나 해방 이후 최고의 감격이자 기쁨이었다.

일본 선수들과 악수를 나누고 라커룸으로 돌아온 한국 선수들은 예기치 않은 손님들을 맞았다. 많은 일본 청소년이 알밤을 들고 와 거기다 사인을 해달라고 아우성을 쳤다. 또 한국어를 할 줄 모르는 재일동포 2세 한국 여성들이 찾아와 연신 "고맙다"며 눈물을 흘렸다.[11] 선수들은 새삼 자신들이 얼마나 큰일을 했는지 알게 됐다.

선수들은 기쁨을 뒤로하고 숙소 여관으로 돌아왔다. 일본 여직원들이 축하 인사를 건네며 반갑게 맞이했다. 신희도 숙소로 들어와 정상희와 잠시 애기를 나누더니 전달 사항이 있다며 선수들에게 애기했다.

"여러분들, 고생 많으셨습니다. 그리고 감사드립니다. 동포들에게 큰 힘이 되었을 것입니다. 그리고 일본축구협회가 오늘 저녁에 한일 간 첫 축구 대결을 기념하는 자리를 마련했다고 합니다. 단복으로 갈아입고 얼른 가서 좋은 시간을 보내십시오."

선수들은 박수를 치며 휘파람을 불었다. 신희는 그때 선수들

중에 붕대를 감고 있는 김지성의 얼굴을 봤다. 일본 선수들의 집
중 타깃이 되면서 두 차례나 충격을 받아 얼굴이 퉁퉁 부은 상태
였다. 신희는 김지성의 어깨를 두드리며 치료를 약속했다. 부상
자들은 치료를 받으러 병원부터 가야 하는 신세였다.

말끔하게 단복으로 갈아입은 선수단은 신주쿠의 오페라하우
스에 들어섰다. 신희는 정상희에게 귓속말로 속삭였다.

"단장님, 실은 여기 장소는 일본 측과 협의해 조금 전에 급히
섭외했습니다. 일본 분들이 신경을 많이 써주셨습니다."

"그렇군요. 모두 애를 많이 쓰셨습니다."

홀에 들어가자 전면에 '한국팀 우승 축하 기념, 한일친선의 밤'
이라는 플래카드가 붙어 있었다. 이미 많은 사람이 도착해 있었
다. 입장하는 한국 선수들에게 다가가 축하 인사를 건네고 어깨
를 두드렸다. 곧이어 일본 선수들도 박수를 받으며 홀에 들어와
한국 선수단 옆쪽에 자리를 잡았다.

정건영도 홀에 들어섰다. 그런데 적군이나 다를 바 없던 조총
련계 인사들이 여럿 목격됐다. 흠칫 놀란 정건영이 신희에게 속
삭였다.

"저기, 조총련 친구들이 확실한데 어쩌자고 여기에 온 것인지
영문을 모르겠습니다."

"좋게 생각하시오. 오늘은 축제이지 않소. 혹시 모르니 예의주
시만 하게."

신희 말대로 축하의 자리여서 어느 누구 하나 국적을 묻는 일

없이 오로지 한국 선수단을 축하하고 친선을 다졌다. 재일체육협회로 출발해 재일체육회에 이른 재일 체육인들이 원하는 모습이기도 해서 신희는 시종 흐뭇한 미소를 지었다.

행사 사회자는 이번 경기가 개최되는 데 결정적 역할을 한 신희를 불러 인사 자리를 마련했다. 신희는 재일체육회 대표로 단상에 올라가 마이크를 잡았다. 홀에 있는 한국 선수단을 둘러보면서 무슨 얘기를 할까 고민하다가 이내 입을 열었다.

"한일 양국 선수들이 경기를 마치게 돼서 누구보다 기쁩니다. 이제 물꼬를 텄으니 앞으로 멋진 경기를 이어나가 양국 축구 모두 발전하기를 기원합니다. 무엇보다 우리 한국도 일본처럼 거친 경기를 감행했더라면 어떤 불상사가 야기되었을 것입니다. 이처럼 화기애애한 환담회가 개최된 것을 다행이라고 생각합니다. 감사합니다."

한국 선수단뿐 아니라 경기를 지켜본 모든 이들이 말뜻을 알아채고 정중하게 박수를 쳤다. 김지성 등에게 큰 부상을 입히며 거친 플레이를 했던 일본 선수단에 예의를 갖춰 다그친 것이다. 한국 선수들 옆쪽에 자리한 일본 선수들이 민망함에 고개를 들지 못하는 상황이 연출됐다.[12]

신희의 지원 사격이 나오자 한국 선수단에 일순간 활기가 넘쳤다. 다 끝난 마당에 일본 선수들에 가 경기 뒷얘기와 옛 기억을 나누는 등 시간이 갈수록 분위기가 무르익었다. 한 일본 선수는 한국 선수에게 "옛 조선 친구가 내게 '아리랑'을 가르쳐준 적이 있다"면서 함께 노래를 부르기도 했다.

마이크를 잡은 패장 다케노코시도 대결을 뒤로하고 화해와 협력을 이야기했다.

"앞으로는 '일본이다, 한국이다'를 강조할 게 아니라 협력해나 갑시다. 우리가 동양을 이끌어 나가야 합니다."[13]

주장 주영광이 갑자기 무대에 올라 트럼펫을 잡더니 멋진 연주를 펼쳐 많은 이들을 놀라게 했다. 흥겨운 분위기에서 선수단과 응원단, 관중이 하나가 되는 자리는 밤늦게까지 5시간이나 계속됐다.[14]

동포들의 감격

재일동포들에게 한일전 승리는 일본에서 맛본 독립이요 광복이었다. 이유형은 귀국하고 나서 동아일보를 방문해 참여한 좌담에서 동포들의 여러 사연을 들려줬다.[15] 1차전 때 눈이 내리는 바람에 미처 관전하지 못한 동포들의 아쉬움이 컸던 모양이다.

"가와사키 민단 지부에서는 1차전 경기 때 눈이 와 못 하는 줄 알았다가 방송을 듣고 울었다고 한다. 그래서 2차전 땐 어떻게든지 가봐야겠다고 해서 기념품도 가져오고 너무나 감격해 눈물을 흘리며 울었다고 했다."

생전 처음 맛보는 행복이라고도 했다.

"(동포들은) 한국의 해방도 기뻤지만 생전에 이렇게 기쁜 일은 처음이라고 했다. 일본 사람들에게 눌려 살다가 이제는 큰소리하게 되었다고 하면서 이것은 자기뿐 아니라 동포가 전부 동감일 것이니 앞으로 무슨 체육이든지 반드시 일본한테 이겨달라고 얘기했다."

홍덕영은 경기장 밖에서 기다리던 동포들을 잊을 수가 없다고 했다.

"게임이 끝났는데 문밖에서 (누가) 울며 들어오는 소리가 났다. 15~16세 되는 여학생인데 대성통곡을 하면서 일본말로 '고맙습니다'

라고 하는데 참 감격했다. 우리가 해방 직후 중국 상하이에 갔을 때 그곳 동포들은 울면서 같이 시합장에 가고, 우리가 이기자 '돈벌이를 못 해도 좋다, 이제는 어깨 펴고 다니게 됐다'고 하면서 감격해했는데, 다시 한 번 동경에서 감격을 느꼈다. 특히 일본에는 우리나라 사람들이 많으니까 더 큰 힘을 주었다고 생각한다."

24

거대한 환영 인파

1954년 3월 22일~23일

한일전에서 승리한 선수들은 간밤에 회포를 풀면서 힘들었던 지난날을 잠시 잊었다. 이제 잘 쉬다가 귀국하는 일만 남았다. 정상회는 이유형과 배종호에게 귀국 일정을 넌지시 전했다.

"어제 경기를 이겼다고 한국에서 난리가 난 모양일세. 정부하고 서울시가 우리 축구선수단 환영준비위원회를 구성하고 귀국하면 환영 대회를 개최하겠다는군. 그래서 대한체육회는 내일 당장 귀국하라고 하네."

배종호는 얘기를 듣고 화들짝 놀랐다.

"그건 안 됩니다. 부상당한 선수들을 치료하고 나서 가야 합니다. 선수들 치료가 하루 이틀 늦어지면 탈이 날 수 있어서 그걸 먼저 해결해야 합니다, 단장님."

"치료할 선수들이 모두 몇 명이지?"

"김지성은 단장님도 아시다시피 크게 다쳤고 민병대도 있고 총 5명이 병원에 입원해 있습니다."

"알았네. 내가 귀국 일정을 조정해볼게."

병원에 문의한 결과 부상 선수 치료에 닷새가 걸린다는 소견이 나왔다. 그리하여 정상희는 대한체육회와 연락을 취해 여유 있게 3월 22일 도쿄 하네다공항을 통해 부산 수영비행장으로 출발하기로 결정했다. 부산에서 다시 야간열차 편으로 출발해 3월 23일 오전 서울역에 도착하는 일정이었다.[1]

선수들도 귀국 일정을 공유했다. 이유형은 선수들에게 외출을 허용했다.

"도쿄 시내에 나가게 되면 자네들은 일본을 격파한 한국 축구 국가대표라는 사실을 잊지 말아야 하네. 행여나 불미스러운 일을 저질러선 안 되네."

"네."

선수들은 삼삼오오 모여 도쿄 시내 구경을 나갔다. 일본에 도착하고 외출다운 외출이나 관광은 처음이었다. 모두 일제강점기를 겪어 일본어를 할 줄 알았기에 별다른 제약이 없었다.

선수단으로부터 용돈을 받은 선수들은 상점들을 지나다가 눈이 휘둥그레졌다.

"저건 뭐지?"

"뭐긴 뭐야. 여성들 가슴을 가리는 서양식 속옷이라네. 한국에서는 비싸서 살 수가 없다는 소리를 들은 바 있네."

"그런가? 가격이 이 정도면 아주 저렴한데. 아내에게 선물로 줘야겠군."

"이 정도 가격이면 한 박스를 한국에 가져가 내다 팔면 큰돈을 만지겠어. 나는 한 박스 사겠네."

어느 선수 말마따나 당시 브래지어가 한국에선 고가에 팔리고 있었다.[2] 그 많은 걸 입국할 때 가져가면 엄연한 밀수였다. 선수들은 그런 걸 아는지 모르는지 여유롭게 기분을 내고 있었다.

선수들의 부상 치료까지 마친 한국 선수단은 3월 22일 오전 9시 하네다공항을 통해 이제 다시 한국으로 출발하게 됐다.[3]

재일체육회의 신희와 정건영이 배웅을 나왔다. 이유형은 이들과 손을 꽉 잡고 나서 포옹했다.

"덕분에 정말 잘 있다가 갑니다. 건강하시고 한국에 오시거든 다시 뵙겠습니다."

"그렇게 생각해주시니 감사할 따름입니다. 한국 축구대표팀 덕분에 우리 동포 사회가 큰 힘을 받았습니다. 그럼, 건강히 돌아가십시오."

신희는 정상희에게 다가가 봉투를 건넸다.

"단장님, 이것 받으십시오. 이번 두 경기 입장료에 대한 수입 배당금이 나왔습니다. 배당금 전액을 드립니다. 요긴하게 쓰십시오."

정상희는 봉투를 받아들고 허리를 숙여 감사의 뜻을 전했다.

"우리가 너무 많은 신세를 지고 갑니다. 고맙습니다."

신희는 또 선수들에게 많은 선물꾸러미를 전달했다. 선수들이 다 들고 가기도 힘든 부피였다.[4] 재일체육회의 큰 선물을 챙긴 뒤 24명 선수단은 노스웨스트 항공기에 올라탔다. 고국에 생생한 소식을 전하던 서울방송국의 아나운서와 기술원도 함께 항공기에 올랐다.

울고 웃었던 21일간의 일본 여정이었다. 선수들은 저마다 일본에서의 첫날과 여관, 경기, 동포들, 행사 등에 얽힌 추억을 떠올렸다. 그렇게 일본에서의 생활이 끝났다.

이륙한 지 수십 분이 지나 잠자는 줄 알았던 최정민이 불쑥 한마디를 던졌다.

"조 아래 보이는 바다이 혹시 현해탄 아닙네까?"

그러자 선수들이 웅성거리며 창밖을 바라봤다.

"기다. 조 바다이 현해탄이야, 현해탄. 우리래 빠져 고기밥이 될 뻔한 곳이디, 하하."

큰형 박규정의 재치에 선수들이 한참 웃었다. 정국진도 거들었다.

"남식이, 정민이, 광석이 자네들이 우리를 살렸어. 골을 넣어둔 덕분에 우리래 이렇게 살아서 집으로 돌아갈 수 있게 된 거 아니야."

선수들은 또 한 번 박장대소했다. 이유형도 함박웃음을 지으며 분위기를 띄웠다.

"나도 살려줘서 고맙네, 고마워."

얼마 지나지 않아 선수단은 정오쯤 무사히 부산 수영비행장에 도착했다. 일본에 갈 때와 달리 돌아올 때는 날씨가 쾌청해 항공기에서 멀미하는 선수가 없었다. 그런데 선수단은 항공기에서 내리기도 전에 깜짝 놀랐다. 창밖으로 보니 족히 1만 명 가까운 시민들이 마중 나와 있었다. 이유형은 선수들에게 항공기에서 내리기 전에 옷매무새를 가다듬으라고 얘기했다. 마침내 선수단이 내리자 시민들의 우레와 같은 박수와 환호가 터져 나왔다.

선수단은 비행장 한편에 마련된 환영식장에 들어가기에 앞서 먼저 반원형의 퀀셋 막사 안에 차려진 세관 검사대를 통과해야 했다. 한 사람씩 문제없이 검사대를 통과하는데 세관원이 검사를 위해 특무대 소속인 한 선수의 트렁크를 여는 순간 펑 하고 물건들이 하늘로 솟구치는 일이 벌어졌다. 놀란 세관원이 땅바닥에 주저앉았다.

"이게 무슨 일이야?"

사방에 고무컵 브래지어 천지였다. 도쿄에서 박스째 사서 가져온 그 브래지어였다. 너무 많이 구매해 트렁크 용량 이상으로 꽉 채운 탓에 열자마자 사방으로 튀어 나간 것이다. 정상희가 급히 세관원에게 양해를 구하는 사이 해당 선수는 민망한 표정으로 바닥에 떨어진 브래지어를 트렁크에 주워 담았다. 미처 줍지 못한 건 세관원이 자루에 보관했다.[5]

주위에서 폭소가 터졌다.

"적당히 가져와야지."

작은 해프닝을 겪은 선수단은 안내에 따라 환영식장에 도착했다. 선수단은 경남지사와 경남체육회장, 각계각층 인사들과 차례로 악수를 하고 꽃다발을 받았다. 정상희는 여러 인사의 환영사가 있고 나서 답사를 했다.

"강적 일본을 격파하고 영예와 승리를 얻은 것은 오직 국민 여러분의 열광적인 성원 덕분입니다. 1차전에서 대승했지만 2차전에서 동점으로 비겨 여러분에게 대단히 부끄럽습니다. 그러나 이 승리에 그치지 않고 세계 제패를 목표로 최선의 노력을 다하겠습니다."

일정이 이렇게 끝나는가 싶었지만 이제 시작에 불과했다. 부산시 직원이 다음 일정을 안내했다.

"이제 선수단은 차량을 타고 부산 시내로 이동해 시가행진을 하게 될 겁니다. 많은 부산 시민이 지금 기다리고 있습니다."

선수들은 눈이 휘둥그레졌다.

"시가행진을 한다는 말입니까?"

일본을 이긴 일로 한국에서 난리가 났다는 사실이 점차 실감됐다. 그렇게 선수단은 부산 범일동에서 시작해 시청 앞까지 차량을 타고 행진했다. 도로 주변은 환영하려 나온 시민들로 그야말로 인산인해를 이뤘다. 시민들은 태극기를 흔들며 만세를 불렀다. 시청에 도착해서는 부산시장의 초대로 오찬을 함께 했고 저녁엔 경남지사와 만찬을 했다. 뒤이어 저녁 8시 30분 부산역에서 미군 야간열차에 올라타 서울로 향했다.[6] 진이 빠지는 일정이

일본을 꺾고 금의환향한 선수단이 지프차를 타고
카퍼레이드를 하면서 남대문을 지나고 있다. 사진
이재형

었다. 최광석은 열차 좌석에 털썩 몸을 맡겼다.

"차라리 일본전을 한 경기 더 하는 게 낫겠습니다."

함흥철도 거들었다.

"그 1차전 경기를 다시 뛸 수 있겠어?"

"아니지, 1차전 같은 경기는 다시 못 뛰지."

기운이 빠진 선수들은 막내들의 대화를 듣고 껄껄 웃었다. 배종호는 미소를 지으며 선수들에게 공지했다.

"오늘 이동하느라 축구하는 것만큼이나 수고가 많았다. 얼핏 들어보니 내일 아침 7시에 도착하면 오늘보다 더 많은 일정이 기다리고 있다고 한다. 각오를 단단히 해야 한다. 갈 길이 머니까 충분히 휴식을 취할 수 있도록."

"네. 알겠습니다."

하지만 선수들은 배종호의 말처럼 쉴 수가 없었다. 열차가 밤중에 정차하는 역 플랫폼마다 대규모의 환영 인파가 가득했다. 선수단을 보려고 나온 시민들의 규모가 상당했다.

홍덕영은 그 모습이 놀라울 따름이었다.

"이 사람들이 이 늦은 시간에 동원돼 나왔을 리는 없고 모두 자발적으로 나온 분들 아닙네까. 우리래 얼마나 대단한 일을 했다고. 제 인생에서 가장 영광스러운 순간입네다."[7]

선수들 모두가 이 말에 동의했다. 피곤하지만 차마 눈을 감고 잠을 청하는 수 없는 일이었다.

"일어나 이제, 어서."

배종호가 뒤늦게 잠든 선수들을 깨웠다.

"이제 30분 뒤면 서울역에 도착하니까 정신들 차려. 사람들이 많이 나왔을 테니까 옷을 단정히 입고."

선수들은 헝클어진 머리를 손으로 빗고 대충 옷매무새를 고쳤다. 그러고 나서 차분히 자리에 앉아 도착을 기다렸다. 아침 8시 37분 마침내 열차가 서울역에 들어섰다. 차창으로 거대한 인파가 눈에 띄는가 싶더니 군악대가 우렁찬 연주를 시작했다.

"자, 씩씩하게 내리자."

선수단이 열차에서 내리자 여기저기서 플래시가 터졌다. 군중은 오색 테이프를 뿌리며 환호했고 선수들에게 다가와 목에 이중삼중으로 꽃다발을 걸어줬다. 함성과 박수가 계속되는 가운데 선수단은 발 디딜 틈 없는 군중 사이를 느릿느릿하게 걸어 환영식장에 도착했다.

식장엔 각계각층 인사들이 총출동해 있었다. 이기붕 대한체육회장을 필두로 손원일 국방부장관, 이종림 교통부장관, 김태선 서울시장, 그리고 장택상 대한축구협회장과 윤보선 전 대한축구협회장, 대한체육회 간부, 선수단 가족과 지인 등이 자리했다.[8]

여기서도 환영사에 답사가 이어졌고 선수단은 곧바로 서울 시내에서 시가행진에 나선다는 소식을 접했다. 그러자 이유형이 행사 진행자를 제지하고 나섰다.

"아니, 선수들이 식사를 해야 할 것이 아니요. 밤새 쫄쫄 굶었소이다. 여기 역에서 일단 간단히 식사하고 행진인지 뭔지 하겠소."

이유형은 체육계 인사와 선수들을 이끌고 서울역 구내식당으로 이동했다. 하지만 지켜보는 눈이 많아 음식을 번개처럼 해치우고 밖으로 나서야 했다.[9] 오전 9시 30분 선수들은 9대 지프 차량에 3명씩 나눠 타 시가행진을 벌였다.

정남식은 시민들을 향해 손을 흔들며 정국진에게 얘기했다.

"시가행진을 어제 한 번 해봤다고 이것도 익숙해지는구먼."

"그런데 이걸 타고 어드메 간다고 해?"

"아까 경무대로 간다고 하지 않았나."

"아, 각하께 인사드리러 간다. 그럼, 이 일정도 다 끝나갓네."

이런저런 얘기를 하는 사이 차량이 경무대에 도착했다. 선수들이 차량에서 내리는데 환한 표정의 이승만과 프란체스카가 경무대 현관에서 박수를 치며 걸어 나오고 있었다.[10]

이승만과 선수단은 경무대 정원 앞뜰로 이동했다. 이승만은 만면에 미소를 머금고 선수단과 일일이 악수를 나눴다

"한국 선수단이 이제 6월에 세계축구선수권에 출전한다지?"

"네. 그렇습니다. 6월 스위스에서 열립니다."

그해 초만 해도 일본에 보내니 마니 하며 이것저것을 쟀던 이승만은 선수단이 일본을 꺾고 돌아오자 칭찬을 아끼지 않았다.

"그 악독한 일본을 어쨌든 간에 물리친 데 대해서는 기쁜 마음을 이루 말할 수가 없네. 웃으면서 경기를 하면 간혹 적에게 패배하는 일이 있어도 남들이 한국의 정신을 찬양하게 되는 것이라."[11]

이승만은 라디오 중계를 통해 선수들이 페어플레이를 펼쳐 최종 승리를 거둔 것을 알고 있는 듯했다. 정상희도 선수단을 대표해 대통령에게 답사를 했다.

"우리 선수들은 일본이 발악적으로 경기에 임하였음에도 불구하고 일치단결하여 최선을 다해 싸웠습니다."[12]

"곧바로 서울운동장에서 환영 행사가 있다지. 어서들 가보게."

이승만이 한일전에서 승리하고 귀국한 선수단을 축
하하고 있다. 사진 국가기록원

　그토록 미워하던 일본을 축구가 꺾었다는 소식에 이승만도
느낀 바가 많았다. 축구로 한 나라가 열광하고 통합될 수 있다는
사실을 깨달았다.

　선수단은 곧바로 서울운동장으로 이동해 마지막 일정인 '시
민환영대회'(국방부, 문교부, 서울특별시, 대한체육회 공동 주최)에 참
석했다. 선수들은 개인별로 소개를 받았고 시민들은 개선한 선
수들을 열렬히 환영했다. 오후 1시 30분부터는 다과회가 열려 선
수들은 간단히 허기를 달랠 수 있었다. 오후 2시에 원만히 행사
를 마쳤다.

금의환향한 선수단은 카퍼레이드를 하고 나서 경무
대를 방문했다. 경향신문 1954년 3월 24일

50여 일간 선수단 여정은 이렇게 마무리됐다. 선수들은 가족
의 품으로, 소속 팀으로 돌아갔다. 경기는 끝났어도 추억은 영원
했다. 첫 한일전의 승리는 모두에게 영원했다. 누구에게는 장면
으로, 또 다른 누구에게는 음성으로 남은 기억은 저장 방법만 달
랐지 지워지지 않았다.

홍덕영은 어느 날 길거리를 가다가 경찰의 불심검문을 받았다.

"신분증을 주시오."

홍덕영은 신분증이 필요 없었다. 경무대에서 이승만과 악수
하는 장면이 나온 신문 기사를 보여주면 '패스'였다.

"몰라봤습니다. 홍선수 덕분에 일본을 이겼습니다. 어서 가십시오."[13]

최광석 귀국설

당시 일본과의 경기 1차전에서 역전골을 넣은 최광석이 일시 귀국해 부산에 있다는 소문이 떠들썩했다. 사실상 국가적 행사나 다를 바 없는 경기를 치르는 중간에 귀국했다는 소문이 퍼지자 여론이 악화됐다. 2차전을 준비하던 대표팀이 발칵 뒤집힌 것은 말할 것도 없다.

최광석 일시 귀국설이 신문에 실린 건 귀국 바로 다음 날인 1954년 3월 25일이다. 최광석이 축구단 일행에 불만을 품고 도중에 귀국했었다는 얘기였다. 경사스러운 잔칫집 분위기에 난데없는 소식을 접한 이기붕 대한체육회장은 철저히 규명하겠다고 나섰다.

정상희 단장과 최광석 본인은 펄쩍 뛰었다. 정상희는 조선일보와의 인터뷰에서 "우리도 동경에서 들은 바도 있었는데, 최군의 귀국 운운은 사실무근이며 (최광석을) 만났다는 김 모 씨를 규명할 작정"이라고 강경 대응을 시사했다. 최광석도 "나는 일생을 통하여 축구에 바친 사람이니 경거망동하게 또한 외출 금지를 당하고 있던 단원 중에서 내가 어떻게 귀국을 할 수 있겠소. 내가 귀국했었다는 말은 무근한 망언이라고 할 수 있겠소"라고 목소리를 높였다.[14]

결국 대한체육회가 고소했고 영등포에 있는 한 방직공장의 지배인 김씨는 명예훼손죄로 사흘 뒤에 구속됐다.[15] 1차전을 마치고 부상 치료를 받고 있던 최광석이 부산으로 갔을 시간도 없거니와 부산으로 갈 방법도 없었기에 김씨가 다른 사람을 그로 착각했거나 지어낸 거짓말일 가능성이 높아 보인다. 유명인을 대상으로 삼아 관심을 끌어볼 생각으로 이른바 '가짜 뉴스'를 유포했을 수도 있다.

1954년 3월 22일~23일

25

가자, 스위스로!

1954년 6월 9일

"덕영이 성님, 우리래 시방 석 달 만에 다시 현해탄을 건너는 것 아닙네까."

"그렇디. 이제는 고기밥이 될 일을 염려하디 않아도 되니 좋다."

최정민과 홍덕영은 여객기 안에서 창밖으로 현해탄을 보며 대화를 나눴다. 대표팀에 다시 선발된 이들은 일주일 뒤인 6월 16일 스위스에서 개막하는 세계축구선수권 본선에 참가하기 위해 여의도공항에서 이륙한 대한항공사(KNA) 항공기를 타고 도쿄 하네다공항으로 향하고 있었다.

"감독님, 우리래 정말로 스위스에 가는 겁네까?"

골키퍼 홍덕영이 스위스 월드컵 본선을 앞두고 코
리아와 태극기가 적힌 유니폼을 입고 축구화를 손
질하고 있다. 사진 대한축구협회

홍덕영의 질문에 김용식 감독이 대답했다.

"도쿄에서 다시 비행기 티켓을 끊어 스위스로 가는 거야. 금방
가니 걱정 말라우."

대한축구협회는 한일전이 끝난 뒤 대표팀을 새로 꾸리면서
이유형이 아니라 김용식에게 지휘봉을 맡겼다. 평양 출신인 김
용식은 일제 때 일본 대표팀에 줄기차게 선발됐고 1936년 베를
린 올림픽과 1948년 런던 올림픽에 참가하는 등 선수로서 명성
을 날렸다. 일본에서는 김용식을 '축구의 신'이라고 불렀다.[1]

김용식은 선수단을 원점에서 다시 꾸렸다. 40명을 대상으로
국가대표 선발전을 열어 두루 살핀 끝에 스위스로 날아갈 20명

을 5월 25일 최종 선발했다. 불과 2주 전쯤이었다.[2] 석 달 전 한일 전에 출전한 이교와 박건섭이 제외되고 수비진에 박재승, 공격진에 이수남, 최영근, 이기주, 우상권이 새로 선발됐다.

김용식은 한 가지 걱정이 있었다. 처음 세계축구선수권에 참가하는 것인데 대한축구협회가 예산이 부족하다며 합숙 훈련과 스위스 체류 기간을 최소화할 것을 요구했다.[3] 이에 따라 합숙 훈련을 열흘 남짓밖에 하지 못하고 날짜가 바짝 닥쳐서야 대회 장소로 출발하게 됐다. 다른 참가국들은 이미 현지에 도착해 적응 훈련을 하는 중이었다.

하네다공항에 도착해 갈아탈 비행 편을 알아보는 중에 평소 김용식을 잘 따르는 민병대가 말을 걸었다.

"감독님, 이제 스위스행 비행기로 갈아타는 겁니까?"

"그렇디. 코치도 없고 주무도 없어서 내래 티켓을 끊어야 돼. 스위스에 날래 가 훈련해야 하디 않갔어."

대한축구협회는 예산 문제 때문인지 선수들 외에 단장(김윤기)과 감독만 구성했다. 김용식의 말대로 코치도 주무도 없어서 감독이 모든 역할을 떠맡아야 했다.[4] 국제축구연맹으로부터 지급받은 비용 3만 5000달러로. 그나마 다행인 건 김용식이 일본어와 영어에 능통해 해외에서 이런저런 일을 할 때 수월하다는 점이었다. 일본어야 일제강점기에 와세다대를 나와 두말할 것도 없었고 영어도 학창 시절 미국 선교사한테 배워 전쟁 중에 미 육군 24사단 3전투공병대에서 통역으로 일할 정도로 유창했다.[5]

김용식은 선수단을 이끌고 국제축구연맹 지정 항공사인 네덜란드 항공사(KLM) 카운터로 가 항공 티켓을 구매하려고 문의했다.

"스위스 취리히 갑네다. 티켓 22장 달라요."

김용식의 여유 만만한 문의에 항공사 직원이 눈을 동그랗게 뜨고 되물었다.

"22장이요?"

"네. 22장."

깜짝 놀란 직원이 헛기침을 하고 대답했다.

"손님, 이건 버스가 아니라 항공기입니다. 외국으로 출국하려면 사전 예약을 하고 와야지 이렇게 갑자기 오면 타실 수가 없습니다. 게다가 스위스에 가려면 여러 나라를 경유해야 하는데요."[6]

김용식은 순간 식은땀이 났다. 과거 대표팀에 소속돼 외국 원정을 나갔을 때는 주무 등이 모든 이동 업무를 처리했기에 스스로 항공권을 발권해본 적이 없었다.

"그카면 어떻게 해야 합네까? 우리래 당장 스위스로 가야 하는데."

"일단 항공편을 알아보겠습니다. 스위스 취리히라고 하셨지요? 두 가지 노선이 있습니다. 하나는 로마를 경유하는 에어프랑스. 또 하나는 태국 방콕과 인도 콜카타, 이탈리아 로마를 거쳐야 갈 수 있습니다."

이번엔 김용식의 눈이 동그랗게 떠졌다.

"기케 많이 거쳐 가야 합네까. 날래 가야 하는데. 로마 경유 비

1954년 6월 한국 선수단은 여의도공항에서 항공기를 타고 일본으로 향할 때만 해도 모든 것이 순조로워 보였다. 하지만 도쿄에 도착하고 나서 수난이 시작된다. 사진 대한축구협회

행기에 좌석이 있습네까?"

직원은 이곳저곳 사정을 알아보고 김용식에게 말했다.

"로마 경유 항공편엔 11좌석밖에 없습니다. 방콕 경유 항공편은 6월 12일에 9좌석이 있습니다."

김용식의 표정이 순간 잿빛으로 변했다.

"11좌석과 9좌석이면 20좌석밖에 안 되디 않소. 우리래 총 22명인데 2좌석이 모자랍네다. 우리래 사실 한국 축구대표팀이라요. 6월 16일 스위스에서 개막하는 세계축구선수권에 가야 하는데 무슨 방법이 없갔습네까?"

김용식은 초조한 마음에 발을 동동 굴렸다. 이때 아까부터 이

모습을 한참 지켜보던 외국인 한 쌍이 심각한 표정을 짓고 있는 김용식에게 다가왔다.

"저희는 일본을 여행하고 있는 영국인 신혼부부입니다. 본의 아니게 옆에서 얘기를 듣게 됐는데 저희가 사실 스위스로 가는 그 비행기를 탑니다. 월드컵 대회에 나가는 선수들이 항공권이 없어 출전하지 못한다는 게 말이 안 되지요. 저희가 티켓 2장을 양보하겠습니다."[7]

외국인들의 호의에 김용식은 고개를 꾸벅 숙이며 "쌩큐"를 연발했다. 영문을 모르는 선수단은 웅성거렸다. 맏형 박규정이 물었다.

"뭔 일 있습네까? 왜 그리 좋아하십네까?"

"이분들이 자신들 티켓 2장을 양보하갔다 기러시는 거야."

선수들은 경기에서 이긴 것처럼 만세를 불렀다. 모두 영국인 부부 곁으로 와 김용식처럼 "쌩큐"를 연발했다. 김용식은 김윤기 단장과 협의해 선수단을 1진과 2진으로 나눠 출발하기로 결정했다. 김윤기가 선발대를 이끌고 로마를 경유하는 취리히행을 타고 김용식이 후발대와 함께 방콕으로 출발하기로 했다.[8] 후보 선수들은 6월 12일까지 도쿄에 체류하는 동안 일본축구협회의 도움을 받아 훈련하기로 했다.

6월 13일 후발대를 데리고 방콕에 도착한 김용식은 다시 콜카타행 비행기로 갈아탔다. 이제 로마만 거치면 취리히로 직행할 수 있었다. 선수들이 그렇게 안심하고 콜카타 공항에 있을 무렵

승무원으로부터 또다시 청천벽력 같은 소식을 듣는다.

"죄송합니다. 저희 항공기는 프로펠러 이상으로 정비를 해야 합니다. 정비가 끝나는 대로 로마로 출발하겠습니다."

김용식은 눈앞이 캄캄해졌다. 이대로라면 경기 전날에야 취리히에 도착할 판이었다. 항공기가 정비될 때까지 기다리는 것 말고 달리 뾰족한 수가 없었다. 지금쯤 한참 훈련에 매진하고 있어야 할 선수들은 공항에 퍼져 앉아 시간을 보낼 뿐이었다.

6월 15일 후발대가 마지막 경유지 로마에 도착했다. 한국에서 출발할 당시 말끔하게 차려 입은 단복은 쪼글쪼글 구겨져 볼품이 없었다. 몸도 마음도 그와 다르지 않았다. 선수단이 터벅터벅 항공기에서 내려서 걷는데 갑자기 카메라 플래시가 여기저기서 터졌다. 어디서 들었는지 한국 선수단이 도착한다는 소식에 이탈리아 기자들이 몰려든 것이다. 이탈리아 기자들이 질문을 쏟아냈는데 영어를 할 줄 아는 김용식의 표정이 굳어졌다.

"양복바지를 왜 이리 짧게 입고 다니니, 이거이 유행이니 하고 물어보디 않간."

선수들은 그제야 서로의 모습을 살폈다. 바지가 종아리 위까지 말려 올라가 있었다. 국산 원단이 좋지 않은 탓에 변형이 온 것이다. 모두 할 말을 잃고 얼굴이 벌겋게 돼 있을 때 주장 주영광이 기지를 발휘했다.

"우리래 전쟁을 겪은 나라의 국민으로 물자를 절약하는 차원에서 바지를 짧게 줄여 입습네다."

흥을 보듯 웃고 있던 이탈리아 기자들이 그 말에 고개를 끄덕이며 진지한 표정을 지었다. 다행히도 이탈리아 언론은 그 내용을 신문에 대서특필했다. 그 덕분에 다음 날 여기저기서 대표팀을 알아보고 엄지를 치켜세웠다.[9]

6월 16일 후발대는 드디어 취리히로 향하는 항공기를 탔다. 심신이 지쳐 도저히 경기에 뛸 상태가 아니었다. 이미 만신창이가 돼 있었다. 게다가 항공기 좌석은 의자가 너무 높아 선수들이 앉으면 발이 바닥에 닿지 않고 대롱대롱 매달렸다. 자연히 다리의 피로가 극심했다.[10]

마침내 총 60시간이 넘는 비행 끝에 취리히에 도착했다. 밤 9시, 대회가 이미 개막해 다른 나라들의 첫 경기가 이미 끝난 시각이었다. 한국의 첫 경기는 채 하루도 남지 않았다.[11]

전쟁을 막 마친 나라가 선수단을 파견한 게 신기했는지 유럽 각국의 기자들이 몰려들었다.

"이 양반들이 세계축구선수권이 대체 언제 개막하는디 아냐고 물어보는데. 우리래 늦은 걸 아는 거이디."[12]

기진맥진한 선수들은 대꾸할 힘도 없었다. 특히 다리에 힘이 다 빠져 절뚝이며 한 걸음씩 내디뎠다. 김용식은 그 모습을 보고 하늘이 꺼져라 한숨을 내쉬었다.

'제대로 서 있디도 못하는데 무슨 축구를 해. 전술이고 뭐고 무슨 소용이 있갔어.'

여건이 좋지 않지만 세계를 향해 한국 축구의 면모를 보여주겠노라고 다짐했던 김용식과 선수들은 그냥 쉬고 싶을 뿐이었다. 시차 적응도 안 될 판이었다. 한국 축구 사상 가장 큰 대회에 참가한다는 사실을 돌아볼 겨를도 없이 파김치가 돼 있었다.

항공권 예약

한국 축구가 스위스 월드컵 본선 1차전 전날에야 도착하는 촌극이 빚어진 건 순전히 축구 행정과 외교의 미숙 때문이었다. 먹고살기 힘들고 대한축구협회 임직원이라 봐야 5명 남짓인 시절이라 어쩌면 당연할 수도 있겠지만 대표팀에 대한 관심과 지원 자체가 부족했다.

대한축구협회는 당시 국제축구연맹이 왕복 항공비와 체제비를 사전 지급할 때까지 선수단의 항공편을 예약하지 않았다.[13] 대한축구협회 관계자는 열차표처럼 공항에 가면 비행기표를 끊을 수 있을 거라고 생각했다고 한다.

선수단은 무작정 일본에 도착해 항공편을 알아봤지만 항공 티켓을 구할 수 없어 발을 동동 굴렀다. 당시 일본은 우리나라와 국교를 맺기 전이라 비자 없이 72시간 이상 머물 수 없었으므로 티켓을 구하기까지 적잖이 애를 태웠을 것이다.

당시 동아일보 기사를 보면 국제축구연맹의 보조금 3만 5000달러를 들고 출발한 선수단은 여의도공항에서 대한항공사 항공기를 타고 도쿄로 이동한 뒤에 네덜란드 항공 편으로 취리히에 갈 예정이었다.[14] 경향신문 기사에도 "선수단은 네덜란드 항공기를 타고 12일쯤 취리히에 도착할 것"이라고 나오는데 어디서부터 문제가 꼬였는지 알 길이

없다.[15]

우여곡절 끝에 본선 1차전 전날 밤 모두 결전지에 도착한 선수들은 항공기 좌석 문제로 하체에 기운이 빠지고 8시간 시차도 적응하지 못한 상태였다. 하지만 곧장 경기를 맞아야 했다.

먹는 문제도 비참했다고 한다. 국제축구연맹이 지급한 체제비로만 숙식을 해결하다 보니 돈이 빠듯했다. 일부 선

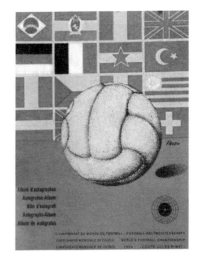

스위스 월드컵 대회 공식 포스터에 태극기가 공에 가려져 있다. 당시 약소국으로서의 설움일까.

수들이 식사 후 커피를 마시려고 하면 "커피도 돈"이라며 제지하는 해프닝도 벌어졌다. 1954년 스위스 월드컵 본선 2조에 편성된 한국은 그런 상태로 사상 처음 월드컵 무대에 도전하고 있었다.

26

쓰라린 월드컵의 첫 기억

1954년 6월 17일

"자, 힘차게 몸을 풀어봐라."

김용식은 여독이 풀릴 새도 없이 이튿날 오전 11시 숙소인 벨라리아 호텔 앞뜰에 선수단을 불러 모아 1시간 동안 훈련했다. 7시간 뒤 헝가리와의 1차전을 앞두고 일주일여 만에 전체 선수단 합동 훈련을 한 것이다. 선수들이 볼 컨트롤조차 제대로 하지 못하는 건 당연했다. 훈련을 바라보는 유럽인들의 시선에 주눅까지 들었다.[1] 김용식은 한숨부터 나왔다.

'이래서 어디 경기를 츠를 수나 있갔어.'

김용식은 점심 식사를 마치고 오후에는 기분 전환을 시킬 겸 선수들을 데리고 취리히 시내 관광에 나섰다. 스위스 사람들은

1954년 스위스 월드컵 헝가리와의 1차전에 나서는 한국 선수단. 헝가리 측 맨 앞은 당대 세계 최고 스타 푸슈카시. 사진 대한축구협회

키 작은 동양인들을 신기한 듯 바라봤다. 어디에 가도 주위의 시선이 불편해 오래 다니지 못하고 숙소로 돌아왔다.

오후 6시 대표팀은 근심 걱정을 떨쳐버리지 못한 채 1차전 경기를 위해 경기장에 들어섰다. 식전 행사 중에 센터서클을 밟은 김용식은 잠시 감상에 젖었다. 18년 전인 1936년 그는 일본 대표팀 소속으로 베를린 올림픽에 참가했다가 돌아오는 길에 바로

이 경기장, 하르트룸에서 현지 팀과 친선경기를 가졌었다.[2]

'그때 1-16으로 졌었는데….'

김용식은 정신이 번쩍 들었다.

'오늘은 기케 돼선 안 되디.'

고개를 들고 보니 헝가리 선수들이 몸을 풀고 있었다. 32경기 무패 행진을 기록하며 '마법의 마자르 군단'으로 불리는 세계 최강, 이번 대회 강력한 우승 후보였다. 1949년 북한 대표팀 소속으로 헝가리를 상대했던 박일갑이 김용식에게 귀띔했다.[3]

"선수들 개인기와 체력, 전술이 어마어마합네다."

그 외 정보가 전혀 없었다. 막연히 강한 팀이라는 사실만 인지했을 뿐이다. 퓨슈카시 페렌츠Puskas Ferenc, 보지크 조제프Bozsik Jozsef, 코치시 샨도르Kocsis Sandor, 히데그쿠티 난도르Hidegkuti Nandor 등 내로라하는 스타들이 뛰는 팀이라는 걸 알지도 못했다.

경기 직전 김용식은 선발 출전 선수들을 불러 모아놓고 짧게 한마디 했다.

"들어가서 수비만 하라."[4]

우리는 전혀 준비되지 않았는데 상대는 세계 최강이라고 하니 욕심 부리지 말라는 뜻이었다. 승부욕이 강한 김용식이라고 해도 별다른 전술이 없었다. 선수들이 우렁찬 기합 소리를 내며 그라운드에 들어섰다. 1만 3000명 관중들의 함성과 함께 경기 시작을 알리는 휘슬이 울렸다. 한국 축구의 월드컵 역사가 펼쳐지는 순간이었다.

1954년 6월 17일

1954년 스위스 월드컵 헝가리와의 1차전에 나선 한
국 선수들이 경기에 앞서 그라운드에 정렬해 있다.
사진 대한축구협회

선수들은 김용식의 지시대로 페널티 지역을 중심으로 철통
수비벽을 구축했다. 관중은 약팀인 한국에 동정심을 보이며 일
방적인 응원을 보냈다.[5]

"꼬레아, 꼬레아."

힘을 낸 선수들은 10분간 무실점으로 버텼다. 헝가리는 '첫 10
분에 두 골을 넣고 시작한다'는 팀이었기에 경기장 안의 모든 사
람이 놀라워했다. 강창기는 헝가리의 에이스 푸슈카시를 밀착
마크하며 꽁꽁 묶어놓고 있었다. 전원 공격을 하는 헝가리를 상
대로 최정민이 역습 기회를 엿봤지만 넓은 수비 반경을 자랑하
는 헝가리 골키퍼 그로시치 줄러Grosics Gyula에게 막히고 말았다.

약팀을 상대로 좀처럼 득점을 하지 못하자 헝가리 선수들은
서로 신경질을 내거나 거친 플레이를 하기 시작했다. 특히 당대

최고 스트라이커 푸슈카시는 패스를 원활히 연결하지 않는 동료들을 큰 소리로 나무랐다.[6] 푸슈카시는 또 강창기의 태클에 걸려 넘어진 뒤 잔뜩 화가 나 그를 잡아먹듯이 쫓아갔다. 강창기가 종종걸음으로 뒷걸음질 치자 관중은 폭소를 터뜨리며 푸슈카시에게 야유를 보냈다.[7]

"우우~."

바로 직전 전쟁을 겪은 나라, 경기 하루 전날 허름하고 힘없는 기색으로 도착한 선수들. 이런 선수들이 기적을 쓸 지도 모른다는, 어쩌면 이변이 일어날 수도 있다는 달콤한 상상을 하던 순간 현실이 쓰나미처럼 몰려왔다. 푸슈카시의 왼발이 번뜩이는 순간 골이 한국 골문을 세차게 갈랐다. 헝가리 선수들은 성난 황소처럼 주먹을 불끈 쥐며 환호했다.

젖 먹던 힘까지 짜내 조직력으로 헝가리를 상대하던 한국은 이때부터 맥이 풀리고 힘이 빠졌다. 두 번째 실점까지는 6분밖에 걸리지 않았다. 런토시 미하이Lantos Mihaly의 프리킥 득점이었다. 한국 수비수 6명이 벽을 세웠지만 총알처럼 날아든 공이 수비벽을 뚫고 날아와 골키퍼 홍덕영이 손 쓸 틈도 없이 골망을 흔들었다. 워낙 강슛이다 보니 박규정과 성낙운이 고개를 돌려 피했고 그 사이로 공이 날아들어 득점이 된 것이다.[8]

한번 둑이 터지자 골이 물 밀 듯이 들어왔다. 이후부터는 코치시가 연달아 3골을 터뜨리며 한국 수비진의 혼을 빼놓았다. 특히 골망이 찢어질 듯 강력한 오버헤드킥은 보는 이의 탄성을 자아냈다.[9]

5-0. 헝가리는 체력이면 체력, 주력이면 주력, 슈팅이면 슈팅 어느 하나 빠지는 게 없었다. 특히 푸슈카시의 강력한 슈팅은 홍덕영을 힘들게 했다. 푸슈카시의 슈팅을 막아낼 때마다 가슴에 통증이 밀려오고 막아낸 손에 감각이 없었다. 공이 골대에 맞고 나갈 때면 타격음이 천둥 치는 소리처럼 느껴졌다.[10]

한국 선수들은 급기야 전의를 상실했다. 패스가 3번 이상 이뤄지지 않으니 골키퍼 홍덕영은 공을 잡았다 하면 시간이라도 벌어보려고 센터서클로 뻥 찼다. 하지만 골대로 돌아와 몸을 돌리면 어느새 헝가리 선수들이 다시 우리 문전을 향해 돌진하고 있었다.

우려하던 상황까지 나왔다. 훈련이 부족한 상태에서 죽을힘을 다해 뛰면서 체력이 방전되고 말았다. 하나둘씩 다리에 쥐가 나고 있었다. 민병대를 시작으로 성낙운, 우상권, 강창기, 박일갑, 최정민까지 두세 명이 돌아가며 쓰러졌다. 심지어 골키퍼 홍덕영까지 쥐가 났다. 선수 교체 규정상 바꿀 수도 없어서 끝까지 뛰어야 했다.

헝가리 선수들은 몸을 가누지 못하고 비틀거리는 한국을 흠씬 두들겼다. 치보르 졸탄Czibor Zoltan이 6-0 득점에 성공했다. 후반 종료 5분을 남기고 넘어진 박재승은 전광판에서 6-0 스코어를 보고 쓰러졌다. 한참 뒤에 일어나 보니 스코어는 9-0이 돼 있었다.[11]

한국 축구의 월드컵 본선 첫 경기는 그렇게 끝났다. 역대 월드컵 최다 골 차 패배의 주인공이 됐다. 하지만 선수들은 창피함을 느끼기보다 그렇게라도 경기를 끝냈다는 데 안도했다.

"한 자릿수 실점으로 막았으니 그나마 다행이야."[12]

누군가의 말에 모두 쓴웃음을 지었다.

장내 아나운서는 한국 선수단이 측은해 보였는지 관중들에게 격려를 부탁했다.

"전쟁을 치른 한국에 성원을 보냅시다. 선물로 따뜻한 마음을 전합시다."[13]

실제로 선수단이 호텔로 복귀한 뒤 많은 위문품이 호텔 앞마당에 수북이 쌓였다. 고기와 술, 초콜릿, 넥타이, 시계, 헌옷, 축구공 등이 밀려들어 나중에는 물품을 처리할 수 없을 지경이 됐다.

"대회도 마쳤는데 이제 먹고 마시고 관광도 하며 쉬었다가 돌아가야지요?"

최광석이 운을 떼우자 다른 동료들도 동의를 하며 맞장구를 쳤다. 분위기가 좋아진 선수들은 다 끝난 마당에 아쉽지만 서로 수고했다며 등을 두드렸다.

다음 날인 6월 18일 막 제네바 회담을 마친 변영태 외무장관과 임병직 주유엔 대사, 양유찬 주미 대사 등 한국대표단이 선수단을 격려하려고 호텔을 찾았다.[14] 회담에서 휴전협정 이후 한반도 통일 문제를 둘러싸고 한국전쟁 참전국들이 1954년 4월 26일부터 6월 15일까지 50여 일간 논쟁을 벌였지만 아무런 합의도 이루지 못했다. 대표단이 전날 경기장에서 응원했다는 말을 듣고 김용식은 고개를 들 수가 없었다.

최악의 조건에서 최강 헝가리를 상대한 한국은 0-9
로 크게 졌다. 사진 대한축구협회

"괜찮네. 우리가 여기 먼저 와 헝가리의 연습경기를 두 차례
봤는데 첫 경기를 10-0, 두 번째 경기를 12-0으로 이기더라고. 9-
0이면 우리가 잘한 걸세. 모두 수고 많았으니 푹 쉬게들."[15]

선수들은 식사를 마치고 나서 귀국하려고 짐을 싸고 있었다.
저마다 현지 팬들이 보내준 선물꾸러미도 한 가득씩 쌌다. 이 모
습을 지켜본 국제축구연맹 관계자가 김용식에게 다가와 물었다.

"벌써 제네바로 이동하려는 것입니까?"

"제네바를 왜 갑네까? 한국으로 가야디."

"그게 무슨 말씀이십니까? 6월 20일에 터키하고 2차전을 해야
지요, 제네바에서."

김용식은 순간 얼굴이 화끈거렸다.

'2차전이 있었다니.'

김용식은 우선 '알겠다'고 대답한 뒤 2차전 경기와 이동 일정에 대해 자세히 물어봤다. 그리고 즉시 선수들을 소집했다.

"대회가 끝난 줄 알았는데 모레 터키하고 2차전이 있단다. 누구래 가르쳐주디 않으니 어떻게 알갔어. 그 경기를 마치고 귀국하기로 하자."[16]

그 말을 들은 민병대가 김용식에게 한 가지 건의했다.

"여기까지 이렇게 힘들게 왔는데 이왕 이렇게 된 거 2차전에는 후보들을 뛰게 하는 게 어떻습니까?"

김용식도 사실 같은 의견이어서 그렇게 하기로 방침을 정했다.[17]

대표팀은 2차전에서 터키에 0-7로 졌다. 누구는 터키전에 1진을 출전시켰더라면 경기 양상이 달라졌을 것이라고 하지만 당시 현장에 있던 사람들은 의견이 달랐다.

선수단은 7월 7일 귀국했다. 처량한 복장으로 스위스에 도착했지만 현지에서 각종 선물을 받아 돌아올 때는 각종 장신구를 휘감은 국제 신사로 변신해 있었다. 멋진 모습으로 귀국해 일부는 영화 출연 제의까지 받을 정도로 인기가 좋았다.

선수들은 터키전을 마치고 출국하기 전까지 다른 경기들을 관전하며 세계 축구의 높은 수준을 눈으로 목격했다. 쓰라리지만 소중한 경험이기도 했다. 사상 첫 한일전에서 이기면서 선물

로 받은 사상 첫 세계축구선수권 출전, 아니 월드컵 출전은 아픔

이자 기쁨으로 끝났다.

변모

1954년 스위스 월드컵에 초대받지 못한 손님처럼 비웃음을 받으며 참가한 한국 축구대표팀은 이제 세계에서 6번째로 '10회 연속 월드컵 본선 진출'에 성공한 단골손님이 됐다. 높은 좌석에 발이 바닥에 닿지도 않는 수송기인지 여객기인지 모를 정체불명의 항공기를 탔던 대표팀은 지금 해외 원정 경기를 다닐 때면 비즈니스 클래스를 이용하고 특급 호텔에서 1인 1실을 사용한다.

1954년 임직원이 5명 안팎이던 대한축구협회는 이제 100명이 훌쩍 넘는 거대 조직으로 거듭났다. 돈이 없어 스위스 월드컵에 외상으로 단복을 입혀 보냈지만 지금은 2022년 한해 예산이 1141억 원에 달하는, 국내 스포츠 협회 중에서 단연 으뜸인 스포츠 단체로 거듭났다.

1956년 운 좋게 멜버른 올림픽 출전권을 따내고도 영어를 못하는 직원의 실수로 출전권을 놓쳤던 대한축구협회는 현재 다양한 국제 전문 인력과 전문 부서도 갖췄다. 2002년 일본과 공동으로 한일 월드컵을 개최하는 등 국제 스포츠계의 중심축으로 변모한 지 오래다. 2007년 17세 이하 월드컵을, 2017년 20세 이하 월드컵을 개최하면서 국제 축구계에서 무시할 수 없는 수준에 올랐다.

1954년 당시 군대에서 공을 차던 선수들이 대표팀의 주축이 됐다면 지금은 축구의 본고장인 유럽에서 뛰는 선수들이 대표팀의 핵심을 이루고 있다. 축구 종가 잉글랜드에서 뛰는 대표팀 주장 손흥민과 황희찬, 독일에서 활약하는 이재성, 이동준, 이동경, 정우영, 스페인의 이강인, 프랑스의 황의조 등이다. 국제축구연맹은 1954년 당시 세계 최고 스타였던 푸슈카시 페렌츠를 기리기 위해 한 해 동안 가장 멋진 득점을 올린 선수에게 주는 상으로 FIFA 푸슈카시상을 제정했는데 아시아에서 이 상을 처음 받은 선수가 2020년의 손흥민이다. 말 그대로 격세지감이다.

한일전 68년의 역사

　세계축구선수권에 다녀온 한국 대표팀이 다시 일본을 만난 건 2년여 뒤인 1956년 6월 3일과 6월 10일, 다시 도쿄에서다. 이 번엔 멜버른 올림픽 출전권이 걸린 예선 경기였다. 마찬가지로 홈 앤드 어웨이 방식으로 양국을 한 차례씩 오가며 경기해야 했 지만 이번에도 이승만 정권의 외교 원칙에 따라 일본 선수단이 입국할 수 없어 또다시 도쿄에서 두 경기를 치러야 했다. 김명학 대한축구협회장은 한국의 홈경기를 제3국인 홍콩에서 치를 것 을 검토했지만 이전처럼 도쿄에서 치르기로 결론을 냈다.[1]

　2년여 전의 사상 첫 한일전과 비교해 선수단 면면이 크게 바 뀌었다. 감독은 한응태, 코치는 1954년 주장이었던 주영광이 맡았다. 1954년 선수단과 비교하면 함흥철, 이종갑, 김지성, 박일갑, 최광석, 최정민, 성낙운 7명밖에 남지 않았다. '해방 이후파'와 '이북파'가 주축이 됐다.

경기장도 도쿄 고라쿠엔 경륜장으로 바뀌었다. 맨땅이 아닌 잔디 그라운드였다. 2년여 전처럼 1차전도 부슬비가 내리는 가운데 열려 역시 그라운드 상태가 좋지 못했다. 결과는 낙승을 예상했던 한국의 0-2 충격적인 패배였다. 한국의 출전 선수 평균 연령은 26세, 일본은 24세였는데 한국 수비진이 새 얼굴로 바뀐 이유도 있어 보인다.[2]

2차전에선 재일동포 이석의가 출전했다. 2년 전에는 훈련에만 참가했었는데 이번엔 왼쪽 미드필더로 출전했다. 재일동포 선수로서 한국 대표팀 경기에 최초로 출전했다는 데 의미가 컸다.[3] 한국은 성낙운과 최정민의 연속골에 힘입어 2-0으로 후반을 마쳤다. 변경된 국제축구연맹 규정에 따라 1차전과 2차전 합계 점수가 2-2가 되어 30분간 연장전을 치르게 됐다. 하지만 연장전에서도 양 팀 모두 득점하지 못하면서 결국 규정에 따라 추첨을 했다. 승부차기가 없던 시절이었으므로.

추첨을 위해 경기장 센터서클에 한국 주장 정형식과 일본 주장 이와타니 도시오가 섰을 때 경기장은 쥐죽은 듯 고요했다. 긴장감 넘치는 추첨장엔 양 팀 감독과 심판들이 배석했다. 한국이 먼저 추첨권을 얻어 제비를 뽑았는데 '패자'로 적혀 있는 것을 보고 한국 선수 일부가 눈물을 흘렸다. 한국 관중도 말을 잇지 못했다. 경기를 지켜본 2년 전의 패장 다케노코시와 일본 선수들 역

1956년 멜버른 올림픽 예선 2차전을 마치고 한국과 일본이 추첨으로 승자를 정하는 장면. 사진 일본축구협회

시 현장에서 눈물을 흘렸다.⁴ 주영광 코치는 낙담에도 곧바로 일본 대표팀에 축하를 보냈다.⁵

한국은 이때 아쉽게 본선 출전권을 일본에 넘겨주지만 이후 헝가리가 불참하게 되면서 멜버른 올림픽 출전 자격을 얻는 행운을 잡았다. 하지만 영어를 못하는 대한 축구협회 직원이 관련 서한에 대해 회신하지 않으면서 출전 자격을 다시 박탈당하는 황당한 일이 벌어졌다.⁵

해방 후 한국에서 한일전이 처음 열린 건 1962년 칠레 월드컵 예선을 위해 1960년 11월 6일 효창운동장에서 만났을 때였다.

그해 4·19 혁명이 발발해 이승만이 하야하고 허정 과도 내각이 들어서는 과정에서 일본에 우호적인 분위기가 조성되면서 일본 대표팀이 처음으로 입국할 수 있었던 것이다. 이번엔 다케노코시가 단장이 되어 일본 대표팀을 이끌고 왔다. 다케노코시는 "전후 처음으로 내한해 공식 경기를 하는 것을 영광스럽게 생각한다"고 입국 직후 말했다. 일본 감독은 2만 4000달러라는 큰돈을 주고 영입한 서독 출신의 데트마 크라머Dettmar Cramer였다.[6] 크라머는 훗날 한국에서도 올림픽 대표팀 총감독(1991~1992년)을 맡는다. 한국 감독은 다시 김용식이 맡은 상황이었다.

개장한 지 채 한 달도 안 된 효창운동장에 1만 3000명 관중이 꽉 찼고 경기장 밖의 언덕에도 1만 명이 빼곡했다. 당시 효창공원에 횡행하던 암표는 2500환짜리 티켓의 세 배를 호가했다. 그런데 경기 당일 오전 10시 정부 국무회의에서 경기를 앞두고 일본 국가를 연주하고 일장기를 다는 게 국민 정서상 맞지 않다는 의견이 나와 1시간여 갑론을박이 벌어졌다. 최종적으로 국제 경기 규정을 존중해 승인하자는 결론이 나왔다.[7] 이에 따라 경기를 앞두고 정문기 대한축구협회장이 한일 양국 언어로 개회를 선언하고 나서 공군 취주 악대가 일본 국가를 연주하는 가운데 일장기가 게양됐다. 이어 태극기가 게양됐을 때 관중석에서 우렁찬 박수가 나왔다.[8]

한국은 일본과의 사상 첫 홈경기에서 정순천의 2골에 힘입어 2-1로 이겼다. 경기가 끝나고 일본 선수단이 버스를 타고 퇴장할 때도 본부석과 관중석에서 위로의 기립 박수가 나왔다.

다음 날인 11월 7일에는 양국 간 친선경기도 열렸다. 1954년 세계축구선수권에서 2경기 16실점을 하고 곧바로 현역에서 은퇴한 홍덕영이 심판이 돼 나선 가운데 양 팀은 2-2로 비겼다.[9]

일본 대표팀은 별다른 불상사 없이 이튿날 출국했다. 다케노코시는 "처음에는 경기가 순조롭게 될까 걱정했지만 한국 국민들이 다행히 많은 성원을 보내주었고 퍽 우호적인 태도를 보여주어 감사하게 생각한다"고 소감을 밝혔다. 한국은 이듬해 6월 도쿄에서 열린 칠레 월드컵 예선 일본과의 2차전에서도 정순천과 유판순의 연속골로 또다시 2-0으로 완승했다.

다케노코시는 방한 기간 장면 총리와 오천석 문교부장관을 만났는데 "스포츠 같은 문화적인 교류로 양국의 친선이 신속히 이뤄지길 바라며 새로운 정부는 과거 이승만 정권 때와는 다른 우호적인 각도에서 일본을 보고 있다는 것을 일본 국민과 지전 (이케다 하야토池田勇人) 총리에게 전해달라는 부탁을 받았다"고 밝혔다.[10]

이 무렵인지 불분명하나 다케노코시는 1960년대 초 아내와 함께 한국을 방문한 적이 있는데 이때 이유형과 배종호, 민병대, 김용식 등 과거 일본 대표팀에서 함께 뛰던 선수들을 만나 감사 반지를 선물했다. 다케노코시는 "일본에서도 이런 적이 없었다. 고맙다"며 눈물을 흘렸다.[11]

일본은 그로부터 9년 뒤인 1969년 멕시코 월드컵 1차 예선 두 경기를 치르러 다시 방한했다. 한국이 1승 1무를 거두었다.

일본 대표팀이 해방 이후 처음 방한해 국내에서 열린 한일전. 1960년 11월 효창운동장에서 열린 칠레 월드컵 예선 경기였다. 사진 대한축구협회

1972년에는 한일 축구 간에 정기전이 생겼다. 1970년 장덕진 대한축구협회장이 취임하면서 공약 사업으로 추진해왔는데 일본의 소극적인 태도에 미진하다가 이시동 부회장이 일본에 가면서 결실을 보게 됐다. 한국과 일본 축구가 1971년 9월 서울에서 열린 뮌헨 올림픽 예선에서 말레이시아에 모두 패하면서 적대의식을 버리고 상생의 길을 찾는 게 현명하겠다는 판단을 내린 결과였다.[12] 양국의 축구협회는 '한일 정기전'을 단순한 친선경기가 아니라 매년 국제 공식 경기로 열기로 합의했다. 또 대표팀 간 경기에 앞서, 산발적으로 열리던 양국 대학선발팀 경기를 '오픈 게임' 형식으로 치르기로 했다.

그렇게 그해 9월 14일 도쿄국립경기장에서 열린 제1회 한일 정기전에서 대표팀과 대학선발팀 경기 모두 2-2, 1-1 무승부로 끝났다.

이듬해 서울 동대문운동장에서 열린 제2회 한일 정기전에선 김재한과 이차만의 연속골 덕분에 한국이 첫 승을 거뒀다. 하지만 1974년 도쿄에서 열린 제3회 한일 정기전에서 한국이 1-4로 대패했다. 한일 공식전 사상 최다 실점, 최다 점수 차로 패하면서 응원을 나온 재일동포들에게 실망을 안겼다. 한국 대표팀 총감독 이수환이 직전에 아시안게임에 참가하느라 피로가 풀리지 않았다고 소감을 밝힌 것과 일본의 나가누마 겐 감독이 "아시안게임에서 부진한 성적을 낸 뒤 선수들이 각성해 최선을 다한 것이 대승의 원인"이라고 말한 게 대조를 이뤄 한국은 거센 비판을 받았다.[13] 그때 테헤란 아시안게임에서 한국은 8강에서, 일본은 조별리그에서 탈락했었다. 알다시피 당시 일본 감독 나가누마는 1954년 첫 한일전의 첫 득점자였다.

한일 정기전 참패는 후폭풍으로 이어졌다. 이시동 부회장과 안경철 사무처장이 사표를 냈지만 축구계는 이 정도로 그쳐선 안 된다며 과감한 개혁을 촉구했다.[14] 이후 코칭스태프와 선수단이 대폭 교체되면서 1954년 당시 골키퍼였던 함홍철이 새로 코치를 맡았다. 함홍철은 "1950년대 선수들의 투철한 아마추어 정신 자세를 오늘의 국가대표 선수들이 본받는다면 아시아 정상을 유지하기는 힘들지 않을 것"이라며 "백 마디 말보다 조용히 국가대표 선수들과 함께 뛰면서 실력을 쌓아올려 테헤란 아시안게임과 한일 정기전에서의 참패를 씻고 일어서서 국민의 갈채를 되찾겠다"고 각오를 밝혔다.[15] 한국은 이듬해인 1975년 9월 동대문운동장에서 열린 제4회 정기전에서 3-0으로 승리하며 3점 차 최다 점수 차 패배를 일본에 그대로 되갚았다.

한일 정기전은 지속되다가 1991년 나가사키에서 열린 제15회 정기전을 끝으로 중단됐다. 이유는 명확하지 않으나 그 무렵 한중일과 북한 4개국이 참가하는 다이너스티컵이 열려 양국이 자주 맞대결하는 만큼 굳이 정기전까지 해야 하냐는 의견이 나오면서 정리된 듯하다.

그러다 한일 축구는 2002년 한일 월드컵 공동 개최를 기념해 1997년 친선경기를 가졌다. 하지만 오구라 준지小倉純二 일본축구협회 전무이사는 "이 대회가 일한 축구 정기전의 부활을 의미하는 것은 아니다"고 선을 그었다.[16] 당시 6년 만에 열린 친선경기에서 한국은 1-0으로 이겼다. 15차례 정기전 성적은 한국이 10승 2무 3패로 크게 앞섰다.

한일 축구는 1993년 일본이 프로축구 리그인 J리그를 출범하면서 양상이 크게 바뀐다. 한국은 그때까지 52경기에서 32승 13무 7패로 압도적인 우위를 보였었다. 하지만 1993년을 기점으로 2022년까지 28경기에서 한국은 10승 10무 8패로 근소하게 앞서고 있다. 일본이 프로축구를 통해 전력을 크게 끌어올리고 이후 유럽에 진출한 선수가 늘어나며 더 높은 수준의 무대에서 경쟁한 것이 이유로 보인다. 이제 어느 쪽이 우위에 있다고 평가하기 어려운 처지가 됐다.

그래도 한일전에서 패했다 하면 충격파는 여전히 컸다. 2011년과 2021년 일본 원정 친선경기에서 10년 간격으로 연달아 한국이 0-3으로 대패한 게 대표적이다. 2011년에는 조광래 당시 감독이 전격 경질됐고 2021년에는 여론이 악화되자 정몽규 대한축구협회장이 사과 성명까지 발표하는 초유의 사태가 벌어졌다.

그렇게 해서 1954년부터 2022년까지의 한일전 결과는 통산 80경기에서 42승 23무 15패로 한국의 우위다. 국가대표팀 간 경기만이 아니라 전 연령대에서 일본에 앞선다. 올림픽이나 아시안게임에 출전하는 연령대인 23세 이하 대표팀 간 대결에서는 통산 16경기에서 7승 4무 5패로 우위에 있고, 20세 이하 대표팀 간 경기에서는 29승 9무 6패로 일방적 우세를 보인다. 청소년인 17세 이하 대표팀 간 대결에서도 11승 9무 5패로 단연 앞선다.

이런 결과가 무엇으로 설명이 가능할지는 1954년 당시로 거슬러 올라가면 답이 나온다. 한국 축구는 일본 축구를 상대할 때마다 간절하고 절실했다. 여러 세대를 거치면서도 그 점은 달라지지 않았다. 1954년 폭발한 한국 축구의 민족주의가 세대와 세대를 거쳐 DNA처럼 뿌리 깊게 각인된 게 아닐까. 선수들의 기술과 대표팀 전력을 떠나 정신과 정서까지 고려해야 이런 일방적인 기록을 이해할 수 있다.

으르렁거리며 싸우는 동안 서로 자극제가 되어 경쟁하고 발전한 것은 틀림없어 보인다. 잘할 때나 못할 때나 언론과 팬들은 매번 양국 축구 상황을 거론하고 비판하며 끊임없이 비교해왔기 때문이다. 그런 경향이 한국 쪽이 유독 심한 건 부인할 수 없는 사실이기도 하다.

양국 축구가 꼭 적대시해왔다고 볼 수도 없다. 1954년 '한일친선의 밤' 때 양측이 강조한 축구를 통한 우호와 아시아 축구 맹주에 대한 약속은 큰 틀에서는 지켜져왔다. 1996년에 양국이 유치 경쟁을 하다가 결국 월드컵 사상 첫 공동 개최라는 화합물을 만들어냈고, 2002년 한일 월드컵에서 한국은 '4강 신화'를 쓰고 일본은 처음으로 16강 진출에 성공하며 함께 쾌거를 이뤘다. 1954년 스위스 월드컵 예선 맞대결 이후 48년 만에 서로가 빚어낸 값진 성과라고 볼 수 있다.

한일 축구가 갖는 독특한 면모가 앞으로 어떻게 전개될지, 다음 장은 어떻게 구성될지 자못 궁금하다.

주석

1장

1. 동아일보 1954.5.10. '중공팀 기권 세계축구대회'

2. 이영만 〈대한민국 체육 100년 감동 100선〉(2020, 소문사), 57쪽

3. 朝日新聞 1953.2.17. '日, 韓, 中国で極東地区世界サッカー選手権 予選 組合せ決る'

4. 동아일보 1953.3.1. '제5회 세계축구대회 한국팀도 참가'

5. 동아일보 1953.3.5. '한국, 일본, 중공'

6. 이주영 〈이승만 평전〉(2014, 살림), 20~62쪽

7. 〈이승만 평전〉, 92~93쪽

8. 한국재정정보원 '정부재정통계변천사-1950년대 원조재정: 자유경제 체제와 재정 안정'(〈월간 나라재정〉 2021년 4월호)

9. 공보처 〈대통령 이승만 박사 담화집〉(1953). 1948년 10월 22일 내용

10. 동아일보 1982.3.19. '중앙청 영욕 56년 건립에서 박물관 계획까지 (하) 관의 상징서 문화전당으로'

11. 조선일보 1953.1.9. '이대통령 7일 귀국 42시간의 방일 여정 종료'

12. 뉴데일리 2016.3.17. '이승만의 용미술을 보라! 전작권 이양에 숨은 카 드'

13. 뉴데일리 2016.3.17. '이승만의 용미술을 보라! 전작권 이양에 숨은 카 드'

14. 대한축구협회 〈한국축구 100년사〉(2003, 상신), 203쪽

15. 대한축구협회 〈한국 축구의 영웅들〉(2005, 랜덤하우스코리아), 37쪽, 82~83쪽

16. 〈월간 축구〉 1978년 8월호 '축구를 하려면 축구에 미쳐야 돼', 39~40쪽

17. 동아일보 1952.12.1. '체육계에 낭보 접종'

2장

1. 동아일보 1953.5.21. '전후 13회의 대전 원정축구단 귀국'

2. 〈한국축구 100년사〉, 232쪽

3. 〈한국축구 100년사〉, 231쪽

4. 한국향토문화전자대전 '강일매' 링크

5. 박경호, 김덕기 〈한국축구 100년 비사 1〉(2000, 책읽는사람들), 22쪽

6. 이의재 〈한국축구인물사 1〉(2009, 예성퍼블리싱), 117쪽

7. 〈한국축구인물사 1〉, 117쪽

8. 〈한국축구 100년사〉, 230쪽

9. 동아일보 1952.5.4. '홍일점 끼어 12명, 경기는 5종목, 단장엔 조병옥 씨'

10. 정동구, 최석주 '이상백의 스포츠 외교 및 체육 사상'(2005, 〈체육사학회 지〉 제10권 2호), 81~90쪽

11. 동아일보 1952.5.7. '올림픽 파견 총인원 59명 단체경기참가 축구로 결 정'

12. '축구야화-강탈당한 헬싱키 올림픽 출전권', 90~91쪽

13. 동아일보 1952.5.21. '선수 결정 분쟁 확대, 대통령 체육회안 일부를 거 부'; 경향신문 1952.6.1. '단체 경기는 제외'

14. 월간조선 2018.8.21. '건국의 조력자들 1-임정 요인부터 전향 공산주의 자까지 다양한 인사들 참여'

15. 동아일보 1953.9.9. '체육회에 내분'

16. 동아일보 1976.12.13. '그때 그일들 〈289〉, 김덕준 (15) 망신당한 축구 협회'

3장

1. 정진희 〈재일본대한체육회 60년사: 1953~2012)〉(2012, 좋은땅), 117쪽

2. 강철 엮음 〈재일코리안사 연표〉(2016, 선인), 부록 재일동포 추이(해방

전, 후)

3. 〈재일본대한체육회 60년사〉, 117쪽

4. 국사편찬위원회 〈유태하 보고서 I: 주일대표부→경무대 1953년 6월 6
   일~12월 31일〉(2015), 7쪽

5. 이민호 〈자이니치 리더〉(2015, 통일일보), 462쪽

6. 〈유태하 보고서 I〉, 19~20쪽

7. 〈유태하 보고서 I〉, 7쪽

8. 大島裕史 〈日韓キックオフ伝説, 宿命の対決に秘められた「恨」と「情」〉
   (1996, 実業之日本社), 216쪽

9. 원희복 기자의 타임캡슐 (73) 2014.10.27. '유태하-부친 처벌, 딸이 복
   권?'

10. 〈재일본대한체육회 60년사〉, 117쪽

11. 〈재일본대한체육회 60년사〉, 110쪽

12. 〈재일본대한체육회 60년사〉, 110쪽

13. 한영혜 '이상백과 근대체육: 식민지 시대 지식인의 자아실현과 민족아
    이덴티티: 일본에서의 체육활동을 중심으로'(1996, 〈한림일본학〉 1권 0
    호), 257~289쪽

14. 〈재일본대한체육회 60년사〉, 111쪽

15. 원희복 기자의 타임캡슐 (73) 2014.10.27. '유태하-부친 처벌, 딸이 복
    권?'

4장

1. 〈日韓キックオフ伝説〉, 216쪽

2. 〈재일본대한체육회 60년사〉, 126쪽

3. 〈재일본대한체육회 60년사〉, 127쪽

4. 〈재일본대한체육회 60년사〉, 118쪽

5. 경향신문 1953.7.29. '장군 정전 조인'

6. 동아일보 1953.5.1. '분단 휴전이면 국군 단독 북진'

7. 프레시안 2014.7.27. '제일 먼저 도망친 '거짓말' 대통령이 구국 영웅?'

8. 〈자이니치 리더〉, 449~453쪽

5장

1. 〈자이니치 리더〉, 452쪽

2. 在日本大韓体育会〈在日本大韓体育会史〉(1992), 70쪽

3. 〈日韓キックオフ伝説〉, 221쪽

4. 〈在日本大韓体育会史〉, 71쪽

5. 〈日韓キックオフ伝説〉, 220쪽

6. 〈日韓キックオフ伝説〉, 221쪽

7. 〈日韓キックオフ伝説〉, 223~224쪽

8. 〈在日本大韓体育会史〉, 71쪽

9. 이태신〈체육학대사전〉(2000, 민중서관)

6장

1. 〈재일본대한체육회 60년사〉, 162쪽

2. 〈日韓キックオフ伝説〉, 225쪽

3. 〈日韓キックオフ伝説〉, 225쪽

4. 〈한국축구인물사 1〉, 118~119쪽

5. 〈日韓キックオフ伝説〉, 226쪽

6. 〈한국 축구의 영웅들〉, 91쪽

7. 한겨레 2010.6.25. '우리에게 축구는 국가였다'; 중앙선데이 2021.5.1. 'A매치 첫승 후 메틸알코올을 양주로 알고 자축, 0-12 참패'

8. 〈日韓キックオフ伝説〉, 225~226쪽

9. 〈재일본대한체육회 60년사〉, 119쪽

7장

1. 경향신문 1954.1.25. '3월7일 한일간 축구시합'

2. 조선일보 1954.1.26. '3월에 한일간 시합 세계축구출전 위해'

3. 경향신문 1954.1.16. '세계빙상대회 16일개막'

4. 도노무라 마사루 〈재일조선인 사회의 역사학적 연구〉(2010, 논형), 62 쪽, 398쪽

5. 조선일보 1954.1.31. '세계축구 극동예전 우리선수와 역원진'

6. 동아일보 1954.2.22. '내 23일 도일, 우리 축구단 일행 세계대회 예선 참 가차'

7. 경향신문 1954.2.8. '세계축구 극동예선 우리 선수단을 결정'

8. 조선일보 1954.2.28. '사증수속완료'

8장

1. 〈한국축구인물사 1〉, 173쪽

2. 〈한국 축구의 영웅들〉, 90쪽

3. 〈한국축구 100년사〉, 218~220쪽

4. 경향신문 1991.7.25. '그때 그 순간 〈1〉 일화로 엮어본 스포츠 이면사 54년 스위스 월드컵축구 (상)'

5. 이종성 '일제 시기 평양 축구의 발전과 그 문화적 특징에 대한 연 구'(2015, 〈한국체육사학회〉 20권 2호)

6. 〈한국축구인물사 1〉, 103쪽

7. 〈한국축구 100년사〉, 190~191쪽

8. 〈한국축구인물사 1〉, 62~63쪽

9장

1. 〈한국 축구의 영웅들〉, 91쪽

2. 〈한국축구 100년사〉, 227쪽

3. 정채호 〈해병대의 명인·기인전 제1권〉(2003, 용성출판사), 272~275쪽

4. 이의재 〈한국축구인물사 2〉(2009, 예성퍼블리싱). 19쪽

5. 〈한국축구인물사 2〉, 71쪽

6. 경향신문 2021.6.7. '[우리말 산책] 따라지는 있어도 싸가지는 없다'

7. 〈한국축구인물사 2〉, 71~73쪽

8. 〈日韓キックオフ伝説〉, 174쪽

9. 〈日韓キックオフ伝説〉, 176쪽

10. 〈한국축구인물사 2〉, 71쪽

11. 〈한국 축구의 영웅들〉, 40쪽

12. 주간스포츠 1977.3.30. '백만불의 다리로 아시아 휩쓴 승장 최정민 감독'

13. 중앙일보 2019.1.5. "'이 애미나이" 혼내며 차범근 키웠다, 원조 축구 영웅 최정민'

10장

1. 〈한국축구인물사 1〉, 105쪽

2. 조선일보 1954.2.7. '해외선수 파견을 토의'

3. 〈한국축구 100년사〉, 206쪽

4. 〈한국축구인물사 1〉, 64~69쪽

5. 〈한국축구인물사 1〉, 68~69쪽

6. 〈한국축구 100년사〉, 202쪽

7. 〈한국축구인물사 1〉, 64~65쪽; 〈한국축구 100년사〉, 206쪽

8. 〈한국축구인물사 1〉, 96~97쪽

11장

1. 〈日韓キックオフ伝説〉, 252쪽

2. 대한체육회 〈대한체육회 90년사〉(2010, 대한체육회), 186쪽

3. 〈한국축구인물사 1〉, 119쪽

4. 〈한국축구인물사 1〉, 102~106쪽

5. 〈한국축구 100년 비사 1〉, 194쪽

6. 〈한국축구 100년사〉, 218~219쪽; 〈한국축구인물사 1〉, 185~187쪽

7. 〈한국축구인물사 1〉, 187쪽

8. 〈日韓キックオフ伝説〉, 252쪽

9. 〈日韓キックオフ伝説〉, 252쪽

10. 〈한국축구인물사 1〉, 110쪽

II. 〈한국축구 100년사〉, 219~220쪽

I2. 〈한국축구인물사 1〉, 111~112쪽

12장

I. 〈재일본대한체육회 60년사〉, 106~107쪽

2. 〈재일본대한체육회 60년사〉, 120쪽

3. 〈재일본대한체육회 60년사〉, 108쪽

4. 〈재일본대한체육회 60년사〉, 120쪽

5. 조선일보 2013.12.13. '역도산의 황망한 죽음, 어느덧 50년'

6. 〈日韓キックオフ伝説〉, 247쪽

7. 〈日韓キックオフ伝説〉, 218~219쪽

8. 〈재일본대한체육회 60년사〉, 162쪽

13장

I. 연합뉴스 2009.5.5. '고미술품 수장가로서의 창랑 장택상'

2. 〈한국축구인물사 2〉, 117쪽; 〈한국 축구의 영웅들〉, 91쪽

3. 〈한국축구 100년사〉, 234쪽

4. 〈한국축구인물사 2〉, 118쪽

14장

I. 조선일보 1953.3.2. '축구선수단 장도에 열광적인 환영리'

2. 경향신문 1954.3.3. '꼭 이기고 오리다'

3. 경향신문 1954.3.26. '패권획득의 역정 (2) 한일축구전참관기'

4. 조선일보 1954.3.3. '승리에 자신 있다'

5. 경향신문 1954.3.4. '한국 축구단 일본서 연습개시'

6. 동아일보 1954.3.28. '축구동경시합 세계대회 회고와 전망 본사좌담회 (상)'

7. 동아일보 1954.3.2. '삼일의 맹서는 오직 남북통일'

8. 〈한국전쟁의 발발과 기원 II〉(1996, 나남출판), 611~612쪽

9. 조선일보 1954.3.14. '현행시각 30분 뒤로 늦춘다'

15장

1. 〈日韓キックオフ伝説〉, 249쪽

2. 〈日韓キックオフ伝説〉, 257~259쪽

3. 〈한국축구인물사 1〉, 119~120쪽

4. 〈日韓キックオフ伝説〉, 284쪽

5. 경향신문 1954.3.26. '패권획득의 역정 (2) 한일축구전참관기'

6. 〈日韓キックオフ伝説〉, 228~230쪽

7. 〈日韓キックオフ伝説〉, 250쪽

8. 국제고려학회 일본지부 재일코리안사전 편집위원회 〈재일코리안사전〉(2012, 선인)

9. 동아일보 1954.3.29. '축구동경시합세계대회 회고와 전망 본사좌담회(중)'

10. 〈日韓キックオフ伝説〉, 293쪽

16장

1. 〈日韓キックオフ伝説〉, 250쪽

2. 〈日韓キックオフ伝説〉, 257~258쪽

3. 〈日韓キックオフ伝説〉, 260쪽

4. 読売新聞 1954.3.2. '日本の技術に優る'

5. 〈日韓キックオフ伝説〉, 261쪽

6. 朝日新聞 1954.3.6. '予想出来ない勝負 日本と韓国の実力互角'

7. 朝日新聞 1954.3.3. '韓国チーム初演習'

8. 동아일보 1954.3.7. '오늘 하오 첫시합, 한일축구제일전'

9. 朝日新聞 1954.3.6. '予想出来ない勝負 日本と韓国の実力互角'

17장

1. 〈日韓キックオフ伝説〉, 268쪽

2. 〈日韓キックオフ伝説〉, 262쪽

3. 〈재일본대한체육회 60년사〉, 121쪽

4. 경향신문 1954.3.29. '패권획득의 역정 (완) 한일축구전참관기'

18장

1. 〈日韓キックオフ伝説〉, 241쪽

2. 〈日韓キックオフ伝説〉, 242쪽

3. 〈週刊サッカーマガジン〉 2007.1.2.

4. 〈日韓キックオフ伝説〉, 233~234쪽

5. 〈日韓キックオフ伝説〉, 243쪽

6. アサヒポーツ 1953.12.19.

7. 〈日韓キックオフ伝説〉, 235쪽

8. 後藤健生〈日本サッカー史―日本代表の90年〉(2007, 双葉社), 97쪽

9. 〈日韓キックオフ伝説〉, 242~244쪽

10. 〈日韓キックオフ伝説〉, 243쪽

11. 〈日韓キックオフ伝説〉, 264쪽

12. 경향신문 1954.3.25. '패권획득의 역정 (1) 한일축구전참관기'

13. 每日新聞 1954.2.17.

14. 每日新聞 1954.3.5.

19장

1. 조선일보 1954.3.7. '공격력이 강하다'

2. 동아일보 1954.3.1. '축구단 장도에! 1일 수영공항발 도일'

3. 조선일보 1954.3.7. '7일과 14일에 한일축구대전'

4. 조선일보 1954.3.5. '축구시합 실황방송 아나운서 등 도일'

5. 다음 블로그 춘하추동방송 2012.7.7. '라디오 초기 해외 중계방송 13개 대회 그때 그 얘기, 1948년, 50년대, 1961년'

6. 경향신문 1954.3.8. '전국민 관심 집중 7일 한일축구전 드디어 개막'

7. 다음 블로그 춘하추동방송 2012.7.7.

8. 〈在日本大韓体育会史〉, 74~75쪽

9. 〈재일본대한체육회 60년사〉, 127쪽, 466쪽

10. 〈日韓キックオフ伝説〉, 232쪽

11. 민단신문 2008.8.14.

20장

1. 〈サッカーマガジン〉 2011.12.13.

2. 〈日韓キックオフ伝説〉, 263쪽

3. 경향신문 1954.3.25. '패권획득의 역정 (1) 한일축구전참관기'

4. 경향신문 1954.3.13. '우리는 이렇게 이겼다 한일축구 현지 상보'

5. 경향신문 1954.3.9. '축구대한의 쾌기염! 오대일로 승리'

6. 〈日韓キックオフ伝説〉, 267쪽

7. 동아일보 1954.3.30. '축구동경시합 세계대회 회고와 전망 본사좌담회 (하)'

8. 조선일보 1954.3.9. '한국팀 오대일로 쾌승'

9. 동아일보 '축구동경시합 세계대회 회고와 전망 본사좌담회 (하)'

10. 경향신문 1954.3.13. '종시일관의 전투'

11. 〈日韓キックオフ伝説〉, 269~270쪽

12. 〈日韓キックオフ伝説〉, 264~265쪽

13. 〈サッカーマガジン〉 2011.12.13.

21장

1. 〈日韓キックオフ伝説〉, 271쪽

2. 경향신문 1991.7.25. '그때 그 순간 〈1〉 일화로 엮어본 스포츠 이면사 54년 스위스 월드컵축구 상'

3. 국영호 '한국 축구 민족주의의 탄생: 1954년 첫 축구 한일전 승리를 중심으로'(2021, 한양대 대학원 석사논문), 55쪽

4. 〈日韓キックオフ伝説〉, 272쪽

5. 조선일보 1954.3.9. "'꼴인' 소리에 환호'

6.   〈日韓キックオフ伝説〉, 277쪽

7.   〈日韓キックオフ伝説〉, 279쪽

8.   〈한국축구 100년 비사 1〉, 194쪽

9.   동아일보 1954.3.8. '오대일로 대승! 어제 한일축구제1전서'

10.   경향신문 1954.3.13. '우리는 이렇게 이겼다, 한일축구 현지상보'

11.   조선일보 1954.3.9. '한국 선수 체력이 우수'

12.   경향신문 1954.3.9. '축구대한의 쾌기염! 오대일로 승리'

13.   조선일보 1954.3.9. '한국팀 오대일로 쾌승',

14.   동아일보 1954.3.8. '오대일로 대승! 어제 한일축구제일전서'

15.   日刊スポーツ 1954.3.8. '韓国第一戦に圧勝 日本チーム全く精彩なし'

16.   読売新聞 1954.3.8. '日本第一戦失う 5-1 韓国 体力で圧倒'

22장

1.   〈日韓キックオフ伝説〉, 284쪽; 〈한국축구 100년 비사 1〉, 194쪽

2.   경향신문 1954.3.25. '패권획득의 역정 (1) 한일축구전참관기'

3.   〈대한체육회 90년사〉, 187쪽; 〈日韓キックオフ伝説〉, 283쪽

4.   〈재일본대한체육회 60년사〉, 122쪽

5.   〈日韓キックオフ伝説〉, 232쪽

6.   〈日韓キックオフ伝説〉, 255쪽; 동아일보 '축구동경시합 세계대회 회고와 전망 본사좌담회 (하)'

7.   동아일보 '축구동경시합 세계대회 회고와 전망 본사좌담회 (하)'; 경향신문 1954.3.30. '최선수 귀국설 출처책임 추궁'

8.   〈한국축구인물사 1〉, 110~112쪽

9.   〈한국축구인물사 1〉, 186~189쪽

23장

1.   동아일보 1954.3.14. '한일축구 오늘 제2회전 중계방송 듣도록 낮 송전'

2.   경향신문 1954.3.16. '장! 대한건아의 투혼'

3.   〈한국 축구의 영웅들〉, 92쪽

4. 〈日韓キックオフ伝説〉, 291~292쪽

5. 〈在日本大韓体育会史〉, 74쪽

6. 동아일보 '축구동경시합 세계대회 회고와 전망 본사좌담회 (하)'

7. 동아일보 1954.3.16. '해방후 처음의 환희'

8. 경향신문 1954.3.16. '아주대표권을 획득 7월 세계축구대회에 출전'

9. 〈월간 축구〉 1984년 10월호 '스위스 월드컵 예선에서 일본에 압승', 55쪽

10. 조선일보 2005.8.29. '손주에게 들려주는 광복 이야기-첫 올림픽·월드컵 수문장 홍덕영씨'

11. 조선일보 1954.3.17. '삼중승리획득 축구단의 큰역할'

12. 경향신문 1954.3.25. '패권획득의 역정 (1) 한일축구전참관기'

13. 〈日韓キックオフ伝説〉, 300쪽

14. 〈재일본대한체육회 60년사〉, 122쪽

15. 동아일보 1954.3.29. '축구동경시합세계대회 회고 및 전망 본사좌담회 (중)'

24장

1. 경향신문 1954.3.18. '선수 5명이 입원 도일축구단 22일 귀국'

2. 〈한국축구 100년 비사 1〉, 97쪽

3. 조선일보 1954.3.18. '23일 아침 입경'

4. 〈在日本大韓体育会史〉, 72쪽

5. 〈한국축구 100년 비사 1〉, 97쪽

6. 조선일보 1954.3.24. '환호 속에 시가행진 축구단 부산 개선'

7. 〈한국 축구의 영웅들〉, 92쪽

8. 경향신문 1954.3.24. '장하다! 그영광'

9. 동아일보 1954.3.24. '더좋은 기록을 못냄을 사과 정단장담'

10. 동아일보 1954.3.25. '만시민의 환영리에 도일축구단 23일 입경'; 조선일보 1954.3.24. '제패의 앞날을 기약'

11. 조선일보 1954.3.25. '잘싸우고 돌아왔다'

12. 동아일보 1954.3.25. '만시민의 환영리에 도일축구단 23일 입경'

13. 〈한국 축구의 영웅들〉, 92~93쪽

14. 조선일보 1954.3.25. '최선수 귀국설, 단장과 본인이 부인'

15. 경향신문 1954.3.28. '최선수 귀국유포 문제의 김씨 구속'

25장

1. イレブン 1976年 5月号 '宿命のライバル韓国の名プレーヤーたち'

2. 동아일보 1954.5.26. '서서파견 축구단진용 결정'

3. 〈한국축구인물사 1〉, 75쪽

4. 〈한국축구인물사 1〉, 50쪽

5. 〈한국축구인물사 1〉, 46쪽

6. 〈한국축구 100년 비사 1〉, 13~14쪽

7. 〈한국축구 100년 비사 1〉, 13쪽

8. 〈한국 축구의 영웅들〉, 43쪽

9. 〈한국축구 100년 비사 1〉, 15쪽

10. 〈한국축구인물사 2〉, 75~76쪽

11. 동아일보 1974.1.18. '월드컵축구 발자취 몬테비데오서 뮌헨까지 (9) 한국과 5회대회'

12. 〈한국 축구의 영웅들〉, 43~44쪽

13. 경향신문 1991.8.1. '그때 그순간 〈2〉 일화로 엮어본 스포츠이면사 54년 스위스 월드컵축구 (중)'

14. 동아일보 1954.6.8. '9일에 장도등정'

15. 경향신문 1954.6.10. '꼭 이길 자신있다'

26장

1. 〈한국축구 100년 비사 1〉, 16쪽

2. 동아일보 1974.1.18. '월드컵축구 발자취 몬테비데오서 뮌헨까지 (9) 한국과 5회대회'

3. 〈한국축구 100년 비사 1〉, 17쪽

4. 〈한국 축구의 영웅들〉, 96쪽

5. '월드컵축구 발자취 몬테비데오서 뮌헨까지 (9) 한국과 5회대회'

6. 경향신문 1991.8.8. '그때 그순간 〈3〉 일화로 엮어본 스포츠 이면사 54
   년 스위스 월드컵축구 (하)

7. '월드컵축구 발자취 몬테비데오서 뮌헨까지 (9) 한국과 5회대회'

8. '그때 그 순간 〈3〉 일화로 엮어본 스포츠 이면사 54년 스위스 월드컵축
   구 (하); 동아일보 1974.1.25. '월드컵축구 발자취 몬테비데오서 뮌헨까
   지 (11) 한국과 5회대회'

9. 동아일보 1974.1.23. '월드컵축구 발자취 몬테비데오서 뮌헨까지 (10)
   한국과 5회대회'

10. '월드컵축구 발자취 몬테비데오서 뮌헨까지 (9) 한국과 5회대회'

11. '월드컵축구 발자취 몬테비데오서 뮌헨까지 (10) 한국과 5회대회'

12. '그때 그순간 〈3〉 일화로 엮어본 스포츠이면사 54년 스위스 월드컵축
    구 (하)

13. '월드컵축구 발자취 몬테비데오서 뮌헨까지 (11) 한국과 5회대회'

14. '월드컵축구 발자취 몬테비데오서 뮌헨까지 (11) 한국과 5회대회'

15. 동아일보 1974.1.17. '월드컵축구 발자취 몬테비데오서 뮌헨까지 (8) 한
    국과 5회대회'

16. 서울신문 2006.6.23. '1954년 스위스 월드컵 출전 박재승옹 메시지'

17. 경향신문 1991.8.8. '그때 그순간 〈3〉 일화로 엮어본 스포츠이면사 54
    년 스위스 월드컵축구 (하)'

27장

1. 경향신문 1956.3.18. '올림픽축구 예선 국내개최는 불가'

2. 경향신문 1956.6.5. '2대0으로 석패'

3. 경향신문 1956.6.12. '동점으로 추첨에서 실격 한일축구 2차전은 설욕'

4. 日刊スポーツ 1956.6.4.

5. 조선일보 1956.6.12. '동점 추첨에 석패 우리팀 2회전엔 승리'

6. 동아일보 1956.9.12. '오류출장불능 축협 회답안해'; 〈한국축구인물사

　2〉, 29쪽

7. 경향신문 1960.11.3. '일본축구팀의 면모'

8. 〈한국축구 100년사〉, 246쪽

9. 조선일보 1960.11.7. '열전의 순간·필승의 일격 한일 축구상보'

10. 조선일보 1960.11.8. '2대2로 무승부'

11. 동아일보 1960.11.9. '일축구팀 귀국 우호적 태도에 감사표명'

12. 〈日韓キックオフ伝説〉, 300쪽

13. 〈한국축구 100년사〉, 284쪽

14. 동아일보 1974.9.30. '축구정기전서 대표티임, 일에 참패 4대1'

15. 조선일보 1974.10.5. '납득하기 어렵다... 과감한 수술 필요"

16. 조선일보 1974.10.30. '신임 국가대표축구팀 코치 함흥철씨'

17. 조선일보 1996.6.6. '한·일 축구정기전 5년만에 부활할 듯

대한축구협회 송기룡 marketing team manager

일본축구협회 나가마츠 후토시 Football Museum director

아시아축구연맹 이승헌 senior manager

국제축구연맹 미하엘 슈말홀츠 Team Leader Heritage

오시마 히로시 〈日韓キックオフ伝説〉 저자

가가와 히로시 일본 현역 최고령 기자

이종성 한양대 글로벌스포츠산업학과 교수

위원석 전 스포츠서울 편집국장

류청 히든K 편집장

이재형 축구자료수집가

양정훈 축구 칼럼니스트

이민호 통일일보 서울지국장

고 이의재 〈한국축구인물사 1~2〉 저자

김덕기 〈한국축구 100년 비사 1〉(공저) 저자

하종기 ㈜ROBTEER 대표이사/재일동포

한국OB축구회

최초의 한일전
1954 월드컵 첫 본선 진출 여정

2022년 4월 15일 1판 1쇄 발행

지은이	국영호		
펴낸이	임후성	**펴낸곳**	북콤마
디자인	스튜디오진진	**편집**	김삼수

등록　　제406-2012-000090호
주소　　(413-756) 경기도 파주시 문발동 파주출판단지 534-2 201호
전화　　031-955-1650 팩스 0505-300-2750
이메일　bookcomma@naver.com
블로그　bookcomma.tistory.com

ISBN 979-11-87572-36-7　03910

* 이 책은 관훈클럽정신영기금의 도움을 받아 저술 출판되었습니다.